編｜ネヴィン・J．ハーパー　監｜吉松 梓

著｜ウィル・W．ドブド　訳｜土方 圭

Outdoor

アウトドアセラピーズ

実践入門　その可能性とまなざし

Therapies

An Introduction to Practices, Possibilities, and Critical Perspectives

晃洋書房

OUTDOOR THERAPIES:
An Introduction to Practices, Possibilities, and Critical Perspectives

by
Nevin J. Harper and Will W. Dobud

刊行によせて

　本書『アウトドアセラピーズ』は，国際的な研究者および実践者の主要な事例をもとに，専門職を支援するための実践の概要を読者に提供するものである．

　本書では，園芸療法からウィルダネスセラピー，馬介在療法，サーフセラピーまで，さまざまなアウトドアアプローチを紹介する．また我々は，自然とのつながりや体験活動を統合したこれらのセラピー実践の共通項を導き出し，人間の健康とウェルビーイングに資する「自然環境の中の人間」というアプローチを再定義している．読者は，従来の面接室で実施されるセラピー以外の方法で，クライエントが必要とする治療，サービス，ケアを受けることの利点について学ぶことができるだろう．

　本書は，多様な環境や人々に応用できる幅広いアプローチを提供しているため，心理療法，作業療法，社会福祉，青少年支援などの分野に携わる，学生，実践者，研究者にとって必読書である．

Nevin J. Harper（PhD）：冒険教育とアウトドアセラピーの実践に25年以上携わっている．彼の研究と実践は，セラピーや健康，ウェルビーイングのための，活発で身体性を伴う生態学的アプローチに焦点を当てている．

Will W. Dobud（PhD, MSW）：Charles Sturt 大学の社会福祉学の講師で，アメリカ，オーストラリア，ノルウェーでアウトドアセラピーに携わってきた．彼の研究は，アウトドアセラピーにおける参加者の体験とアウトカムの改善に焦点を当てている．

謝　　辞

　まず，この入門書のために時間と労力を割いてくださった国際的な研究者の方々に感謝したい．カナダ，オーストラリア，ベルギー，アメリカ，ノルウェー，韓国の著名な著者によって書かれた本書は，アウトドアセラピーの多様でエキサイティングな範囲を示している．また，長年にわたって私たちの研究を支え，導いてくれた同僚，クライエント，この分野のオピニオンリーダーや実践者たちにも感謝する．最後に，私たちの人生の冒険を共にし，愛とサポートをしてくれた家族にも感謝を捧げる．

著者について

Scott Bandoroff（PhD）は，10代の若者と家族の治療にアドベンチャーセラピーを用いることを専門とする心理学者である．臨床家としてだけでなく，スーパーバイザー，インターンシップディレクター，コンサルタント，トレーナーとしても活躍している．Scott は，ウィルダネスでの家族向け集中治療プログラムを率い，Clinical First Responder Training を開発して，野外の治療的環境で働くケアスタッフの臨床スキルを向上させた．

Cathryn Carpenter（PhD）は現在，オーストラリアのメルボルンにある Deakin 大学でカリキュラム開発の専門家として勤務している．彼女は40年以上にわたり，健康とウェルビーイングに焦点を当てた野外教育とアドベンチャーセラピーに携わってきた．大学での講義，スキーインストラクター，アドベンチャーガイド，Victoria Outdoor Education Association の元会長，アドベンチャーセラピー国際委員会でのリーダーシップにも長く関与してきた．

Daniel L. Cavanaugh（LCSW）は，アメリカ，ポートランドの臨床ソーシャルワーカーの資格を持ち，Michigan 州立大学ソーシャルワーク学部の博士課程に在籍している．Daniel は，アドベンチャーセラピーのテクニックを，青少年や家族を対象とした学校やコミュニティベースのメンタルヘルスの実践に取り入れている．また，ソーシャルワークを学ぶ学生に対し，臨床実践における体験的介入の方法を教えている．

Nicholas XEMŦOLTW Claxton（PhD）は，サーニッチ（W̱SÁNEĆ）州で生まれ育った．カナダの Victoria 大学で，先住民族ガバナンスの修士号と教育学の博士号を取得している．Nicholas は Victoria 大学チャイルド＆ユースケア学部の助教授であり，ツァウト族の族長である．研究テーマは，先住民族の伝統的な環境知識と土地に根ざした実践を活性化させることである．

Megan E. Delaney（PhD, LPC）は，Monmouth 大学のプロフェッショナル・カウンセリング学科の助教授であり，エコセラピーの資格取得のためのコースを作成し，教えている．Therapy Without Walls, LLC は彼女の個人事務所である．自然界が私たちのメンタルヘルスに及ぼす影響とエコセラピーの利用について研究している．

Megan の著書 "Nature is nurture: Counseling and the natural world" をオックスフォード大学出版から出版している.

Will W. Dobud, (MSW, PhD) は, Charles Sturt 大学の講師であり, オーストラリアのアドベンチャーセラピー・プログラム, True North Expeditions の創設者兼ディレクターである. Will はオーストラリアの Bush Adventure Therapy 協会の代表であり, 2005年以来, 国際的にアドベンチャーセラピーのプログラムに携わっている.

Thomas J. Doherty (PsyD) は, アメリカのポートランドに拠点を置く臨床・環境心理学者である. ネイチャーベースドセラピー, 野外体験による回復効果, 気候変動がメンタルヘルスに及ぼす影響について多数の著作がある. アメリカ心理学会のフェローであり, Environmental, Population, and Conservation Psychology 学会の元会長, 雑誌 "Ecopsychology" の創刊編集者でもある. また, Lewis & Clark 大学院 (アメリカ) の生態心理学認証プログラムを創設, 指導し, 教鞭をとっている.

Carina Ribe Fernee (PhD) は, ノルウェーの Sørlandet 病院の研究者兼実践者である. 彼女は2013年から思春期のメンタルヘルスケアにおけるアウトドアセラピーの実施に携わっている. Carina は Nordic Outdoor Therapy Network の代表であり, アドベンチャーセラピー国際委員会の共同議長も務めている.

Leiv Einar Gabrielsen (PhD) は, ノルウェーの Sørlandet 病院の研究者兼実践者であり. 2012年から思春期のメンタルヘルスケアにおけるアウトドアセラピーの実施に携わっている. Leiv は Nordic Outdoor Therapy Network の代表, アドベンチャーセラピー国際委員会の名誉会員, そしてアウトドアセラピーの会社である Nordic Dawn Adventures and Counselling のマネージングディレクターを務めている.

Rebecca L. Haller (MS, HTM) は, 園芸療法研究所の所長兼主任講師として, Colorado 州立大学と連携して園芸療法の授業を担当している. 彼女は, 園芸療法に関する職業・治療プログラムを開発および実践をし, 多くの専門書を執筆し, アメリカ園芸療法協会の会長や理事を歴任した.

Nevin J. Harper (PhD) は, Victoria 大学チャイルド＆ユースケア学部の准教授である. 彼は, アウトドアセラピー, 人間と自然の関係, リーダーシップ, リスクマネジメントの分野で, 研究およびコンサルティングとトレーニングを行っている. Nevin はカナダの Adventure Therapy Symposium の創始者であり, New Society Publishers

から出版された "Nature-based therapy: A practitioner's guide to working outdoors with children, youth and families" の共同著者である.

Juyoung Lee（PhD）は，韓国の Hankyong 国立大学の造園学科の教授である．植生，都市緑地，水，景観などの自然資源が健康にもたらす恩恵を，心理学的・生理学的手法を用いて検証する学際的な研究に関心を寄せている．研究テーマは，エビデンスに基づく都市計画・設計と，人間の健康増進を目的とした森林療法である.

Kaya Lyons（BAppSc, OT）は，すべての子どものユニークな能力を引き出し，人生における成功を実現することを目指す作業療法士である．Kaya は，Active OT 4 Kids と Camp 'Reset' のディレクターを務めている．彼女は，トラウマ，感情や行動の障がい，複雑なニーズ，などを持つ子どもたちや家族と働いた豊富な経験を持っていて，遊び，愛着，動作の重要性に価値を置いている.

Denise Mitten（PhD）は，野外教育や環境教育学，倫理学，ジェンダーの分野における革新的な研究者として国際的に知られている．1985年以来，思いやりのあるリーダーシップについて提唱し，執筆活動を続けている．彼女はアドベンチャーガイド，Prescott 大学の教授，"Natural environments and human health" の著者，"Experiential education theory and practice" "The Palgrave MacMillan international handbook of women and outdoor learning" の共同編著者など，幅広く活躍している.

Christine Lynn Norton（PhD, LCSW）は，Texas 州立大学ソーシャルワーク学科の准教授である．また，Outdoor Behavioral Healthcare Center の研究員として，ウィルダネスセラピーやアドベンチャーセラピーのプログラムを実践・調査している．博士号はソーシャルワークで取得し，社会福祉の修士号と体験教育の修士号を持っている．ウィルダネスセラピー・プログラム，少年司法，学校，メンタリング，キャンパスサポート・プログラムにおいて，青少年や若者と20年以上にわたって関わってきた経験を持つ.

Luk Peeters（MEdSci）は，1985年以来，体験的な野外活動分野に従事している．教育科学の修士号を持ち，ゲシュタルト療法およびクライエント中心療法のセラピストで，実存的および集団心理療法を専門としている．クライエント中心療法とグループセラピーのトレーニングプログラムのスタッフでもある．また，30年以上トレーナーとして活躍している Outward Bound と共同で，ベルギーにおけるアドベンチャーセラピー専門トレーニングプログラムのコーディネートとファシリテーターも

務めている．また，国際的な Via Experientia ネットワークのパートナーでもある．

Jess Ponting（PhD）は，8歳のときに初めて波に乗り，その体験がもたらす幸福感に病みつきになった．サーフツーリズムの影響に焦点を当てた世界初の修士号と博士号を持ち，国際サーフリサーチ協会を設立，San Diego 州立大学に Center for Surf Research を設立し，そのディレクターを務めている．Jess は，サーフィンが参加者にもたらす恩恵を長年にわたって提唱し，サーフセラピー，サーフパーク，サーフツーリズムについて国際的に研究・執筆し，発表している．

Anita Pryor（PhD）は，野外教育と家族療法の訓練を受け，オーストラリアとオーストリアでカヌー，ラフティング，スキーのガイドを経験した後，若者のための薬物治療アドベンチャーセラピー・サービスを経営している．20年にわたり国内外のアドベンチャーセラピー・ネットワークに積極的に貢献し，現在ブッシュ・アドベンチャーセラピーの実践，研究，実践者トレーニングを行う非営利団体，Adventure Works Australia Ltd. の共同ディレクターを務めている．

Martin Ringer（MEd）は，Psychoanalytic Study of Organizations 国際学会の会員で，精神力動コンサルタントのグループ Dynamics@Work を設立した．1997年の第1回国際アドベンチャーセラピー会議（IATC）の議長を務め，2018年にも第8回 IATC を共同開催した．Martin のアドベンチャーセラピー，体験学習，および社会的ダイナミクスに関する研究は広く出版されており，Jessica Kingsley 社から書籍 *Group action : The dynamics of groups in therapeutic, educational, and corporate settings* などがある．

Kathryn Rose（MA, RCC）は，10年以上にわたって，自然の中で子どもや若者，家族とともに過ごす体験的で自然に基づいたアプローチの喜びを発見してきた．コロラド州の Naropa 大学でウィルダネスセラピーを専門にトランスパーソナル・カウンセリング心理学の修士号を取得した．彼女はカナダのビクトリアに Human-Nature Counselling and Consulting を共同設立し，臨床ディレクターを務め，BC 州臨床カウンセラー協会に登録されている．

David Segal（MA, RCC）は，15年以上にわたり，子どもや若者，家族のために自然に基づいた治療的カウンセリングを提供している．講演やワークショップを行うほか，臨床カウンセラーとしての活動や，生態心理学およびカウンセリング専門誌への論文投稿を通じて，エコセラピーの新たな分野にも貢献している．Victoria 大学でチャイ

ルド＆ユースケアの修士号を取得し，BC 州臨床カウンセラー協会に登録している．カナダ・ビクトリアにある Human-Nature Counselling and Consulting の共同設立者であり，エグゼクティブディレクターでもある．

Kay Scott（PhD, LCSW-R, CASAC）は，ニューヨーク州ヨンカーズ（アメリカ）にある St. John's Riverside 病院の行動医療サービス担当副院長である．20年にわたり，危機や災害の生存者を含むさまざまな人々に対して，動物介在療法の実践や，犬と人間の双方にサービスの指導・評価を行ってきた経験を持っている．専門分野は，トラウマに配慮したケアをサポートするための犬介在療法である．Columbia 大学と Fordham 大学で学位を取得した．

Won Sop Shin（PhD）は，Chungbuk 国立大学の社会心理学教授である．元韓国山林庁長官で，多くの森林療法研究プロジェクト，全国の森林療法センターにおける保護林の開発，国際 Nature and Forest Medicine 学会での指導的立場である．

Anita R. Tucker（PhD）は，New Hampshire 大学のソーシャルワークの准教授である．また New Hampshire 大学のソーシャルワークとキネシオロジーのデュアル修士号（この野外教育コースは，大学院生がアドベンチャーセラピーやウィルダネスセラピーに従事するための準備コースである）の共同コーディネーターである．また，Outdoor Behavioral Healthcare 研究センターの副所長として，アドベンチャーセラピー・プログラムの研究，認定，リスクマネジメントの推進を担っている．

Heather White（LMSW）は，10年以上にわたって人と動物の相互作用の分野で働いており，個人やグループとの体験的相互作用に犬と馬の両方を取り入れ，関係するすべての種にとって相互に有益な関係を強調している．Heather は，動物介在交流コンサルティング会社 AIM HAI, LLC のオーナーである．

※肩書きはいずれも原著執筆時のものである．

実践のための免責事項

　本書は，専門的なトレーニングや資格の代わりになるものではない．治療的な仕事には，専門家としての重大な義務や責任が伴う．あなたの実践を野外に持ち出すことは，あなたの責任をさらに増大させることになり，有意義かつ倫理的にそれを行うために必要な知識と能力を備えている必要がある．本書で提案されている活動やアプローチを試してみたいと思うかもしれないが，クライエントの健康と安全を確保し，専門家としての規範や基準を損なわないようにし，あなたの活動に対する規制機関の承認に応える責任も負わなければならない．本書から得られる知識は，あなたのトレーニングの種類やレベル，組織や実践の使命に関連し，あなたがすでに身につけている支援スキルを補完するために活用されることを想定している．出版社，編著者，各章の著者は，本書に含まれる情報に基づいた行動の結果に対して，いかなる責任も負わないものとする．

監訳者まえがき

　日本国内において，アウトドアセラピーに包含される取り組みは1960年代頃より実施されている．そして現在も，障がい児の療育キャンプや不登校生徒の心理支援としての自然体験活動など，多様な実践が展開されている．本書の訳者らの多くも全国各地で魅力的な取り組みを展開するメンバーだ．一方，このアウトドアセラピーという分野に興味を持った時，入門書として誰もが手に取って学べるような書籍は存在しなかったのではないか．この点で本書は，アウトドアセラピーを体系的かつ具体的に，そして国際的な研究者・実践者の知見に基づきながら概説しており，まさに待望の1冊と言えるだろう．

　本書は3部構成となっている．第Ⅰ部の基礎理論では，現代における自然と人間の乖離や社会的背景に触れ，アウトドアセラピーの必要性や理論的背景を展開する．アウトドアセラピーの意義を深く理解したい読者の皆さんは，この第Ⅰ部をじっくり吟味していただきたい．続く第Ⅱ部の実践では，ウィルダネスセラピーから森林療法まで，8つのセラピーが事例と共に紹介される．読者の皆さんが，心理療法，作業療法，福祉，教育，あるいは野外活動の実践現場に取り入れるヒントを探しているとしたら，この第Ⅱ部の興味のある章から読んでいただくことをお勧めする．第Ⅲ部では，批判的視点として，ジェンダーや予防的アプローチ，そしてクライエントの声やエビデンスを実践に取り入れることについて触れている．これらは日本国内での実践でも，今後も向き合うべき課題といえよう．

　最後に，本書では西洋的な自然観への批判的まなざしとして，繰り返し「自然の中の人間」というアプローチが強調される．一方，日本では古くから自然物を崇拝するなど「自然と人を一体」と捉えるような自然観がある．日本国内でも現代の都市化・情報化によりこのような自然観は希薄化していると考えられる．本書の内容を実践に応用する際，日本各地の自然，風土，人の心と身体に脈々と受け継がれているものにも啓かれていることが，アウトドアセラピーの第1歩になるのではないだろうか．

　2024年8月

　　　　　　　　　　　　　　　　　　　　　監訳者　吉松　　梓

目　　次

第Ⅰ部　基礎理論

第 I 部　基礎理論

第1章

アウトドアセラピーの紹介

Nevin J. Harper and Thomas J. Doherty

▶ はじめに

　近年，イギリスの IOL（Institute for Outdoor Learning：野外学習研究所）[1]は，野外でのメンタルヘルス介入に関する優れた実践について報告した［Richards, Hardie, & Anderson, 2019］．BSLM（the British Society of Lifestyle Medicine：イギリス生活習慣病学会）にも推薦されているこの報告書は，「メンタルヘルスやウェルビーイングのために介入と野外学習を組み合わせる」ガイドラインを提供している（p. 1）．Richards とその同僚らによるこの取り組みは，環境教育やアウトドアアドベンチャー，ネイチャーベースドセラピーといった領域における，心理学的な働きかけと実践の間により強い融合を求める，国境を越えた関係者たちの切なる願いを具体的に示すものである．本書をまとめるにあたって，私たちも同じような成果を期待している．私たちは世界中のメンタルヘルスの専門家たちが，野外に出向いて，風雨に身を曝し，森の中の美しさを眺め，浜辺を歩き，それぞれの生活圏でのさまざまな風景や動植物の中で，健康やウェルビーイングを探し求める手助けをするためにこのアウトドアセラピー集を刊行する．

　エコセラピーの1つの形態として，また環境心理学の応用形態として，アウトドアセラピーの哲学，倫理，実践について検討することはとても大きな可能性を秘めている［Doherty, 2016：Doherty & Chen, 2016 を参照］．アウトドアセラピーには，一般的に行われているインドアでのアプローチとは，表面的にも明確な，様式的・哲学的違いがある．また，神経心理学的にも違いがあり，刺激にあふれる自然環境で活動することは，オフィスに閉じこもり座りっぱなしの状態とは異なり，私たちの脳と身体に影響を与えることが明らかにされている［Berman, Stier, & Akcelik, 2019］．

　本書の研究では，場所に根ざした学習や直接的な身体性が刺激される体験，治療的な冒険，自然によるストレスの軽減といったような，共通した実践性を

共有する確立された治療的なアウトドアアプローチに関心を向けている．また，自然や野外をセラピーの有効な要素として含むメンタルヘルスの実践について明らかにすることにも興味が向けられている．ウィルダネスセラピー，園芸療法，馬介在療法，野外作業療法，サーフセラピーなどの章からなる本書により，アウトドアセラピーの活動可能な範囲を理解した読者のみなさんは，21世紀のカウンセリングとセラピーの実践における新たなビジョンを手に入れることになるだろう．実践者の方々には，これらを先ずは自分で体験的に試みていただき，支援を必要とする人々にこれらの機会が与えられることについて，ぜひ，検討してもらいたい．

■文化と特権についてのメモ

　私たちのアウトドアセラピーへの取り組みでは，異なる文化への配慮やバイアスそして特権の問題に注意を払っている．自然や野外での体験について観察すると，文化的なフィルター（色メガネ）が多く存在している．それらは，人間が自然への優位性を誇示し支配することを前提とした功利主義的な「賢明な利用」といった視点から，自然，人間そして生物の間には親しい紐帯関係があり，それらの価値が共有されていることを前提としたより人間主義的で全体論的なアプローチまでさまざまである．この支配と平等で親しい紐帯のあいだにある緊張関係は，人類の登場と同じくらい昔から存在し，先住民族の文化における伝統と近代化や，科学技術が発達した社会における持続可能性に関する倫理的な議論などに反映されている．

　環境に対する自分のアイデンティティや価値観を省みる方法（スキル）を教わる人はほとんどいないので，こうした信念は善き行いのなかにもしばしば暗黙のうちに残り，無意識の偏見や，検証されることのない特権につながっている．自然を，支配すべき，関わりの薄い存在として，あるいは脅威とみなす功利主義的な考え方で育ってきた場合には，自然への親近感や自然と共に存在することによる安らいだ感覚を想像することが非常に難しい．また逆に，緑豊かな場所への健全な接触や，自然の中で成長が促されるような経験をして育ってきた人は，こうした贈り物をあたり前のものと思いがちなのである．

▶ なぜ野外でのセラピーなのか？

　クライエントは，自分のニーズとセラピーで提供されるものとの間に必ずしも適切な対応関係を見い出すとは限らない．たとえば若者の場合，セラピーの試みの半分は失敗している [Neumann et al., 2010]．研究者たちが試みてはいるものの，この問題を完全に説明することはできない [Garcia & Weisz, 2002]．しかし，効果的な代替手段があることについては自信を持って言える．本書では，心理・社会的なウェルビーイングや身体的，認知的，情動的機能にポジティブに貢献する，カウンセリング，セラピー，ヒーリング，ウェルネス，健康増進へのアウトドアアプローチの数々について紹介している [Mygind et al., 2019]．

　本書はまた，多様なアプローチを紹介することによって，アウトドアセラピーが野外で実施されることの利点をどのようにカウンセリングやセラピーのプロセスにもたらすことができるかを説明し，これらのメリットについての説得を試みている．私たち人間は生物として自然とつながることへの欲求や憧れを授かっており，自然環境にアクセスし適応することで，多くの場合，より健康で幸せになるような生得性をもっている．そのような提案にもとづいてセラピーの再概念化を行っている．自然環境における身体の積極的な関与はセラピーのプロセスを媒介し，その健康増進の成果に貢献することができる [Maller et al., 2005]．私たちは，アウトドアセラピーの考え方とあり方が，多くの人々にとって健康とウェルビーイングへの理想的なアプローチとなることを提案する [Wilson et al., 2009; Wolsko & Lindberg, 2013]．これはセラピストにとって実践の転換であり，さらなる知識と従来のやり方を変える意欲を必要とする [Jordan & Marshall, 2010]．

　増加している「健康のための自然とのふれあい」関連書籍に対する批判の1つは，多くのおすすめや研究が，「自然」の条件やふれあいに含まれているものを具体的に特定していないことである [Barnes et al., 2019]．この点に関して，各章を通して，より広い実践を可能にするための再現性とさらなる発展性を待つ肯定的な成果を示す文献にアクセスすることができる．これは，すべての心理学的研究と同様に，アウトドアセラピーの研究に共通する課題でもある．アウトドアセラピーの潜在力は，この問題に意欲的に取り組む理論家や実践者である研究者によってのみ開示されるのである [Fernee et al., 2017 を参照]．自然と

ふれあうことの利点に関する研究の2つ目の批判は，長期的な成果についてほとんど明らかになっていないということである [Norwood et al., 2019]．しかしこの面でも知識は蓄積されつつある [Annerstedt & Währborg, 2011]．

　本書で実践をまとめ紹介する私たちの意図は，健康，癒やし，そしてウェルビーイングに対するアウトドアアプローチの大きな可能性を読者と共有することである．私たちは本書が，福祉領域や教育分野の専門家がこれらの実践に取り組むことを検討するきっかけになることを願っている．「アウトドアは誰にとっても良い」とか「自然は癒やしである」といった普遍的な主張は控える．自然は，人がひどく痛い日焼けをしたり，道に迷って怖くなったり，気候災害の影響で環境難民になったりする場所なのである．私たちは，カウンセリングの実践の場を野外に移すことには現実的な限界も，また，社会的な認知による限界もあることを認めつつ，それでもやってみることを提唱し検討することを勧めるのである．

▶ 現在の社会的背景におけるアウトドアセラピー

　伝統的な社会では，癒やしと医療はハーブ（薬草）やスピリチュアリティそして地域に根ざした活動に基づいており，すべては混然一体でホリスティックかつ統合的である [Moodley & West, 2005]．世界各地では，こうした長年の習慣を今もなお守り続けている集団もあれば，再発見しているグループもある．しかし，ほとんどの「先進国」社会における癒やしの実践は，「シャーマン─ハーブ─自然」の領域から，「医療─病院─医薬品」のモデルへとシフトしている．これは進歩として喧伝されているが，同時に損失とも言える．智慧の喪失，有意義な実践の喪失，あり方（生き方）の喪失，自然な方法で病気に対処する能力の喪失などである．癒やしの実践のあり方のシフトと並行して，現代社会では情報の共有と技術の進歩がかつてないほど急速に進んでいる．テクノロジーが生み出す人工物の世界で生活していると，人々は自然界における体験から機能的に切り離され，エコロジーに関する知識が阻害され，この地球上で私たちを支えている環境との関係が希薄になり不健康にさえなりかねない [Harper, Harper, & Snowden, 2017]．

　多国籍な資本主義を通じて，グローバルな知識の共有や資源の移動がこれほどまでに高まった経験は，今までの人類社会にはない．しかし，私たちは全体

として，継続的に増大するメンタルヘルス上の危機，糖尿病や肥満などの座りっぱなしによる生活習慣病，そして大量虐殺による民族の移動，政治的崩壊，環境危機，先住民に対する植民地化の継続的な影響に悩まされている [Silove, Ventevogel, & Rees, 2017]．半世紀前にフューチャリストの Alvin Toffler [1984] は，「あまりに短期間にあまりに大きな変化にさらされることで，我々に引き起こされる打ち砕かれるようなストレスと未来への見通しの喪失……技術力は増大するが，その副作用や潜在的な危険もまたエスカレートする」(p. 12) ことを説明するために，「フューチャーショック」と呼ばれる状態を提唱した．現在，世界的な気候危機の影響に加え，急速な技術革新と規範的な環境疎外が加わり，私たちは「自然欠乏症」，「エコ不安」，「ソラスタルジア（土地がもたらす安寧の喪失)[2]」などの問題に関心を寄せている．私たちが迅速に十分に適応できるかどうかは疑問である．

　私たちの健康の現状について書き出してみると，厄介な現実が浮かびあがってくる．

- 現在，地球人口の55%以上が都市環境に住んでいる [United Nations, 2018]．北米では，1日の約90%を屋内で過ごし，5%を車の中で過ごしている [Klepeis et al., 2001]．このような場所では，都市空間で安全かつ効率的にふるまい活動するために，私たちの注意力やその他の認知資源に大きな負荷が生じる [Kaplan & Berman, 2010]．
- 子どもたちと大人のスクリーン利用時間の増加は，身体活動の低下と相関している [Duncan, Vandelanotte, Caperchione, Hanley, & Mummery, 2012]．
- メンタルヘルスと座りっぱなしによる生活習慣病は，北米では流行病と言われるほどに増加している．その中で，不安やうつ病と診断された若者が5人に1人であり，さらに症状確定の閾値以下のために診断が下されていない多くの若者が含まれている [Merikangas et al., 2010; Poitras et al., 2016; Wilmot et al., 2012]．
- 世界の人口と平均寿命は先進国全体で上昇を続けているが [Kontis et al., 2017]，こうした利益は人種や性別による不平等の抑圧を受けており，一部のグループは取り残されている [Geronimus et al., 2019]．
- 気候危機はメンタルヘルスに影響を与え，絶望，不安，喪失感の発生率は世界的に高まっている [Doherty & Clayton, 2011; Fritze et al., 2008]．

　私たちが過ごす社会的かつ物質的に「作り出された」環境もまた，人間の健康にとって重要だと認識されている．そこでは環境スキャニングで有害物質や空気の質を測定したり，座りっぱなしの労働者の健康を改善するためにスタンディングデスクをオフィスに設置したり，集中力と健康を増進するために植物や落ち着いた色をインテリアに使ったりすることが行われている．これらすべてが，より自然な生活を求める私たちの生得的な欲求を裏付けるものであるならば［Kellert & Wilson, 1995］，カウンセリングや心理療法を野外に移す提案は，そんなに難しいことなのだろうか？　人間の健康にとって野外に出ることは必要かつ不可欠な要素であるが，主流のメンタルヘルスの促進や治療では，そのことがあまりにも長い間，無視されてきた．現在，自然の中での時間や活動が人々の健康やウェルビーイング［Burls, 2007 ; Mygind et al., 2019］そして特定の精神的・社会的健康問題の改善［Kondo, South, & Branas, 2015 ; Shanahan et al., 2019］にプラスであることを支持するエビデンスが増加している．

　本書は，現代の技術社会に生きる私たちは，あまりにも長い間，人間にとっての自然の役割や自然な暮らしを無視してきたという明確な文化批判に基づいている．そして，このことは．現在の私たちの評価以上に，私たちの健康とウェルビーイングに対する答えを秘めているのかもしれない．自然は，私たちすべてを含み，包み込み，養う多次元的なネットなのである．私たちが呼吸している空気，飲み水，食物から吸収するタンパク質，ミネラル，炭水化物，ビタミンは，私たちの健康と存在に不可欠なものである．しかし，これらの要素はしばしば当然のこと，あたり前のこととして受け止められてしまっている．

▶ アウトドアセラピーと先住民の文化

　本書を通して浮かびあがってくる 1 つのナラティブは，アウトドアセラピーが近代的なオフィスベースのメンタルヘルスアプローチを代替する必要があるということである．近年の都市化と技術化の加速が重大な悪影響をもたらしたことに疑いの余地はない［Gabrielsen & Harper, 2018］．本書に登場する多くの著者は，食糧を栽培したり，数日にわたる陸路のハイキングでバックパックを背負い自分に負担をかけることを選択するなど「伝統的なあり方」を再現したり呼び起こしたりする実践についてふれている．このように，私たちはセラピーを必要とする人々のためのサービス向上に期待を寄せる一方で，先祖から連綿

と受け継がれてきた伝統的なあり方を呼び起こそうともしている．

　カナダの先住民族を対象とした調査では，伝統的な言語や文化的慣習が維持または復活している地域ではコミュニティの健康が改善されることがわかっている [Chandler & Lalonde, 1998]．植民地化の影響と，土地に根ざした実践から先住民族が組織的に切り離されてしまったことは，それらに関連する教育法や再接続プロジェクトを含む復活への働きかけを通して是正されつつある [Wildcat et al., 2014]．第 5 章では，先住民の研究者，Nicholas XEMŦOLTW Claxton が，先住民の土地をベースとしたアプローチを紹介し，多くの先住民族にとって土地（と水）との関係は文化的に最も大切な要素であり，先住民のコスモロジー，健康，ウェルビーイング，コミュニティ内での復活の中心であるという事実を浮き彫りにしている [Robbins & Dewar, 2011; Smith, Tuck, & Yang, 2019]．Claxton は，非先住民のアウトドアセラピーの実践者，特に伝統的な先住民の土地で活動する実践者が，歴史，物語，場所に根ざした教えを常に意識し，それを認識しながら活動できるような知識と助力を提供してくれると述べている．

　先住民族の歴史や背景を尊重するとき，アウトドアセラピストは，土地を尊重する文化，場所に根ざした知識，自然との密接な関係がどのようなものかを発見する．この超越的で生態学的な体験は，キリスト教と西洋科学の伝統が台頭し，生活に密着した異教的儀式や慣習が事実上抹殺される中で抑圧されてきたものであり，今日の環境危機の根源の 1 つであることは間違いない [White Jr., 1967]．この視点からすると，ヨーロッパの神聖な森の破壊は「新世界」での植民地化の実践に引き継がれ，土地には文化的な人はいない「Terra Nullius：無主地」とみなされて資源は搾取され所有権が奪われたのである．入植者の利益のために資源は採掘され，先住民は自分たちの場所と文化的アイデンティティを奪われ，その結果，何世代にもわたって社会的・精神的苦痛を味わうことになった [Lavallee & Poole, 2010]．私たちは，国や文化を越えて，土地に根ざした実践を回復するための協力関係について認識し，それに向けて努力する必要がある．その過程において，私たちアウトドアセラピーの実践者は，社会的地位や美しい野外の場所や体験へのアクセスといった，他の人々を制限し不快を感じさせるような特権を得ていることへの検証についても挑み続けることになるだろう [Twine & Gardener, 2013]．

▶ アウトドアセラピーの共通点

　本書で紹介するすべてのアウトドアセラピーには，それを経験的・概念的に支える関連文献があり，多くの場合，実践についての明確な定義があり，場合によっては（園芸療法や森林療法など）専門家団体や認定制度がある．このことは，アウトドアセラピーに馴染みのないセラピストにとっては驚くべきことかもしれない．実際，本書の著者たちでさえも，それぞれの分野の専門家でありながら他のアウトドアセラピーのアプローチの奥深さについて再認識しているのである．総じて，アウトドアセラピーには普遍的に認められた定義はないと言える．しかし，これらのアプローチには何らかの形で共通するいくつかの要素が存在する．

■アウトドアセラピーは場所に根ざしている

　クライエントとセラピストが出会う実際の物理的な場所は主に野外である．アプローチの理論的違いや最終的なゴールにかかわらず，各章においては，建物の外で行われる，あるいは条件が許す限り野外に移動しての実践についてふれている．室内に対する野外というような場所への志向は，クライエントへの成果を改善する可能性をもっている．現在のレビューでは，自然とふれ合うことにより，うつ病患者の認知と感情を改善し [Berman et al., 2012]，注意，記憶，気分のポジティブな変化を促進することが示されている [Norwood et al., 2019年]．近年では，健康増進のために人間が自然と関わることを支持する論文の数が加速的に増加している [たとえば，Mygind et al., 2019]．臨床研究では，原生林を歩くことで免疫機能が向上し，ガンに抵抗する能力が高まることが示されている [Li, 2010]．また，健康やフィットネスに関する研究では，野外での運動が室内の運動よりも効果が高いことが示されている [Pasanen, Tyrväinen, & Korpela, 2014]．これは，野外で過ごす時間を増やそうという主張を強化するための多様な学術的・研究的努力の断片（スナップショット）であり，もちろん，アウトドアセラピーを推進するためにこれらの知見を借用することが批判される可能性もある．より系統的な文献レビューが行われ，より具体的なアウトドアセラピーの研究が進めば，これらのアプローチがセラピーや一般的な人々の健康にもたらす効果について，もっと自信を持って主張できるようになるだろ

う [Annerstedt & Währborg, 2011].

　野外環境はアウトドアセラピーの主要な要素ではあるが，アウトドアセラピストもまた，室内と野外スペースの境界で働くことに注意を向けることが重要である．Jordan and Marshall [2010] が述べているように，クライエントによっては，また，ある種の臨床的な問題や難しい会話には，オフィスのような閉ざされた環境が必要なのである．アウトドアセラピストは，① クライエントと一緒にアウトドアセラピーのセッションを始める，② 室内と野外の両方で活動する，③ 自然物を使用し，人間と自然のつながりに焦点を当て，自然に基づいた活動を割り振ることで，自然を取り入れたインドアセラピストになることができる．このようなさまざまな働き方をすることがアウトドアセラピーの科学的であり芸術的な側面なのである．迫り来る暗雲を思い浮かべるだけで，屋根で覆われた建物への避難が，いかに安らぎやクライエントケアへの問いになりうるか想像することができる．

■積極的な身体的関与がアウトドアセラピーの特徴である

　アウトドアセラピーの特徴的な 2 つ目の要素は，自然環境との積極的な身体的関与である．野外活動は注意力を高め [Taylor & Kuo, 2009]，ストレスを軽減し [Jiang, Chang, & Sullivan, 2014]，メンタルヘルスに一般的な利益をもたらす [Bélanger et al., 2019]．学び（学習）は環境との身体的な関わりによって積極的にサポートされ [Corazon, Schilhab, & Stigsdotter, 2011; Poitras et al., 2016]，多くのアウトドアセラピーが体験教育の分野で生まれたのは偶然ではない．アウトドアセラピーのクライエントは，ある程度プログラム化された冒険活動や手つかずの自然での長期的な冒険，あるいは文化的・歴史的な慣習などを通して，土地との関係を結ぶのである．どのようなアプローチにせよ，自然への積極的な関わりは身体からの反応を引き出し，セラピーの過程において意味のある役割を果たす [Shanahan et al., 2016].

　アウトドアは，人間の内面と外部の様子や風景を学ぶための理想的な舞台となりうる．クライエントの感覚的気づきを高め [Harper, Rose, & Segal, 2019]，生理的・感情的調節（第11章参照）について訓練し改善することができる [Kain & Terrell, 2018]．野外での身体活動はダイナミックなプロセスである．目は利用可能な光の変化に適応し，呼吸は登坂や困難な地形でのハイキングに関係して変化し，バランス感覚は海に浮いたり沈んだりすることで調整される．

　私たちは自然を万能薬として宣伝しているわけではないことを読者に伝えておきたい．悪天候や困難な地形では注意が散漫になり，疲労やストレスが増大することがある．アウトドアセラピーの治療的な設計・見通しは，クライエントのリソース，挑戦のレベル，経験から得られる意味の連関によって決まる．私たちは悪条件を避けていると思われるかもしれないが，いくつかのアウトドアセラピーのアプローチでは，クライエントやグループの治療目標に基づいて，天候，地形，強度，遠隔性との関わり方を意図的に取り入れている［Harper et al., 2019］．

■自然と人間の親密な関係を認識するアウトドアセラピー

　アウトドアセラピーに共通する第三の要素，それは人間と自然の関係である．本書に登場するアウトドアセラピストたちは，ホーリズムの受け入れ方の程度にもよるが，私たちは自然の「一部である」，あるいは単に「自然である」という点で意見が一致している．野外に出ることは，私たちを自己自身に近づける．ポタワトミ族の森林生物学教授，Robbin Wall-Kimmerer［2013］が思い起こさせるように，あらゆる生物間の「親族関係」には「互恵関係（相互扶助）による，それぞれの種がもたらす贈り物の共有から生まれる永続的な力」が宿っている（p. 275）．

　人間の自然体験は多様である．徒歩での陸路移動を余儀なくされ生活の場を失った難民，都会の生活環境の中で自然から隔離されて育ち，夜には星を見ることができない子どもたち．先住民と現代人のナチュラリストたちは，人間と他の種との微妙な関係や相互作用に対する知恵を育んでいる．私たちは，人間と自然のつながりのさまざまなあり方を認識している．アウトドアセラピーは，技術革新，都市化，植民地化，環境破壊，その他の社会・政治的な力によって，機能的にも概念的にも自然から切り離されてしまった人々にとって，特に治療的なものとなりうる．そのような断絶に対処し，自分たちのウェルビーイングのために地球の健康に依存している種としての人間に活力を取り戻すことを，アウトドアセラピーは目的としている．

　要するに，私たちはみな自然の一部であり，この認識とそれに対する責任を果たす能力から多くの恩恵を受けているのだ．これはオックスフォード辞典やウィキペディアにあるような，自然を「人間以外のもの」と定義する人間中心の一般的な理解とは対照的である．この辞書的な認識は，人間と，そして植物，

動物さらには浜辺や山，川といった地球の特徴という物理的世界という二項対立を永続させてしまう．私たちに共通する経験と信念は「人の潜在能力の充実や達成は，自然との深い意味のある関係や相互依存，すべての生物との親族（紐帯）関係の活性化と正常化を通して実現される」というものだ．私たちの治療的な活動を，私たちを支えている環境との関係の中に取り込むことは合理的なことだと思われる．

▶ アウトドアセラピーの適用

　アウトドアセラピーの恩恵を受けるために最も適しているのは誰であろうか？　この問いは，クライエントとセラピストの双方に関係するものである．アウトドアセラピーを効果的に行うためには，セラピストと自然との関係を第一に考えなければならないことは，私たち自身の経験から理解している．このような自己評価・反省の必要性は，どんな新しい様式のトレーニングでも変わらない．アウトドアセラピーの場合，セラピストは自分自身の自然に対する認識と生態学的な自己認識を育んでいかなければならない [Harper et al., 2019]．さらに，セラピーの実践やリスク管理の観点からも，自分が働いているオフィスや施設の外でクライエントと有意義に関わるためには，どのような知識やスキルが求められるのかについて振り返る必要がある．

　あなたはどのような野外活動に惹かれるのか？　また，それらはあなたの回復や成長のニーズにどのようにマッチしているのか？　どの程度の挑戦や強度が適切だと思うか？　どのような知識，技術，道具が必要だろうか？　このような問いは，どのようなアウトドアセラピーがクライエントにとって最も役に立つかを明確にするのに効果がある．これらの問いに答えるためにも，私たちは予防的で思慮深いアプローチを提案する．アウトドアセラピーの種類，場所，強度に関連するセラピストとクライエントの要望や適用については，熟慮した専門的な評価が必要なのである [Hooley, 2016 参照]．

▶ 散歩への誘い

　オフィスを拠点とするカウンセラーやセラピストにとって，最も手軽に利用できる野外での実践は，外に出てクライエントと一緒に，ただ歩くことである

[McKinney, 2011 ; Revell & McLeod, 2016]．「歩きながら話す」モードは，近代心理療法が始まったときから存在しており，多くの意味で，より統合的なアウトドアセラピーの実践への「入り口」と考えることができる [Doucette, 2004]．私たちは，セラピストがこの最初の一歩を踏み出したという話を聞くとわくわくする．クライエントと一緒に，野外で，活動的に生き生きとした身体に根ざした体験を取り入れるのだ [Schwenk, 2019]．それと同時に，多くのセラピストが何年も野外で実践していることも認めている．私たちは，読者の皆さんのトレーニング，知識，スキルについて前提を設けることはない．アウトドアセラピーに対する認識と認知が高まっているにもかかわらず，全米のカウンセリング心理学のトレーニングプログラムに生態心理学が含まれているかを調べたところ，利用可能なコース教材はほとんど見当たらなかった [Hoover & Slagle, 2015]．アウトドアセラピーを受けることによる健康上の利点や臨床結果の広がりを考慮すると，私たちはメンタルヘルスの専門家がこれらの実践について学び，取り組むことを強く薦める．

訳　注

1 ）Institute for Outdoor Learning（野外学習研究所）：アウトドアを活用して他の人々にポジティブな変化をもたらす組織や個人のための専門機関であり，アウトドアラーニングが英国社会における開発，教育，雇用の一形態として高く評価されることをビジョンとして掲げている．このような願望と目的を共有する人々が組織の目的を達成できるように，質の高い競争力のあるプラットフォームを提供している（https://www.outdoor-learning.org/）.

2 ）ソラスタルジア Solastalgia：環境に起因する苦痛により大きな意味と明確さを与えるために創出された新しい概念である．ノスタルジア（ノスタルジア：愛する故郷から離れたときに経験するメランコリアやホームシック）とは対照的に，ソラスタルジアは，環境の変化が人々に与える影響によって生じる苦痛である．グレン・A・アルブレヒトにより提唱された（下記，文献を参考にした日本語訳を掲載）.

　　Glenn Albrecht, Gina-Maree Sartore, and Georgia Pollard, et al. [2007] "Solastalgia : The Distress Caused by Environmental Change," *Australasian Psychiatry*, 15(1), 95-98.

参考文献

Annerstedt, M., & Währborg, P. [2011] "Nature-assisted therapy : Systematic review of controlled and observational studies," *Scandinavian Journal of Public Health*, 39(4), 371-388.

Barnes, M. R., Donahue, M. L., Keeler, B. L., Shorb, C. M., Mohtadi, T. Z., & Shelby, L. J. [2019] "Characterizing nature and participant experience in studies of nature exposure for positive mental health, an integrative review," *Frontiers in Psychology,* 9, 2617.

Bélanger, M., Gallant, F., Doré, I., O'Loughlin, J. L., Sylvestre, M. P., Nader, P. A., ... & Sabiston, C. [2019] "Physical activity mediates the relationship between outdoor time and mental health," *Preventive Medicine Reports.* doi:10.1016/j.pmedr.2019.101006

Berman, M. G., Kross, E., Krpan, K. M., Askren, M. K., Burson, A., Deldin, P. J., ... & Jonides, J. [2012] "Interacting with nature improves cognition and affect for individuals with depression," *Journal of Affective Disorders,* 140(3), 300-305.

Berman, M. G., Stier, A. J., & Akcelik, G. N. [2019] "Environmental neuroscience," *American Psychologist,* 74, 1039-1052.

Burls, A. [2007] "People and green spaces: Promoting public health and mental well-being through ecotherapy," *Journal of Public Mental Health,* 6(3), 24-39.

Chandler, M. J. & Lalonde, C. [1998] "Cultural continuity as a hedge against suicide in Canada's First Nations," *Transcultural Psychiatry,* 35(2), 191-219.

Corazon, S. S., Schilhab, T. S., & Stigsdotter, U. K. [2011] "Developing the therapeutic potential of embodied cognition and metaphors in nature-based therapy: Lessons from theory to practice," *Journal of Adventure Education & Outdoor Learning,* 11(2), 161-171.

Doherty, T. J. [2016] "Theoretical and empirical foundations for ecotherapy," in M. Jordan & J. Hinds (Eds.), *Ecotherapy: Theory, research & practice,* London, England: Palgrave.

Doherty, T. J. & Chen, A. [2016] "Improving human functioning: Ecotherapy and environmental health approaches," in R. Gifford ed., *Research methods in environmental psychology,* Hoboken, NJ: John Wiley & Sons, pp. 323-343.

Doherty, T. J., & Clayton, S. [2011] "The psychological impacts of global climate change," *American Psychologist,* 66(4), 265-276.

Doucette, P. A. [2004] "Walk and talk: An intervention for behaviorally challenged youths," *Adolescence,* 39 (154), 373-388.

Duncan, M. J., Vandelanotte, C., Caperchione, C., Hanley, C., & Mummery, W. K. [2012] "Temporal trends in and relationships between screen time, physical activity, overweight and obesity," *BMC Public Health,* 12(1), 1060.

Fernee, C. R., Gabrielsen, L. E., Andersen, A. J., & Mesel, T. [2017] "Unpacking the black box of wilderness therapy: A realist synthesis," *Qualitative Health Research,* 27(1), 114-129.

Fritze, J. G., Blashki, G. A., Burke, S., & Wiseman, J. [2008] "Hope, despair and transformation: Climate change and the promotion of mental health and wellbeing," *International Journal of Mental Health Systems,* 2(1), 13.

Gabrielsen, L. E., & Harper, N. J. [2018] "The role of wilderness therapy for adolescents in the face of global trends of urbanization and technification," *International Journal of Adolescence and Youth*, 23(4), 409-421.

Garcia, J. A. & Weisz, J. R. [2002] "When youth mental health care stops: Therapeutic relationship problems and other reasons for ending youth outpatient treatment," *Journal of Consulting & Clinical Psychology*, 70(2), 439-443.

Geronimus, A. T., Bound, J., Waidmann, T. A., Rodriguez, J. M., & Timpe, B. [2019] "Weathering, drugs, and whack-a-mole: Fundamental and proximate causes of widening educational inequity in US life expectancy by sex and race, 1990-2015," *Journal of Health and Social Behavior*, 60(2), 222-239.

Harper, C., Harper, C. L., & Snowden, M. [2017] *Environment and society: Human perspectives on environmental issues*, New York, NY: Routledge.

Harper, N. J., Rose, K., & Segal, D. [2019] *Nature-based therapy: A practitioner's guide to working outdoors with children, youth, and families*, Gabriola Island, Canada: New Society Publishers.

Hooley, I. [2016] "Ethical considerations for psychotherapy in natural settings.," *Ecopsychology*, 8(4), 215-221.

Hoover, S. M., & Slagle, C. P. [2015] "A preliminary assessment of ecopsychology education in counseling psychology doctoral training programs," *Ecopsychology*, 7(3), 160-165.

Jiang, B., Chang, C. Y., & Sullivan, W. C. [2014] "A dose of nature: Tree cover, stress reduction, and gender differences," *Landscape and Urban Planning*, 132, 26-36.

Jordan, M., & Marshall, H. [2010] "Taking counselling and psychotherapy outside: Destruction or enrichment of the therapeutic frame?," *European Journal of Psychotherapy & Counselling*, 12, 345-359.

Kain, K. L., & Terrell, S. J. [2018] *Nurturing resilience*, Berkeley, CA: North Atlantic Books.

Kaplan, S., & Berman, M. G. [2010] "Directed attention as a common resource for executive functioning and self-regulation," *Perspectives on Psychological Science*, 5(1), 43-57.

Kellert, S. R., & Wilson, E. O. (Eds.) [1995] *The biophilia hypothesis*, Washington, DC: Island Press.

Kimmerer, R. [2013] *Braiding sweetgrass: Indigenous wisdom, scientific knowledge and the teachings of plants*, Minneapolis, MN: Milkweed Editions.

Klepeis, N. E., Nelson, W. C., Ott, W. R., Robinson, J. P., Tsang, A. M., Switzer, P., ... & Engelmann, W. H. [2001] "The National Human Activity Pattern Survey (NHAPS): A resource for assessing exposure to environmental pollutants," *Journal of Exposure Science and Environmental Epidemiology*, 11(3), 231-252.

Kondo, M. C., South, E. C., & Branas, C. C. [2015] "Nature-based strategies for improving urban health and safety," *Journal of Urban Health*, 92(5), 800-814.

Kontis, V., Bennett, J. E., Mathers, C. D., Li, G., Foreman, K., & Ezzati, M. [2017] "Future life expectancy in 35 industrialised countries: Projections with a Bayesian model ensemble.," *The Lancet*, 389 (10076), 1323-1335.

Lavallee, L. F., & Poole, J. M. [2010] "Beyond recovery: Colonization, health and healing for Indigenous people in Canada," *International Journal of Mental Health and Addiction*, 8(2), 271-281.

Li, Q. [2010] "Effect of forest bathing trips on human immune function," *Environmental Health and Preventive Medicine*, 15(1), 9.

Maller, C., Townsend, M., Pryor, A., Brown, P., & St. Leger, L. [2005] "Healthy nature healthy people: 'contact with nature' as an upstream health promotion intervention for populations," *Health Promotion International*, 21(1), 45-54.

McKinney, B. L. [2011] *Therapist's perceptions of walk and talk therapy: A grounded study*. *Unpublished Doctoral Dissertation*, Lafayette: University of Louisiana.

Merikangas, K. R., He, J. P., Burstein, M., Swanson, S. A., Avenevoli, S., Cui, L., ... & Swendsen, J. [2010] "Lifetime prevalence of mental disorders in US adolescents: Results from the National Comorbidity Survey Replication-Adolescent Supplement (NCS-A)," *Journal of the American Academy of Child & Adolescent Psychiatry*, 49(10), 980-989.

Moodley, R., & West, W. (Eds.) [2005]. *Integrating traditional healing practices into counseling and psychotherapy* (Vol. 22), Thousand Oaks, CA: Sage.

Mygind, L., Kjeldsted, E., Dalgaard Hartmeyer, R., Mygind, E., Bølling, M., & Bentsen, P. [2019] "Immersive nature-experiences as health promotion interventions for healthy, vulnerable, and sick populations? A systematic review and appraisal of controlled studies," *Frontiers in Psychology*, 10, 943.

Neumann, A., Ojong, T. N., Yanes, P. K., Tumiel-Berhalter, L., Daigler, G. E., & Blondell, R. D. [2010] "Differences between adolescents who complete and fail to complete residential substance abuse treatment," *Journal of Addictive Diseases*, 29(4), 427-435.

Norwood, M. F., Lakhani, A., Fullagar, S., Maujean, A., Downes, M., Byrne, J., ... & Kendall, E. [2019] "A narrative and systematic review of the behavioural, cognitive and emotional effects of passive nature exposure on young people: Evidence for prescribing change," *Landscape and Urban Planning*, 189, 71-79.

Pasanen, T. P., Tyrväinen, L., & Korpela, K. M. [2014] "The relationship between perceived health and physical activity indoors, outdoors in built environments, and outdoors in nature," *Applied Psychology: Health and Well-Being*, 6(3), 324-346.

Poitras, V. J., Gray, C. E., Borghese, M. M., Carson, V., Chaput, J. P., Janssen, I., ... & Sampson, M. [2016] "Systematic review of the relationships between objectively measured physical activity and health indicators in school-aged children and youth," *Applied*

Physiology, Nutrition, and Metabolism, 41(6), S197-S239.

Revell, S., & McLeod, J. [2016] "Experiences of therapists who integrate walk and talk into their professional practice," *Counselling and Psychotherapy Research,* 16(1), 35-43.

Richards, K., Hardie, A., & Anderson, N. [2019] *Outdoor mental health interventions. Institute for Outdoor Learning statement of good practice,* Carlisle, England: Institute for Outdoor Learning.

Robbins, J. A., & Dewar, J. [2011] "raditional Indigenous approaches to healing and the modern welfare of traditional knowledge, spirituality and lands: A critical reflection on practices and policies taken from the Canadian Indigenous example," *The International Indigenous Policy Journal,* 2(4), 2.

Schwenk, H. [2019] "Outdoor therapy: An interpretative phenomenological analysis examining the lived-experience, embodied, and therapeutic process through interpersonal process recall," *Sports,* 7(8), 182.

Shanahan, D. F., Astell-Burt, T., Barber, E. A., Brymer, E., Cox, D. T., Dean, J., ... & Jones, A. [2019] "Nature-based interventions for improving health and wellbeing: The purpose, the people and the outcomes," *Sports,* 7(6), 141.

Shanahan, D. F., Franco, L., Lin, B. B., Gaston, K. J., & Fuller, R. A. [2016] "The benefits of natural environments for physical activity," *Sports Medicine,* 46(7), 989-995.

Silove, D., Ventevogel, P., & Rees, S. [2017] "The contemporary refugee crisis: An overview of mental health challenges," *World Psychiatry,* 16(2), 130-139.

Smith, L. T., Tuck, E., & Yang, K. W. (Eds.) [2019] *Indigenous and decolonizing studies in education,* New York, NY: Routledge.

Taylor, A. F., & Kuo, F. E. [2009] "Children with attention deficits concentrate better after walk in the park," *Journal of Attention Disorders,* 12(5), 402.

Toffler, A. [1984] *Future shock* (Vol. 553), New York, NY: Bantam.

Twine, F. W., & Gardener, B. (Eds.) [2013] *Geographies of privilege,* New York, NY: Routledge.

United Nations. [2018]. Revision of the world urbanization prospects. Department of Economic and Social Affairs. Retrieved December 3, 2019 from https://www.un.org/development/desa/publications/2018-revision-of-world-urbanization-prospects.html

White, L. [1967] "The historical roots of our ecologic crisis," *Science,* 155, 1203-1207.

Wildcat, M., McDonald, M., Irlbacher-Fox, S., & Coulthard, G. [2014] "Learning from the land: Indigenous land based pedagogy and decolonization," *Decolonization: Indigeneity, Education & Society,* 3(3), 1-15.

Wilmot, E. G., Edwardson, C. L., Achana, F. A., Davies, M. J., Gorely, T., Gray, L. J., ... & Biddle, S. J. H. [2012] "Sedentary time in adults and the association with diabetes, cardiovascular disease and death: Systematic review and meta-analysis," *Diabetologia,* 55,

2895-2905.

Wilson, N., Ross, M., Lafferty, K., & Jones, R. [2009] "A review of ecotherapy as an adjunct form of treatment for those who use mental health services," *Journal of Public Mental Health,* 7(3), 23-35.

Wolsko, C., & Lindberg., K. [2013] "Experiencing connection with nature : The matrix of psychological well-being, mindfulness, and outdoor recreation," *Ecopsychology,* 5(2), 80-91.

第2章
野外における体験型ファシリテーション

Luk Peeters and Martin Ringer

▶ は じ め に（導入と背景）

　この章では，野外活動を治療的ファシリテーションとして活用する歴史と文化的視点について取り上げる．現代の「体験型セラピー」は，西洋社会から，そして最近では先住民族の文化から失われてしまった文化的な知恵を取り戻そうとする試みだと考えられる．理論やテクニック，方法への依存が高まるにつれ，自分自身の経験から学ぶことが人間の基本的な能力であることを忘れてしまう危険性がある．この基本的能力は次に基づいている．

① 自分の作為と不作為の結果が，環境の実際のニーズと関連していることに気づく能力．
② 自分自身の知覚と経験，他の人々の意見，人間以外の周囲の環境から，学習を展開するために利用できる関連情報を取り入れる能力．
③ 自らの経験における中心的な役割を認識することを避けるのではなく，そこから得られる学びを統合するために，自らの感情や思考を十分に管理する能力．

　このような能力があるにもかかわらず，トラウマとなる出来事やエピソードは，たとえ特定の人や文化が，よく発達した注意深い経験的な気づきと処理システムを利用できたとしても，自己治癒の能力を危険にさらし，（一時的に）乱すことがある [Ginot, 2015]．トラウマの影響がなくても，人は感情的・心理的な生存の必要性から，特定の状況における自らの気づきと経験を遮断してしまうかもしれない．自己治癒力を回復させるために，「他者」からのファシリテーションが必要なのは，人々が自分自身の経験から学ぶという生来の能力を失っている状況にあるからとも言える．

　アウトドアセラピーの理論的裏付けと実践は，主に2つの分野から影響を受

けている．それは体験・プロセス志向のセラピーと野外教育である [Harper, Peeters, & Carpenter, 2015]．ゲシュタルト療法 [Perls, Hefferline, & Goodman, 1951]，クライエント中心療法 [Rogers, 1961]，フォーカシング [Gendlin, 1978]，生体エネルギー分析 [Lowen, 1958]，心理劇 [Moreno, 1946] など，体験療法やプロセス指向の治療法は，アウトドアセラピーにおいても見て取れる．これらのアプローチは実存的，現象学的哲学，精神分析学派の発展，そして東洋の宗教から影響を受けて発展してきた．野外（体験）教育運動は，経験と教育については Dewey [1938]，体験と学習スタイルについては Kolb [1984]，野外冒険については Hahn [Schwarz, 1968]，発達理論と知識の構成主義理論については Piaget [1972]，解放教育については Freire [1968]，そして公教育については Illich [1971] の批判に理論的・哲学的なルーツがある．しかし，アウトドアセラピーが進化するにつれて，治療アプローチや信念体系が，学問分野間の相互作用によって発展しているように思われる．私たちの見解では，この簡潔かつおそらく十分とは言えない研究者の概説は，私たちの仕事に多様な可能性と驚くべき革新をもたらす理論的影響の豊かさを示している．

　アドベンチャーセラピー（第7章参照）は，アクティビティが自らを語ると考えられていたモデル [Bacon, 1987] から，他の人文学問分野の影響を受けたモデルへと発展し，アクティビティに対する内省が必要な治療的要素であると考えられている [Gass & Priest, 2005]．理論がさらに発展され，比喩やフロントローディング（前もって行われるファシリテーション）の技法を意図的に使うことが提唱され，プレゼンテーションや，その後に続く活動，対面のブリーフィング（活動の準備と枠づけ）に注目が集まるようになった [Bacon, 1983; Gass, Gillis, & Priest, 2000]．最近では，これまでよく使われていた学習サイクル [Hovelynck, 2000; Kolb, 1984] のようなそれまでの線形単純化を超越したモデルに到達している．このような考え方は，プログラムのあらゆる要素において，参加者の意味づけのプロセスがファシリテーションの焦点となる，リフレクション・イン・アクション（活動の中でのふりかえり）のアプローチをより強調するものである．つまり，プレゼンテーション，ブリーフィング，アクション（実体験），リフレクション（ふりかえり），トランスファー（一般化・次の体験への転移）の各段階を区別しないことが重要である．むしろ，参加者の学習は，参加者が治療プログラムに関わる全期間を通して，ファシリテーションの全体的で統合されたプロセスから生まれるのである．

▶ 概念とパラダイム

　私たちは，体験的なアウトドアアプローチと，体験に基づかない他のアウトドアプロセスを区別している．ナラティブに基づいたアドベンチャーセラピーや認知行動学に基づいたアドベンチャーセラピーといった他のアプローチは，アウトドアをベースとした学習やセラピーの全体的な体系の重要な一部である [Gass, Gillis, & Russell, 2012]．しかし，深い洞察に基づく野外体験学習のファシリテーションは，感情，さまざまな種類の記憶，認知，身体意識，行動，ニーズ，動機づけが複雑に絡み合う全体としての体験により焦点を当てる [Greenberg, Watson, & Lietaer, 1998]．また，他のアプローチでは見落とされがちな個人や集団の底流を探ることも求められており [Ringer, 2002]，それは通常，参加者とファシリテーターの双方の直接的な意識の外に生じるものである [Peeters & Ringer, 2015]．

　長年にわたり，主にアウトドアの専門外の臨床家たちは，無意識のプロセス，システム・ダイナミクス，個人とグループのダイナミクスを考慮に入れた治療システムを改良してきた [Huckabay, 1992; Taylor, Segal, & Harper, 2010]．私たちは，アウトドアセラピストとしての私たちの実践に役立てるために，これらを参考にし，「自己を道具として用いること（self-as-instrument）」について，この章の後半で展開するいくつかの一般化を行う．

　体験療法的アプローチでは，人は体験する主体であり，その体験を象徴化し振り返ることによって，新しい意味を構築し，行動方針を選択すると考える [Greenberg et al., 1998]．この信念は，個人は自分自身の状況の専門家であり，個人的な生活の中で直面しなければならない疑問や課題に対処するための最善の対応策を潜在的に持っているというパラダイムを支持するものである．私たちが意識していること，感じていること，思考や感情は，私たちが自由に使える最高のガイドラインなのである．

■変化を経験するための限界，境界，障壁について

　変化のプロセスの中心となる概念は「気づき」である．変化の逆説的理論では，私たちがすべての気づきと完全に関わることで，機能不全に陥った自分のあり方を知らなければならないことを説明している [Beisser, 1970; Philippson,

2012]．論理的に，しかし必然的に変化をもたらすのは，気づきを高めていく過程なのだ．とはいえ，ある活動に没頭したからといって，必ずしもそれを経験できているとは限らない．その意味で，一部の文献 [Gass et al., 2012など] では，提案された活動やプログラムの構成要素と，それらが参加者に呼び起こす可能性のある特有の体験とを区別していないことに，混乱と誤解を招くと感じる．私たちにとって，これは単なる意味論の問題ではない．提供されるもの，あるいは私たちが人々に関与させるもの（行動や活動）と，それが参加者にどのように捉えられるかという間には，大きな違いがある．参加者のユニークで個人的な体験は，どのような感覚，イメージ，比喩，感情，思考が誘発され，呼び起こされるかによって大きく異なる．私たちの考えでは，私たちは体験を提供することはできない．私たちが提供できるのは，参加者一人ひとりの体験に関わることで，その体験に働きかけることができるような機会や環境，出会いを提供することだけである．

　非常に難しい点は，私たちがしばしば習慣や無意識の信念，あるいは古い感情スキーマ [Peeters, 2003] に従って行動してしまうことである．これらのスキーマは，その時の環境における脅威や危険の認識に応じて人生の初期に発達するものだが，人生の後半になると，たとえ現在の環境に対する適切な反応でなくなったとしてもそれを繰り返してしまう [Greenberg, Rice, & Elliot, 1993]．たとえば，懲罰的な教師との度重なる経験があると，権威的な人物に遭遇したときに，たとえその新しい上司が前向きな考えを持ち，意見の相違を受け入れる人であったとしても，後ずさりして尻込みする反応の表出として，影響を及ぼすかもしれない．

　人は，特に新規の，あるいは感情的に圧倒されそうな状況や，目標やタスクの完了に集中しているときに，自分自身の気づきを妨げるような戦略をとる．たとえば，ハイキングを最後までやり遂げたいなら，水ぶくれができても感じないほうがいい．馬に乗るためには，自分の中で恐怖心が高まっていることを意識するのは役に立つものではない．おそらく，感情的になることを避けるような社会的，文化的規範があるのなら，これから訪れる悲しみを感じないほうがいいと思うだろう．

　神経科学，神経心理学，社会神経科学の分野の発展のおかげで，私たちは現在，脳，心，身体は相互に関連したシステムであり，「自己」と「他者」を切り離しているという感覚は大部分が幻想であることを理解している [Biran,

2015; Ginot, 2015］．この議論は，第11章の野外における感覚統合作業療法で展開される．また，私たちにとって重要な感情的・心理的な出来事や学習の大部分は，意識の外で起こっているというかなりの証拠がある［Ginot, 2015; Wilson, 2004］．このことは，ファシリテーターが，自分自身をファシリテートするグループから切り離した存在として見ることは，もはや不可能であるという考え方につながる．私たちは，少なくとも参加者のそれと同じくらい，私たち自身の感情的・心理的世界に関わる意識的・無意識的なプロセスの複雑な表出に入り込んでいるのである．

▶ 野外での体験型ファシリテーション

　ファシリテーション（facilitation）の語源はラテン語で「容易にする」（facilis）である．ファシリテーション・プロセスの中心的な仕事は，クライエントの自己開発と癒やしのプロセスを「円滑にする」ことである．私たちは，学びや癒やしを提供することはできない．クライエントの中にその存在（学びや癒やし）を育む必要がある．おそらくファシリテーターの役割にふさわしい比喩は，盲目のガイドが，両者にとって未知の領域にいる人（クライエント）を案内するというものである．ガイドはクライエントの視覚を頼りに，その地域を安全に移動できるルートを特定しなければならない．質問を投げかけたり，クライエントの目線を変えたり，景観の特定の特徴に目を向けさせたりすることで，2人は多くの障害物を乗り越え，2人を導くルートを見つけることに成功する．ガイドは，旅行者（クライエント）のルート探しの経験や，景観を読み取る能力に合わせた支援をする．ガイドはまた，この特別な環境におけるさまざまな特徴の意味を旅行者と話し合う．

　先に論じたように，クライエントや参加者は，自分自身の人生の専門家であり，自分自身で目的と方向性を意味づけている．したがって，ファシリテーションはこの参照枠とクライエントの経験した世界から始めることになる．つまり，アウトドアセラピーのファシリテーションは，手順やルーティン，手法に従うものではなく，創発的なプロセスなのである．すべての状況に適用できるハウツー（How-to）はない．幸いなことに，私たちは全く未知の世界に迷い込んだわけではない．私たちは，多くの状況でファシリテーターに役立つと思われるいくつかのスキルや能力を特定することができる．このことについては，

次の項で説明する.

　目的に焦点を当てることは重要な要素である. それには,「その瞬間, 個人やグループが何か有益な経験をしている兆候はあるか?」, さらに,「それは何であるのか?」という内省的な質問を常に持っていることが求められる. これらは,「活動は計画通りに進んでいるか?」といった, ファシリテーターが自問自答する一般的な質問とは大きく異なる.

　2つ目の重要な態度は, グループ内で何が起こっているのかについて, 自分自身を感覚的な「感情レーダー」と考えることである. たとえば, ある瞬間, 物事がうまくいっているように見えても, 指導者は強い悲しみの色に気づくことがある. もしそのファシリテーターの意識の中に, 普通なら悲しくなるようなことが何もないのなら, その悲しみを個人やグループから拾っているのではないかと自問してみる価値は十分にある. ファシリテーションとは, グループ, 個人, 環境, そしてファシリテーターとの間の絶え間ない交渉なのだ, という考え方に慣れるには, このような自己を道具とする態度が役立つ. すべてが一瞬で変わることもありうるのだ.

■治療的関係

　セラピスト/ファシリテーターとクライエント/参加者の間の治療的関係は, 探求, リスクテイク, 実験, 洞察, 変化を促進する鍵となる [Greenberg et al., 1998; O'Brien, 1990]. 本物で純粋な関係は, 主に参加者が実践者の共感, 受容, 調和を経験することで, 確立され, 維持され, 時には回復さえさせるものである [Elliot, Watson, & Goldman, 2003]. 参加者とともに存在し, 接触し, 同調し続けることができるセラピストの存在そのものが, 強力で肯定的な治療要素なのである. そのためには, セラピストは, 困難で強い感情に脅かされたときでも, 自分自身や参加者とつながっている必要がある [Ringer, 2017].

■参加者の気づきと処理能力を高める

　先に述べたように, 気づきを高めるプロセスは変化の鍵の1つと考えられている. そもそも, アウトドアセラピーという新しい環境自体が, 参加者の「今, ここ」での気づきを高めるかもしれない [Peeters, 2015]. 参加者は, 風やにおい, 気温などの外界の感覚を感じながら, 同時に自分の心拍数や呼吸の荒さ, 震えや顔面の紅潮にも気づくことで, 自分がそこにより完全に存在し, 生きて

いることを体験するかもしれない．日常とは異なる環境での現実的な課題は，私たちの習慣的だがあまり機能的でない行動パターンと非常に対照的であり，それが突然目に見えてわかるようになるかもしれない．ある参加者は，洞窟探検で３つの通路のどれかを選ばなければならなくなったとき，自分の遅れがちでためらいがちなコーピングスタイルが非常に明白になり，妨げになったと述べている．彼は濡れて寒くなってしまい，選択することができない自分に苦しんでいた．ファシリテーターは，このような気づきの高まりのプロセスによって，参加者を支援することができる．

■プロセス重視のスタンス

　前述したように，「タスク」や「課題」を完了させることに集中すると，「今，ここ」に完全に存在するプロセスを阻害したり，麻痺させたり，妨げたりする可能性がある．「目を無限大に，頭をゼロにすれば，どんな困難も乗り越えられる」というスラングが，これをよく表している．

　アクティビティの目的を，ポールの上に立つ，馬に乗る，洞窟の２番目の出口を見つけるなど，タスクと結果で示すのではなく，プロセス志向の枠組みへのシフトを提案する．おそらく，「ポールに向かって，そしておそらくはポールの上に向かって移動するときに，自分に何が起こるかに気づいてみてください」というような表現になるだろう．こうすることで，タスクの成功から，参加者の個人的な目標が実現される余地が生まれる [Hovelynck, 1999]．

　参加者個人にとってどんな否定的な結果がもたらされようともグループの他のメンバーと同じことをする，というよく知られたコーピングスタイルが取られがちである．しかし，個人的な成長と癒やしという枠組みの中では，そうではなく意図的にグループ活動に参加しないことは，参加者にとってはるかに大きな成功となりうる．たとえば，洞窟探検の活動を振り返って，ある心理療法トレーニンググループの参加者は，自分が洞窟に入らず，入口で自分の足で宿泊先のセンターまで歩いて戻ろうと決めたことをとても誇りに思っていると話している．

　　　私は自分がとても負けず嫌いで，他人の前では決して譲らない人間だと
　　知っている．そのようなことをすることに喜びは見出せないが，自分にも
　　それができるということを示したいだけなのだ．だから今，私は誇りを感

じている．自分のために，自分の快適さと利益のために，自分で選んだのだ．そして，苛立ちや悲しみや自分を貶めることなく，あなたの素晴らしい洞窟の話を聞くことさえできる．これは私にとって大きな気づきだ．

■内省的な空間の確立と維持

Peeters［2003］と Ringer［2002］は，自分自身の内的プロセスを探求し，分かち合おうとする意識，好奇心，熱意を促進するような，心理的に支援する雰囲気や環境を作り出すことの重要性を強調している．これは，受動的な方法で必要な安全を提供するだけでなく，魅力的な発見の過程を共有するために，一人ひとりに積極的に参加するよう促すのである．このような内省的な空間は，ファシリテーターのロールモデルや，上記のようなことを支える規範を共同で確立することによって築かれる．たとえば，長い沈黙を心地よく過ごすことや，個人的な感情がその時のグループの生活に関連していると思われる場合は，それを開示することなどである．

■アクティビティや課題のネーミング

アクティビティにどのような名前をつけ，どのように参加者に説明するかによって，その後のアクティビティ中に潜在的な気づきが狭まったり，妨げられたりする可能性がある．たとえば，あるアクティビティを「トラストフォール（trust fall）」「パンパーポール（pamper-pole）」「デスライド（death-ride）」と呼ぶと，ファシリテーターはあなたの意識がどこに向かうかを強く示唆することになる．そのため，私たちは「後方落下（backward fall）」「ハイポール（high pole）」「滑車降下（the pulley decent）」のような，より説明的な名称を選ぶ．

名前を変えないにしても，名前に示唆されているようなことを完遂させることに焦点が向けられるのではなく，むしろ自己のプロセスとの関係に関わることに焦点が向けられるようにしなければならない．ファシリテーターは，ある活動を次のように説明するかもしれない．

　　この高いポールは，さまざまな方法でチャレンジすることができる．ある人はポールに登り，それが自分に何をもたらすか，あるいは例えば安全確保のためのロープを握っている人たちとどう関わるかに気づこうとする．また，登ってその上に立ち，飛び降りようとする人もいる．また，流れに

逆らう機会だと考えたり，自分自身やグループからのパフォーマンスへの
プレッシャーを感じて，登らないことを選択する人もいるかもしれない．
あるいは，もっと自分に合った別の方法を思いつくかもしれない．

■「出会い」をオーダーメイドし，それに応じた評価をする

　同じように，参加者一人ひとりの特有なニーズにできるだけ関連した活動を
計画することが重要である．そのようなアクティビティは，参加者の「参加準
備レベル」に合わせて，強度をオーダーメイドすることができる [Peeters,
2015; Zinker, 1977]．これは，クライエントが与えられた文脈の中で，そうする
準備ができているレベルで実験を実行するのに役立つ．私たちの文脈での「実
験」の用語の使用は，古典的な科学的設定と同じ意味ではないことに注意しな
ければならない．この文脈での「実験」とは，挑戦を受け入れ，新しいことに
挑戦する意欲を持ち，その結果に好奇心を持つことである．アクティビティの
強度の調整は，参加者の準備レベルに合わせて行うだけでなく，プログラムの
長さやグループダイナミクスのメカニズムなど，周囲の状況も考慮して行う必
要がある．

　標準的な冒険プログラムは，参加者一人ひとりに合わせたレベルで取り組む
ことが可能である [Peeters, 2003]．さらに，提示されたことに参加することを
拒否しても，そのコーピングスタイルを処理し，探求することができれば，成
功とみなすことができる．したがって，参加者にとってのアクティビティでの
「成功」とは，タスクの完了ではなく，むしろタスクに感情的に関わり，自分
の行動したことや行動しないことを振り返り，そこから学ぶことができること
なのである．たとえば，あるグループが，山行中にそれぞれ別の場所で12時
間のソロ活動をとるよう提案されたとする．その提案を聞いた参加者の 1 人が，
すぐにセラピストとグループに「行かない」と告げる．彼は非常に感情的で熱
心な話し方で，孤独や 1 人でいることに非常に苦痛を感じてきたこと，社会と
の接触が非常に不器用で，他人に対して不信感を抱いてきたことを話した．プ
ログラム期間中，彼は信頼関係を築き，他人と関わることに自信を得た．彼は，
この提案が時期尚早であることを恐れ，好きになり信頼し始めたばかりの人々
と離れ離れになることを想像するだけでも恐ろしく感じる．そして彼はため息
をつきながらこう言うのだ「こうしてみんなと分かち合えることが，何よりの

救いだ．私はすでにソロ（1人）の時間から，多くのものを得たようだ」．

■積極的に介入する

　私たちはファシリテーターとして，プログラムのあらゆる局面で積極的に関与し，潜在的な気づきの高まりを探求するプロセスを演出しなければならない．体験型ファシリテーションでは，私たちは非指示型でもなく，成果指示型でもない．参加者を特定の結果に向かわせるのではなく，どこに，どのように注意を向けるかを指示する．何を見るべきかを指示することは避け，どこを見るべきかを指示し，そして何が見えるかを尋ねる．

　アクティビティ中は，感覚的な入力を制限することで，気づきを深める手助けをすることができる．たとえば，目を閉じてロッククライミングを続けるようにクライエントにうながし，彼女が気づいている類似点や相違点を自分で探ることができるようにする．静寂を求め，ソフトなトーンを使うようにするために，気が散るような感覚を制限することもできる．参加者に行動を止めてもらい，身体の感覚や感情，繰り返される思考に注意を向けてもらうこともできる．また，特定の動作を繰り返すように誘い，大げさにやってもらうこともできる．

　観察したことをオープンに共有することもできる．たとえば，ある参加者にこう言ってみるかもしれない．「あなたは馬に近づきたくないと言っていますが，同時にあなたの足がその方向に動いているのが見えます」．ある特徴（体の動き，ため息，うめき声など）を真似ることで，気づきを促し，さらなる意味づけをすることもできる．これは，参加者の意識から逃れている無意識の素材を反映することができ，参加者がその瞬間の体験により深く関わることを可能にする．たとえば，ファシリテーターが参加者に「わかってるよ」と言う真似をしながら，大きなため息をついて下を向くような例がある．すると参加者は，「ああ，なるほど，私がわかると言うのはそういうことだったのか．そう，私は自分が変われないのではないかと希望を失いそうになることがある．それでも，心から変わりたいと思っている」と反応する．

　このような介入は，プログラムの物理的な行動段階に限る必要はない．ケービング（洞窟探検）の導入部分で，ファシリテーターがふと気づく．「リンダ，どうしたんだい？　あなたがゆっくりと首を振り始めていたのに気づいたよ」．リンダは答える．「そうです．あの醜い競争心の塊のような内なるコーチが，

引き下がらないように，弱さを見せないようにと私を後押しし始めたのです．おそらく，私は別のアプローチの準備をしているのかもしれません」．同じ意味で，内省に重点を置いたエピソードもまた体験であり，「体験学習」サイクルの「データ処理」の部分に限定されるものではない．

■身体化された比喩の強さ

　心理療法全般において，そして特にアウトドアセラピーにおいて，比喩を活用する長い伝統がある [Bacon, 1983; Hartford, 2011; Hovelynck, 1999]．オーナーシップと専門性に関する一般的な考え方から，私たちは既成の比喩を使わないようにしている．ファシリテーターが導き出した比喩ではなく，参加者の経験から生まれた比喩のための場面を作り，それを強化する．私たちは，参加者自身がイメージや形象に言及する方法に立ち会い，注意を払い，治療の成果を高めるためにそれらを基盤とする．サポートされていると感じるとか，道に迷ったとかいうような，活動中の参加者の言葉は，しばしば具体的な行動に根ざしており，比喩は容易に出現し，象徴的に変換されることなく，完全に活かすことができる．

■「挑戦」に対する「不思議に思う気持ち」あるいは「没入」への注目

　この章では，野外環境で治療的に存在することという側面にも注目したい．私たちの仕事のこの側面は，アウトドアセラピーの文献ではほとんど注目されていない．特に，ウィルダネスセラピーやアドベンチャーセラピーのような，より身体的に活動的なアウトドアセラピーではそうである．そこに存在することは，いくつかのアウトドアセラピーの要素として見られる「挑戦」「耐える」「努力」「危険を冒す」「征服する」といった目的とはやや対照的である [Bacon, 1983]．静寂や匂い，色彩，川の流れの緩やかさや優美な曲線に圧倒されるなど，景色や環境の美しさに身を浸すことなのだ．森の中をそっと移動することは瞑想的な行為であり，参加者を「今，ここ」に引き込むことができる．マインドフルネスや瞑想がメンタルヘルスにもたらす静寂への関心の高まりや新たな関心と相まって，野外環境で治療的に存在することは癒やしへの主要な道筋となり，アウトドアセラピーのよりスピリチュアルな要素に向かうと同時に，これまでよりはるかに注目されるべき領域であると私たちは考えている [Kirwin et al., 2019 参照]．

度重なるギャングがらみの犯罪のためにアドベンチャーセラピー・プログラムに紹介された参加者のグループが，長い一日のウォーキングを終えて夕方早く，砂丘に座っていた．太陽が海の水平線の下に沈み始めると，グループにただならぬ静寂が訪れた．太陽が姿を消し，雲に華やかな色彩が映し出された．沈黙を破ったのは，特に頑固な参加者だった．彼は強い感情を込めてこう言った．「クソッ，なんていかしたチョイスだ」．

■「共同ファシリテーター」とともに働き，その可能性を最大限に生かす

アウトドアセラピーがより古典的なセラピーと異なるのは，特別な環境や活動を利用することである．その環境には，馬や動物介在療法の場合のように，他の生き物が含まれることもある．多くのプログラムはグループ内で行われるため，グループ自体にも治療的な可能性があると考えられている [Ringer, 2002]．セラピストの役割は，それらの治療的要素が最大限に活用されるよう，促進し，より容易にすることだ．

たとえば，ある参加者が他の参加者に向けた素っ気ないコメントや，特定の個人へのグループ全体での誘いの言葉の方が，潜在的に優れたファシリテーターの介入よりも，長期的には効果が高い場合がある．私たちは，「私たちがグループを大切にすれば，そのグループもメンバーを大切にしてくれる」という考えを強く信じている [Foulkes & Anthony, 1957]．

自然もまた，その役割を果たすために「時間」と「空間」を必要としている．数日間のハイキング・プログラムで何度も上り坂を登っているとき，がんを克服し，同じ時期に夫を亡くした参加者が，セラピストに向かって「延々と続く上り坂にうんざりしている」と叫んだ．この10年間は肉体的にも精神的にもつらい上り坂だったので，彼女は今，楽な下り坂を歩きたいと思っていた．「これに対処する精神的な解決策を思いつかなければ，このハイキングは続けられない」と彼女は必死に訴えた．「私はここにいます，あなたの近くにいます，あなたのペースに従います」とセラピストは答えた．1時間後，丘の頂上で眼下に広がる美しい景色を楽しんでいた彼女は，疲れていたが笑顔でセラピストに向き直った．「私が上りに苦しまなければ，これらすべてを賞賛する気持ちにはならなかったでしょう」．そして，短い沈黙の後，「それに，深い，暗い，冷たい谷から抜け出すには，登るしかないのだと気づきました」．

■まだ気づいていないこと，無意識に触れる——「道具としての自己」の活用

　脳の構造上，ある種の学習や変化は体験を通じて直接起こるものであり，言語による処理にはアクセスできない [Jansen & Pawson, 2015; Rae & Nichols, 2012]．参加者もファシリテーターも，学習が起こっていることを意識的に把握することはできない．また，参加者もファシリテーターも，個人で起こる複雑な感情の流れや，グループで循環する感情の流れに意識的にアクセスすることはできない．しかし，複雑な感情的・心理的ダイナミクスの一部は，直感的なひらめきや広がる感情として捉えることができる．結果として，私たちがファシリテーターとして感情的に感じたり経験したりすることの多くは，参加者が感じたり経験したりしていることの直接的な影響なのである．私たちは参加者の感情の「避雷針」のような役割を果たすが，それはしばしば私たちの直接的な意識の外で起こるものであり，これを「道具としての自己」と呼ぶ人もいる [Hinshelwood, 2016]．「しかし，私が感じていることが，グループから来たものか，私自身からか，どうすればわかるのでしょうか？」という不安な疑問がファシリテーターに残る．その答えを確実に知ることはできないが，自分の感情が予想外であったり，状況にそぐわなかったりする場合，グループのメンバーから感情を受け取っている可能性を考慮すべきである．

　自分の習慣的な感情反応について知れば知るほど，いつもと違う感情の状態に気づく可能性が高くなる．したがって，ファシリテーターが自己認識を深めれば深めるほど，参加者にとって有用な材料を発見できる可能性が高くなる [Foulkes & Anthony, 1957]．治療的・促進的な道具として自分自身を利用するもう 1 つの要素は，自分自身の心理的・感情的均衡を管理する能力である．「ボタンが押された」とき，私たちは自分自身と参加者とのつながりを保つことができなければならない．この能力は，ファシリテーター側の一貫した個人的研鑽によって開発することができ，ファシリテーターによる治療的効果に不可欠な部分である．

▶ ま と め

　アウトドアセラピーにおいて，体験型ファシリテーションがすべての参加者や要素との協力によって共に創り上げるものだという視点を，読者に少しでも持っていただけたなら幸いである．ファシリテーターやセラピスト，参加者や

クライエント，他のグループメンバー，そしてグループ全体が関わる場合，そ
れぞれが治療プロセスにおいて重要な役割を果たす可能性がある．また，環境
やこの方法論固有の共同セラピスト（岩壁，風景，馬，小石など）も同様である．
この現実を踏まえ，ファシリテーターは体験プロセスにおけるすべてのダイナ
ミクスや可能性に対して意識を保ち，積極的に関与することが求められる．

参 考 文 献

Bacon, S. [1983] *The conscious use of metaphor in Outward Bound*, Denver, CO : Colorado Outward Bound School.

Bacon, S. [1987] *The evolution of the Outward Bound process*, Greenwich, England : Outward Bound USA.

Beisser, A. [1970] "The paradoxical theory of change," in J. Fagan & I. L. Sheperd (Eds.), *Gestalt therapy now : Theory, techniques, applications*, Palo Alto, CA : Science and Behavior Books, pp. 77-80.

Biran, H. [2015] *The courage of simplicity : Essential ideas in the work of W. R. Bion*, London, England : Karnac.

Dewey, J. [1938] *Experience and education*, New York, NY : Kappa Delta Pi.

Elliot, R., Watson, J., Goldman, R. & Greenberg, L. [2003] *Learning emotion-focused therapv. The process-experiential approach to change*, Washington, DC : American Psychological Association.

Foxilkes, S. H. & Anthony, E. J. [1957] *Group psychotherapy*, Baltimore, MD : Penguin books.

Freire, P. [1968] *Pedagogy of the oppressed*, London, England : The Continuum International Publishing Group.

Gass, M., Gillis, L. & Priest, S. [2000] *The essential elements of facilitation*, Tuilsa, OK : Learning Unlimited.

Gass, M., Gillis, L. & Russell, K. [2012] *Adventure therapy. Theory, research and practice*, New York, NY : Routledge.

Gass, M. A., & Priest, S. [2005] *Effective leadership in adventure programming* (2nd ed.), Champaign, IL : Human Kinetics.

Gendlin, E. [1978] *Focusing*, New York, NY : Everest House.

Ginot, E. [2015] *The neuropsychology of the unconscious : Integrating brain and mind in psychotherapy*, New York, NY : W. W. Norton &. Company.

Greenberg, L., Rice L., & Elliot, R. [1993] *Facilitating emotional change. The moment-by-moment process*, New York, NY : The Guilford Press.

Greenberg, L., Watson, & Lietaer, G. [1998] *Handbook of experiential psychotherapy*, New

York, NY: The Guilford Press.

Harper, N. J., Peeters, L., & Carpenter, C. [2015] "Adventure therapy," in R. Black & K. S. Bricker (Eds.), *Adventure programming and travel in the 21st century* (pp. 221-236), State College, PA: Venture Publishing.

Hartford, G. [2011] "Practical implications for the development of applied metaphor in adventure therapy," *Journal of Adventure Education & Outdoor Learning,* 11(2), 145-160. doi: 10.1080/14729679.2011.633383

Hinshelwood, R. D. [2016] *Countertransference and Alive Moments: Help or Hindrance,* London, England: Process Press Limited.

Hovelynck, J. [1999] "Facilitating the development of generative metaphors: Re-emphasizmg participants, gmding images," *Australian Journal of Outdoor Education,* 4(1), 12-24. doi: 10.1007/BFO3400705

HovelynckJ. [2000] "Recognising and exploring action-theories: A reflection-in-action approach to facilitating experiential learning," *Journal of Adventure Education and Outdoor Learning,* 1(1), 7-20. doi: 10.1080/14729670085200031

Huckabay, M. A. [1992] "An overview of the theory and practice of Gestalt group process," *Gestalt Therapy: Perspectives and Applications,* 303-330.

Illich, I. [1971] *Deschooling society,* London, England: Marion Boyons Publishers.

Jansen, C., & Pawson, P. [2015] "Developing 'challenging' young people: Honouring their authentic story," in A. Pryor, C. Carpenter, C. Norton, & J. Kirchner (Eds.), *Emerging insights: Proceedings of the fifth international adventure therapy conference 2009,* Prague, Czechia: European Sciences & Arts Publishing, pp. 121-132.

Kirwin, M. Harper, N. J. Young, T. & Itzvan, I. [2019] "Mindful adven-txires: A pilot study of the outward bound mindfulness program," *Journal of Outdoor and Environmental Education,* 22(1), 75-90. doi: 10.1007/s42322-019-00031-9

Kolb, D. [1984] *Experiential learning,* Englewood Cliffs, NJ: Prentice Hall.

Lowen, A. [1958] *Language of the body. Physical dynamics of character structure,* Bixrlington, VT: Alexander Lowen Foundation.

Moreno, J. L. [1946] *Psychodrama,* New York, NY: Beacon House.

O'Brien, M. [1990] *Northland wilderness experience: An experiential program for the youth ofTaitokerau,* Psychology Department, The University of Auckland, Auckland. ERIC Document Reproduction Service ED 372886.

Peeters, L. [2003] "From adventure to therapy: Some necessary conditions to enhance the therapeutic outcomes of adventure programming," in K. Richards & B. Smith (Eds.), *Therapy within adventure,* Augsburg, Germany: ZIEL, pp. 127-138.

Peeters, L. [2015] "Taking therapy into the outdoors: Why and when and how to do so," in C. Norton, C. Carpenter, & A. Pryor eds., *Adventure therapy around the globe: Interna-*

tional perspectives and diverse approaches. Chicago, IL: Common Ground Publishing.

Peeters, L., & Ringer, M. [2015] "The hidden adventure. Group projective identification in the practice of adventure therapy," in C. Norton, C. Carpenter, & A. Pryor (Eds.), *Adventure therapy around the globe. International perspectives and diverse Approaches*, Chicago, IL: Common Ground Publishing, pp. 595-607.

Peris, F. Hefferline, R., & Goodman, P. [1951] *Gestalt therapy. Excitement and growth in the human personality*, New York, NY: Dell Publishing.

Philippson, P. [2012] *Gestalt therapy: Roots and branches-collected papers*, New York, NY: Routledge.

Piaget, J. [1972] *Psychology and epistemology: Towards a theory of knowledge*, Urbana, IL: Viking Press.

Rae, P., & Nichols, A. V. [2012] "The abongmal outdoor recreation program: Connection with country, culture, family and community," in A. Pryor, C. Carpenter, C. Norton, & J. Kirchner (Eds.), *Emerging insights: Proceedings of the fifth international adventure conference 2009*, Prague, Czechia: European Sciences & Arts Publishing, pp. 139-143.

Ringer, M. [2002] *Group Action: The dynamics of groups in therapeutic, educational and corporate settings*, London, England: Jessica Kings-ley Publishers.

Ringer, T. [2017] *The therapy in human connections*, Australian As sociation for Bush Adventure Therapy Forum. Candlebark School, Victoria.

Rogers, C. [1961] *On becoming a person*, London, England: Constable and Company.

Schwarz, K. [1968] *Die Kurzschulen Kurt Hahns*, Diisseldorf, Germany: A. Henn Verlag.

Taylor, D., Segal, D., & Harper, N. [2010] "The ecology of adventure therapy: An integral systems approach to therapeutic change," *Ecopsychology*, 2(2), 77-83. doi: 10.1089/eco.2010.0002

Wilson, T. [2004] *Strangers to ourselves: Discovering the adaptive unconscious*, Boston, MA: Harvard University Press.

Zinker, J. [1977] *Creative process in Gestalt therapy*, New York, NY: Vintage Books.

第 3 章
生態心理学アプローチによるセラピー

Megan E. Delaney

▶ は じ め に

　生態心理学とは，生態学と心理学の融合であり，人間の精神が地球と深く結びついていることを理解するための枠組みを提供するものである［Roszak, Gomes, & Kanner, 1995］．本章では，生態心理学の歴史的発展，理論，有効性について概説し，この分野の主要な理論家や学者，そして，その基盤を築きあげてきた人物について言及する．また，エコセラピー，生態心理学の臨床実践，メンタルヘルス実践者が自然を人間のウェルネスモデルに取り入れる方法についても触れている．加えて，エコセラピーの実践と，自然界との相互関係がもたらす癒やしの可能性を説明するために，不安と自然とのつながりの意味づけに悩むクライエント，ジェナの事例が提示される．

▶ 理論・研究・有効性

　人間と自然のつながりは，宗教，哲学，学術的な分野で長い間探求されてきた［Jordan & Hinds, 2016］．ドイツ生まれの心理学者 Erich Fromm［1973］は，ナチス・ドイツを逃れてアメリカに渡り，生命や生態系に対する愛を表現するためにバイオフィリアという言葉を生み出した．その後，ハーバード大学の生物学者 Edward O. Wilson［1984］によってバイオフィリア仮説が提唱され，人間は生存と心身の安定のために他の生物や自然界と結びついていることを示唆した．Wilson は，食料と水を供給してくれる大地への人間の依存性，自然がもたらす感情的な絆とポジティブな効果，特定の動物や場所とのつながりについて説明した．Wilson ら研究者たちは，人間と他の生態系との共進化ならびに相互関係を探求したことで当時の環境保護運動の高まりに貢献し［Krčmářová, 2009］，生態心理学の哲学的基礎と原則を発展させた［Doherty &

Clayton, 2011 ; Kahn & Hasbach, 2012].

　歴史家であった Theodore Roszak [1992] は，環境保護運動を科学的影響の側面から考えただけでなく，産業革命がいかに人間の意識を自然界から切り離したかを概念的に考え始めた人物である．Roszak は，人間には生態学的な無意識あるいは心の核と呼ばれるものがあり，生態学的な自我は本来，自己と地球を一体と捉える倫理的な立場，すなわち人間は自然界との相互関係を原初的に必要とするという理解を備えていると考えた．Roszak [1992] が述べているように，「地球のニーズは人間のニーズであり，人間の権利は地球の権利である」(p. 321)．Roszak は生態心理学という言葉を作り出した人物であり，その目標は「人間の文化が長年にわたって抱えてきた，心理学と生態学との間の歴史的な溝を埋めることであり，植物のニーズと人間のニーズを連続したものとして捉えることである」と述べている (p. 14)．Roszak, Gomes, and Kanner [1995] は，生態心理学に関する書籍を出版し，複数の分野の学者を集めて，人間と自然のつながりを探求し，解説した．この書籍の著者たちは，人間の経験だけに言及するのではなく，自然界と人間の発達や心理的健康とのつながりを探求している．しかしながら，多様性や異文化の視点についてはほとんど触れられていない．

　Roszak [1992] は，生態心理学を環境保護運動と心理学分野が交差するものとして概念化した．環境保護主義とは，周知のとおり，地球の保護と保全のために，科学的，政治的，社会的影響に取り組む運動である．心理学は個人の精神的・感情的プロセスを研究する学問であり，伝統的な意味での心理療法は，セラピストとクライエントが感情的な困難や精神疾患に向き合い，感情的により良い状態に至るためのプロセスである．Roszak et al. [1995] は，感情的なウェルビーイングを「個人的かつ地球的」(p. 1) なレベルで再定義しようとし，以下の8つの指針で生態心理学を構成した．

- ・生態学的な無意識はすべての人間の心の核であり，この無意識を抑圧することは，産業化した社会においてメンタルヘルス上の苦痛を引き起こす．
- ・生態学的な無意識は，本質的に地球全体が生きてきた歴史の記録を表象している．
- ・生態心理学の目的は，生態学的な無意識に気づき，それを意識化するこ

とで，人間と自然界の関係を癒やすことである．

・生態心理学では他のセラピーと同様に，自己意識の発達の中で，子ども時代を自然との調和的な関係を体験するための重要な期間と位置づけている．

・生態学的な自我は，私たちの他者に対する倫理的な責任と同様に，地球に対する責任も重要視して発達する．

・生態心理学は，人間が自然をコントロールする方法を見つけようとする原動力となりうる，自然界を支配し，自然界で利権を得ようとする試みを拒絶する．そのため，生態心理学はエコフェミニズムと一致する．エコフェミニズムは，自然界を征服しようとする試みと，女性への抑圧や搾取を類似のものと捉える運動である．

・生態心理学は，自然を危険にさらす過剰な産業化への拒絶に深く根ざしているが，反進歩的な運動ではなく，技術的発展も尊重している．

・生態心理学の核心は，人の感情的ウェルビーイングと地球の健康との相乗効果である．よって，地球のニーズは人のニーズであり，人の権利は地球の権利なのである．

　生態心理学のこれらの重要な考え方は，学者，研究者，臨床家，その他の人々が，人間と自然とのつながり（再接続）を求める運動を支援し，拡大するための基礎となるものである．

■エコグリーフ

　生態心理学の重要な要素として，人間は地球の苦しみから心理的苦痛を経験するという考え方がある．Conn [1995] は，「地球が傷つくとき，誰がそれに応えるのか？」(p. 156) と述べ，私たちは地球の健康（あるいは不健康）によって身体的にも感情的にも影響を受けると主張している．私たちの身近な環境や世界中で，森林は枯れ，台風や火災が猛威を振るい，海面は上昇し，氷河が溶け，生物種は絶滅しつつある．食糧難と飢餓は動物や人間に病気を引き起こし，地球上の生水の多くは汚染されている．しかしながら，気候危機の大部分が人為的に引き起こされたものであることを否定するグループや政治運動，有力な個人もまだ存在する [Jylhä & Akrami, 2015]．生態心理学者は，病める地球が，意識的であれ無意識的であれ人間の心に重くのしかかり，地球のもろさや脆弱

性が人々に深い不安を生み出していると主張する [Ojala, 2018]．このエコ不安は，すべての生物を包含し維持する地球が，増大する需要と資源の継続的な搾取を支えられるかどうかわからないことから育まれる感情である [Conn, 1995；Jordan & Hinds, 2016]．

■バイオフォビア

　現代の西洋的ライフスタイルの中で，人間が地球との意味あるつながりから切り離されつつあることは，一部の人々にとって，バイオフォビア [White & Heerwagen, 1998] と呼ばれる生物への恐怖症としての顕在化を引き起こしている．バイオフォビアは，人間の長い進化の歴史と関係があり，他の不安（恐怖症）と同様に，ある状況の安全性を身体が評価しているものともいえる [Cozolino, 2014]．たとえば，人間を捕食する動物，クモ，ヘビに対する恐怖は，人間が生き残るために必要なものであった．人類はまた，生存に必要な手段を講じるために，嵐の接近，洪水や干ばつをもたらす季節など，悪天候のパターンを理解する必要もあった．現在，ほとんどの人々はクモに噛まれて死ぬことを心配する必要はないにもかかわらず，これらの恐怖を感じるのは，人類の進化の中で身を守るといった正当な理由のために生得的に組み込まれたものだからだ．悪天候は甚大な被害をもたらし，生息地の減少や火災に見舞われた野生動物は，食料や生息場所を求めて，人間や飼われているペットとの接触を余儀なくされる．滅びゆく大地への悲しみと，危害をもたらされる可能性への恐怖が重なり，しばしば無意識的にとはいえ，多くの人間が管理された安全な環境に引きこもることで，自然界との関係を変化させてしまった [White & Heerwagen, 1998]．

　私たちの多くは屋内に引きこもり，これまで以上に多くの時間を屋内で過ごしている．座り仕事が増え，屋内で過ごすライフスタイルが増加した結果，平均的な成人が1日のうち屋外で過ごす時間はわずか7％となっており，ここ数十年で大幅に減少している [Diffey, 2011]．これらの統計を総合すると，先進国に住む人間の大半が，年間339日近くを屋内で過ごしていることになる．研究者たちは，人間と野外の断絶が進んでいることが，不安，注意欠如症，糖尿病，肥満などの疾患の増加と相関していることを明らかにした [Torio et al., 2015]．一方で，自然の中で過ごす時間が，人間の健康とウェルビーイングにとって科学的に有益な結果をもたらすことを示唆する証拠がある [Bratman et al., 2015；Thorp et al., 2011]．特に，自然の中で過ごすことと精神的ウェルビーイング

[Bratman et al., 2015 ; Waller, 2009]，集中力の向上 [Taylor & Kuo, 2011]，うつ病に関連する症状の軽減 [Morrison & Gore, 2010]，精神的疲労からの回復 [Brymer, Cuddihy, & Sharma-Brymer, 2010] との間に強い関連性があることを裏付ける研究が多くある．たとえば，Maller, Henderson-Wilson, and Townsend [2009] は，自然と触れ合うことで，不安や抑うつが軽減され，気持ちが落ち着くことを示した．

とはいえ，自然は輝かしく，癒やしの可能性を秘めているものではあるが，やはり野生であることへの注意は重要である．野生動物と接するのと同様に，自然界を尊重し敬意を持って扱わなければならないのだ．人間は道に迷ったり，熱中症や低体温症になったり，天候の急変に影響を受けたり，雷に打たれたり，洪水だけでなく穏やかな水域でも溺れたり，動物に噛まれたり，刺されたり，襲われたり，毒のある植物を摂取したり，ダニが媒介する病気に感染したりすることがある．すべての関係性と同様に，人は自分の長所と限界を知り，未知のものに対してできる限りの備えをしなければならない．もちろん，自然界との関係を探求することそのものも，人間が周囲の環境と接し，可能な限り潜在的なリスクに備えることができる 1 つの方法である．

自然の癒やしと回復の力を利用し，人間と周囲の環境を再び結びつけようとする取り組みが，国際的レベル，国レベル，そしてローカルなレベルでも進行している．Greta Thunberg, Autumn Peltier, Bruno Rodriguez といった若い環境活動家たちは，気候危機に対処するため，抜本的かつ早急な行動を求める世界的な運動を展開している．地元の団体や公園，ネイチャーセンターは，プログラム，講演会，ガイド付きハイキング，そして自然を散策するための場所を提供している．内科医や小児科医が，患者やその家族が野外で過ごすための処方箋を書くことができるようになったところもある [Carrell, 2018]．まだ広くは解明されていないものの，さまざまな分野で注目を集めているのは，カウンセラー，セラピスト，心理学者が，治療プロセスに自然を取り入れることで，クライエントを自然の癒やしの力につなげることができるということである．このような自然界を包含する治療的な活動は，エコセラピーとして知られている．

▶ 実践のためのディスカッション

　Roszak et al. [1995] が生態心理学をテーマにした書籍を出版したのと同じ頃，Clinebell [1996] はエコセラピーという言葉を作り，この仕事をエコロジカル・スピリチュアリティ，すなわち自然とのより深い生態学的なつながりの一形態として概念化した．Roszak [1992] と同様に，Clinebell は，人間と自然界との関係は，自然が人を癒やす力を持つように，人もまた自然を癒やす必要があるという点で，相互に有益でなければならないと考えた．Clinebell はこの相互関係を，次の3つの次元，すなわちインリーチ，アップリーチ，アウトリーチという概念を通して説明した．インリーチとは，自然によって育まれる人間の能力であり，自然界が私たちに与えてくれるものを経験し感謝する機会を意図的につくるものである．アップリーチとは，自然との関係を拡大し，人間がよりスピリチュアルな意識を高めることを可能にするものである．それによって地球の健康と癒やしを支援し維持するための活動や行動，すなわちアウトリーチに参加できるようになる．

　これらの概念を土台に，学者やエコセラピストたちは生態心理学やエコセラピーの考え方にさらなる特徴を加えてきた．Buzzell and Chalquist [2009] は，質問，技法，好奇心という形式でグリーンサイコロジーを提示した．彼らは，セラピストが従来のさまざまな療法の中にエコセラピーを取り入れる方法を考えた．たとえば，セラピストが自分自身の自然とのつながりに目覚めるとしたら，その新たな理解がセラピストとしての仕事にどのような影響を与え始めるかといったことを考えることなどである．このように彼らは，さまざまな集団や場所，問題にエコセラピーの原則を取り入れる方法を共有した．

　エコセラピーはしばしば応用生態心理学と呼ばれ，エコセラピストは人間と自然の相互関係を強調するために，さまざまな技法や介入を利用する [Jordan & Hinds, 2016]．技法には，自然の中で歩いたり座ったりして過ごすセラピーセッション，大自然に没入するような時間，園芸療法や治療的なガーデニング（第10章参照），馬・動物介在療法（第9章参照），ロッククライミングやロープスコースなどの冒険をベースとした活動（第7章参照）など [Jordan & Hinds, 2016] が含まれるが，これらに限定されるわけではない．しかし，これらすべての実践において重要なのは，エコセラピーが単にセラピーに自然を利用するもので

はないという理解である．エコセラピーのワークでは，人間と自然のつながりとその相互性をより深く理解することが重要である．Clinebell [1996] の「Ecological Wellness Checkup（エコロジカル・ウェルネス・チェックアップ）」は，個人の自然との関係を包括的に確認するもので，生態学的なアセスメントを望む人のための自己記入式アンケートである（pp. 173-176）．このアンケートの質問は，自然界での経験や自然に対する感情についての内容で構成され，「優れている」，「問題なくできているが，改善の余地がある」，「強化が必要である」といった3段階で回答する．Clinebell は，このアンケートでのアセスメントの後に，自分自身と地球に必要なケアとサポートを提供する方法を考えるための Self-Earth Care Plan（セルフ・アース・ケアプラン）を作成することを提案し，その上でインリーチ，アップリーチ，アウトリーチを成し遂げるためのウェルネス・プランを実行することを推奨している [Clinebell, 1996]．

　Reese and Myers [2012] は近年の研究で，ウェルネスという包括的な概念にエコウェルネスを含める必要性を強調している．ウェルネスとは，広義には，健康の追求とそのための選択のことである．彼らは，ウェルネスモデルに欠けている要素は「自然への感謝，尊敬，畏敬の念であり，その結果として自然環境とのつながりを感じ，全体的なウェルネスを高めること」（p. 400）であると論じている．ここでいうエコウェルネスとは，多面的でいくつかの要素を含んだ概念である．その要素の1つに，個人が自然環境にアクセスできることが挙げられる．現状では，誰もが安全な自然環境にアクセスできるわけではない．これは，人種や社会経済的地位によって人々の機会に不均衡が生じているという，広範で体系的な問題である [McCormick, 2017]．特に幼少期に，自然への開放的で安全なアクセスがあった場合，人は健康的で強い環境へのアイデンティティを持つ可能性が高くなる．Reese and Myers [2012] はまた，エコウェルネスにおける重要な要素として超越性を挙げている．超越性とは，強い関係を築きより深いレベルの理解につなげるために，自分を超えて考え，伸ばす能力のことである．この能力を持つためには，スピリチュアリティとコミュニティとのつながりが重要である．スピリチュアリティは，宗教的な信念である必要は必ずしもない．川沿いのお気に入りの場所など，何かに対する深く超越的なつながりのことでもある．コミュニティとは，家族，民族，近隣の人々というだけでなく，私たちを取り巻く生物多様性のコミュニティをも包含するものである．

■ディープエコセラピー

Næss［1990］は，「地球上の人間と人間以外の生命は本質的に同等の価値を持つ」（p. 29）としてディープエコロジー運動を呼びかけ，このエコロジーのプラットフォームに賛同するならば，積極的に参加し，必要な変化を実行しなければならないことも強調した．Buzzell［2016］もまた，より深いエコセラピーの必要性を強調している．彼女はこれをレベル1とレベル2のエコセラピーと呼んでいる．Buzzellにとって，レベル1のエコセラピーとは人間中心のネイチャーセラピーであり，簡単に言えば，自然の中に入り，その癒やしの力の恩恵を受けることである．自然は，わずか5分で人の気分やウェルビーイングを向上させるというエビデンスがある［Frumkin et al., 2017］．このように，レベル1のエコセラピーそれ自体は有益である．しかし，レベル1のエコセラピーは，現在自然と人間が経験している包括的な痛みや苦しみ，そしてその両者の健康への影響という重要な部分を見逃していると Buzzell は考えた．Buzzell のレベル2のエコセラピーは「相互治癒の輪」であり，「病める地球上では，人間の真の健康はありえない」（p. 71）と述べている．レベル2のエコセラピーは，人が自分自身を癒やすことに地球の癒やしを含むものとして概念化された．レベル2のエコセラピーでは，クライエントとの臨床的な実践を広げ，クライエント自身と自然とのつながりをより深く理解しようとする．たとえば，ある種の不安が地球の健康に対する深い懸念として顕在化していることを理解することは，良い方向への一歩かもしれない．またある人は，レベル2のエコセラピーによって，特に野良や捨てられた動物の福祉に対する深いつながりと関心が引き出されるかもしれないのである．

レベル2のエコセラピストは，自然との関わり方に慎重である．園芸療法（第10章参照）を好んで用いる場合は，その土地固有の植物や，その土地の野生動物にとって有益な植物を用いることを重視する．動物介在療法を利用するレベル2のエコセラピストは，動物が人間のクライエントと交流するスペースと自由を与え，決して交流を強制しない．たとえば，特に犬を深くかわいがっていたクライエントは，犬を殺処分しないためのシェルターでボランティアを始め，犬が必要としている愛情や注目をそっと与えることができるだろう．犬だけでなく，馬も強力なセラピーのパートナーになりうる．馬は生来的に，人間の感情に同調し，不安を容易に察知することができるという研究結果もある［Hinds & Ranger, 2016］．人と馬が，何らかの相互作用を起こすためには，地に

足をつけてリラックスした状態を保つための協力がなければならないのだ（第9章参照）．このように，レベル 2 の動物介在療法では，動物と人間の相互作用は互いに有益でなければならない．また，セラピストはレベル 2 のエコセラピーを自ら創ることもできる．その土地の生態系が必要としているものに耳を傾けることで，セラピストがレベル 2 のエコセラピーを取り入れる方法はたくさんあるのだ．

　カウンセラー教育に携わり臨床家でもある Reese［2016］は，自身の研究を通して，エコセラピーを実践に取り入れたいと考えるセラピストにとって重要な 6 つの基礎的事項を示した．第 1 に，セラピストは，特に現在伝統的な環境で働いている場合，自然を臨床実践に取り入れる前に，クライエントの自然とのつながりを評価しなければならない．第 2 に，セラピストはエコセラピーとエコウェルネスの概念について，実践の前に十分な知識を持っていなければならない．第 3 に，インフォームドコンセントのプロセスは，一般的な臨床実践のものに加え，自然の中で活動することの目的，利点，リスクに対応したものでなければならない．第 4 に，自然環境での実践では，守秘義務の保持が時として困難になることがある．よって野外に出る前に，このことについてクライエントと話し会うことが重要である．第 5 に，クライエントの自然観を尊重することが重要であり，自分の自然観をクライエントに投影してはならない．第 6 に，自然へのアクセスは安全でなければならない［Reese, 2016］．エコウェルネスのこれらの構成要素は，エコセラピーの実践にとって重要であり，このアプローチの理論的な裏づけとしてだけでなく，このアプローチの概念化のためのガイドとしても使用することができる．次の事例は，エコセラピー，特にクライエントと自然との関係を結び直すことが，いかに癒やしにつながるかを示す例である．

▶ 事 例 紹 介

　ジェナは20代半ばの女性で，私の臨床実践を訪れたとき，日常生活での人間関係に悩んでいた．すべての新規のクライエントと同様に，私は彼女に私のエコセラピー実践の信条を話し，倫理的配慮，守秘義務，安全性についてしっかりと説明した．初回の手続きの後，私たちはカウンセラーとクライエントという新しい関係の旅を一緒に始めることになった．この関係の中核となるのは，

苦痛を和らげ，癒やし，共感，理解，無条件の肯定的関心を提供することにある．とはいえ，ジェナとの仕事は，自然というセラピーのパートナーを得たことで強力なダイナミズムが加わり，一味違うものになる．

ジェナと私は毎週，3つの場所のいずれかでセッションを行った．私たちは，緑豊かな庭園と献身的な園芸ボランティアで知られる近くの公園で会うこともあった．公園の敷地内を散策し，景色の移り変わりを観察したり，花が咲いているのを眺めたり，鯉の池に立ち寄って静かに座り，水に浮かんだスイレンの葉の周りをゆっくりと動き回る魚を眺めたりしていた．またある日はハイキングスポットに行き，トレイルに沿って木々の間をくねくねと歩いた．ときには地元のビーチに座り，ピンク，青，紫に染まる空と夕日を眺めながら，波の音に耳を傾けた．私はジェナにセッションの場所を選んでもらったが，その場所は彼女の気分とよく合っていることに気がついた．私たちが早足で歩いた日は，彼女が多くのことを処理しなければならないと感じているときであった．また他の日は，私たちは座って，落ち着きと気分を回復するためのスペースを確保した．一般的な室内でのセラピーセッションと同じように，私たちのセラピーは進んでいった．私たちは彼女の幼少期をふりかえり，初期の愛着の質を評価し，人生の重要な出来事を処理し，現在の人間関係について話し合い，彼女の強みを強化し，さまざまな対処法を練った．

ジェナと私が互いに知り合う中で，私たちは彼女の幼少期の経験を探っていった．ジェナはノースカロライナ州のアウター・バンクスにある小さな町で育った．そのため，彼女は，暑い夏の日々に大西洋の冷たい波に飛び込むことでクールダウンするような子どもの頃の思い出でいっぱいだった．彼女は海岸の砂丘や砂地を歩き回り，砂丘の草むらで日陰を見つけ，水辺で貝殻を集めた．砂丘とビーチはジェナの特別な場所だった．しかしながらジェナの子ども時代，アウター・バンクスは商業開発ブームに沸いていた．ジェナと家族は，砂浜に道路が刻まれ，舗装されていくのを見ていた．ジェナは，広大な海岸線に家が次々と建てられ，彼女がかつて自由に歩き回っていた場所から実際に切り離されてしまうのを目の当たりにした．その記憶を話しているうちに，ジェナの目に涙があふれた．「私はなんで泣いているの？」深い呼吸の間にそう声に出し，涙が彼女の頬をつたって落ちた．「私は幸せな子ども時代を過ごした．両親は私を愛してくれた．必要なものはすべて揃っていたはずなのに」．ワークを通してジェナは，大好きだった海岸の砂丘がブルドーザーで破壊され人間の要塞

が築かれるのを目撃したことが，思春期に広がった悲しみに大きく影響していることを理解し始めた．彼女は自分が感じた悲しみと喪失感を確認した．このレンズを通して，ジェナはすべての人間関係において思いやりや同情を深く表現してしまうこと，そしてそれが時として痛みや裏切りの感情を引き起こすことをふりかえり始めた．

　ジェナと私が一緒にセラピーをする間に，私たちは何十マイルもの距離を踏破した．彼女は人間関係の問題を解決し，不安に対処するための新しい方法を学び，自分の力ではどうにもならないことを手放し，家族や友人との交流をより健全なものにする方法を分析し，自他の境界線をつくるための新しい戦略を考えた．ジェナはまた，海への深い愛情を再燃させた．ニュージャージーに住んでいた彼女は多くのビーチに行くことができたが，家や店，人が多い遊歩道などがない，広々とした砂丘のあるビーチに特に心が惹かれた．彼女は毎日，そして毎週の生活の中で，海岸で自分自身を取り戻す時間を作った．同時に彼女は，産業廃棄物や不法投棄によって傷ついた土地を保護するために活動している地元のグループに参加するようになった．そして，地元の地域や州の議員に働きかけ，環境保護団体と協力して，この土地の環境改善の必要性について注目を集めようとした．彼女は自分の行動力に驚き，こういったアドボカシー活動に長けていることを学んだ．同時に，自分自身の成長に力を感じ，また地球を大切に思っていることを理解した．このようにジェナの事例は，本当の意味でのサクセスストーリーと言えるだろう．しかし，私が長年にわたり自然とのつながりを取り戻す仕事に携わってきた中で，どんなに否定的な人たちでさえも，彼女と地球との関係や自然の中で彼女が見つけた喜びのような，そんな癒しの力を確認することができるのだ．

▶ ま と め

　本章では，「地球全体が重要であると捉える心理学」[Roszak et al., 1995]（p. 12）とも呼ばれる生態心理学について，この運動の出現に関する深い理解を含む歴史的な発展を概観した．エコグリーフ，バイオフォビア，エコウェルネスという概念についても考察した．続いて，研究のレビューによって，自然とのつながりを取り戻すことが，特にメンタルヘルスの文脈において有益な方法となりうることが示唆された．さらに，エコセラピーの指針が提示され，クライ

エントの深い解釈や癒やしを促すアプローチとして提供されることが示された.
最後に，メンタルヘルスの臨床におけるエコセラピーアプローチの実例として，
ジェナのケースが紹介された．このように本章は，本書で紹介される，野外や
自然をベースとしたその他のセラピーアプローチの基礎となるものであると考
える．

参 考 文 献

Bratman, G. N., Hamilton, J. P., Hahn, K. S., Daily, G. C., & Gross, J. J. [2015] "Nature experience reduces rumination and subgenual prefrontal cortex activation," *Proceedings of the National Academy of Sciences of the United States of America*, 112, 8567-8572.

Brymer, E., Cuddihy, T. F., & Sharma-Brymer, V. [2010] "The role of nature-based experiences in the development and maintenance of wellness," *Asia-Pacific Journal of Health, Sport and Physical Education*, 1, 21-27.

Buzzell, L. [2016] "The many ecotherapies," in M. Jordan & J. Hinds (Eds.), *Ecotherapy: Theory, research and practice*, London, England: Macmillan International Higher Education, pp. 70-80.

Buzzell, L. & Chalquist, C. (Eds.) [2009] *Ecotherapy: Healing with nature in mind*, San Francisco, CA: Sierra Club Books.

Carrell, S. [2018] "Scottish GPs to begin prescribing rambling and birdwatching," *The Guardian*, International Edition, Retrieved December 3, 2019 from https://www.theguardian.com/uk-news/2018/oct/05/scottish-gps-nhs-begin-prescribing-rambling-birdwatching

Clinebell, H. [1996] *Ecotherapy: Healing ourselves, healing the earth*, Minneapolis, MN: Augsburg Fortress Press.

Conn, S. [1995] "When the earth hurts, who responds ?" in T. Roszak, M. E. Gomes, & A. D. Kanner eds., *Ecopsychology: Restoring the earth, healing the mind*, Berkeley, CA: The University of California Press, pp. 156-171.

Cozolino, L. [2014] *The neuroscience of human relationships (2nd ed.)*, New York, NY: Norton.

Diffey, B. L. [2011] "An overview analysis of the time people spend outdoors," *British Journal of Dermatology*, 164(4), 848-854.

Doherty, T. J. & Clayton, S. [2011] "The psychological impacts of global climate change," *American Psychologist*, 66(4), 265-276.

Fromm, E. [1973] *The anatomy of human destructiveness*, New York, NY: Holt, Rinehart & Winston.

Frumkin, H., Bratman, G. N., Breslow, S. J., Cochran, B., Kahn, P. H., Jr., Lawler, J. J., ...

& Wood, S. A. [2017] "Nature contact and human health: A research agenda," *Environmental Health Perspectives*, 125(7), 075001.

Hinds, J. & Ranger, L. [2016] "Equine-assisted therapy: Developing theoretical context," in M. Jordan & J. Hinds eds., *Ecotherapy: Theory, research and practice*, London, England: Macmillan International Higher Education, pp. 187-198.

Jordan, M. & Hinds, J. (Eds.) [2016] *Ecotherapy: Theory, research and practice*, London, England: Macmillan International Higher Education.

Jylhä, K. M. & Akrami, N. [2015] "Social dominance orientation and climate change denial: The role of dominance and system justification," *Personality and Individual Differences*, 86, 108-111.

Kahn, P. H. & Hasbach, P. H. (Eds.) [2012] *Ecopsychology: Science, totems, and the technological species*, Cambridge, MA: MIT Press.

Krčmářová, J. [2009] "E. O. Wilson's concept of biophilia and the environmental movement in the USA," *Klaudyán: Internet Journal of Historical Geography and Environmental History*, 6, 4-17. Retrieved November 15, 2019 from www.klaudyan.cz

Maller, C., Henderson-Wilson, C., & Townsend, M. [2009] "Rediscovering nature in everyday settings: Or how to create healthy environments and healthy people," *EcoHealth*, 6, 553-556.

McCormick, R. [2017] "Does access to green space impact the mental well-being of children: A systematic review," *Journal of Pediatric Nursing*, 37, 3-7.

Morrison, C. & Gore, H. [2010] "Relationship between excessive internet use and depression: A questionnaire-based study of 1,319 young people and adults," *Psychopathology*, 43, 121-126.

Næss, A. [1990] *Ecology, community and lifestyle: Outline of an ecosophy*, Cambridge, England: Cambridge University Press.

Ojala, M. [2018] "Eco-anxiety," *RSA Journal*, 16(4), 10-15.

Reese, R. F. [2016] "EcoWellness and guiding principles for the ethical integration of nature into counseling," *International Journal for the Advancement of Counselling*, 38, 345-357.

Reese, R. F. & Myers, J. E. [2012] "EcoWellness: The missing factor in holistic wellness models," *Journal of Counseling & Development*, 90(4), 400-406.

Roszak, T. [1992] *The voice of the earth*, New York, NY: Simon & Schuster.

Roszak, T., Gomes, M. E., & Kanner, A. D. (Eds.) [1995] *Ecopsychology: Restoring the earth, healing the mind*, San Francisco, CA: Sierra Club Books.

Taylor, A. F. & Kuo, F. E. [2011] "Could exposure to everyday green spaces help treat ADHD? Evidence from children's play settings," *Applied Psychology: Health and Well-Being*, 3, 281-303.

Thorp, A. A., Owen, N., Neuhaus, M., & Dunstan, D. W. [2011] "Sedentary behaviors and subsequent health outcomes in adults : A systematic review of longitudinal studies, 1996 -2011," *American Journal of Preventive Medicine*, 41, 207-215.

Torio, C. M., Encinosa, W., Berdahl, T., McCormick, M. C., & Simpson, L. A. [2015] "Annual report on health care for children and youth in the United States : National estimates of cost, utilization and expenditures for children with mental health conditions," *Academic Pediatrics*, 15(1), 19-35.

Waller, V. [2009] "Information systems 'in the wild' : Supporting activity in the world," *Behavior and Information Technology*, 28, 577-688.

White, R. & Heerwagen, J. [1998] "Nature and mental health : Biophilia and biophobia," in A. Lundberg (Ed.), *The environment and mental health : A guide for clinicians*, Mahwah, NJ : Erlbaum, pp. 175-192.

Wilson, E. O. [1984] *Biophilia*, Cambridge, MA : Harvard University.

第4章
アウトドアプログラムにおける サイコロジカル・ファーストエイド

Christine Lynn Norton, Anita R. Tucker and Scott Bandoroff

▶ は じ め に

リスクとは一般的に，身体的または心理的な危険にさらされる状況として定義されてきたが，リスクを冒すことは人間形成，特に青少年や若者にとって重要な要素であるとも考えられてきた [Lightfoot, 1997；Steinberg, 2007]．アウトドアプログラムでリスクを取ることは，私たちを新しい環境や状況に直面させ，肉体的にも対人的にも成長させる機会になる．この経験は，恐れや不安を管理する助けになるかもしれない [Harper, Rose, & Segal, 2019]．本書で言及されているアウトドアセラピーの多くは，体験学習（第2章参照），つまり行うことによって学ぶことに依拠し，時にリスクを伴うことがある [Morris, 2019]．このように，参加者はしばしばさまざまな環境要因や潜在的に困難な活動に対処しなければならないことから，野外環境におけるリスク管理は重要なコンセプトになっている．このような文脈では，リスクの種類とレベルについて，プログラムならびにファシリテーション上の判断と決定を下すことが重要になる．

　参加者の能力や行動を評価する際には，社会的，感情的，精神的な健康状態やそれに関連するリスクも考慮する必要がある．私たちはしばしば，不慣れな環境や活動に参加者を招き，他者と関わることを促すが，その際には参加者のストレス耐性やコーピング能力も評価しなければならない．アウトドアプログラムでは，スタッフをファシリテーター，リーダー，教育者として雇うが，これらのスタッフがクライエントの身体的，感情的な安全を守るために，どの程度のメンタルヘルスの知識，意識，スキルが必要なのかを確認することが重要である．本章では，実践者がアウトドアプログラムに参加するクライエントのメンタルヘルスの問題に対処する準備の機会と，実践で使用する重要なメンタルヘルスの予防と対応策を紹介する．これらは一般的にサイコロジカル・ファーストエイドと呼ばれ，主に災害や危機対応の分野で1990年代初頭に開

発されたアプローチである［Everly Jr., et al., 2014; McCabe et al. 2014］．本章では，発展途上にあるトレーニング・モデルの概要や重要な要素，そしてベストプラクティスと，さらなる探究のための推奨事項を紹介する．

▶ 野外におけるリスクマネジメントの歴史

　野外におけるリスクマネジメントは，社会的，感情的，心理的なリスクにも焦点をあてるように進化してきた．これは，一般の人々の間でメンタルヘルスの問題が広がっていることを受けて，アウトドアプログラムが治療的に利用されることが増えているため，特に重要である［Merikangas et al., 2010］．National Outdoor Leadership School（ナショナル・アウトドア・リーダーシップ・スクール・NOLS）や Outward Bound（アウトワード・バウンド・OB）［2019］などのアウトドアプログラムは，アメリカにおけるリスク管理の実践においてアウトドア分野をリードしてきた．これらの組織は近年，生徒やスタッフの健康とウェルビーイングに，より注目し始めている．特に，アウトドアプログラムの「厳しさやリスク，遠く離れた場所での活動」に対応する能力があるかを決める，参加者やスタッフの身体的・心理的健康のアセスメントが重要視されている［NOLS, 2019］．同様に，Association for Experiential Education［2019］は，野外における行動ヘルスケアプログラムの認定の一環として，心理的リスクを評価するリスクマネジメント基準を提案している．

　OB と NOLS は，サイコロジカル・ファーストエイドやメンタルヘルス・ファーストエイドのような，非臨床家スタッフ向けの主流といえるメンタルヘルス・トレーニングを取り入れており，加えて，多くのアウトドアプログラムが，後述のクリニカル・ファースト・レスポンダー・トレーニングでスタッフをトレーニングしている．このようなトレーニングは，非臨床家スタッフのためのエビデンスに基づいたメンタルヘルス介入スキルを統合したものであり，野外という環境にも適応できるものである．それらは，スタッフが野外環境でのメンタルヘルス上の危機に効果的な対応をするのに役立つ，メンタルヘルス対応スキルに焦点をあてている．

▶ サイコロジカル・ファーストエイドにおける倫理的配慮

　世界保健機関によると，世界の 4 人に 1 人が，人生のどこかで精神疾患や神経系疾患の影響を受けるという [World Health Organization, 2019]．同様に，個人が複数のトラウマにさらされる複雑性トラウマも増加しており，人々の自己調節，人間関係スキル，コーピング能力に影響を及ぼす可能性がある [Kliethermes, Schacht, & Drewry, 2014; Spinazzola, 2005]．一般集団における精神疾患やトラウマの世界的な蔓延を考えると，アウトドアプログラムの場でもこうした問題に直面することが予想される．さらに，野外および環境プログラムでは，スタッフがメンタルヘルスの危機を予防し，必要に応じて対応できるように準備する必要がある．なぜなら，これらのプログラムは，新しい環境や挑戦的な活動，グループ生活などにより参加者のストレスレベルを高めることがあるからだ [Mutz & Müller, 2016]．この場合，非臨床家スタッフは参加者個人と集団双方の危険因子と保護因子を評価し監視する必要があるため，サイコロジカル・ファーストエイドがより重要になる．非専門職のためのサイコロジカル・ファーストエイドは，緊急時や災害時の救援スタッフやボランティアのために数十年にわたりトレーニングが実施されており，長年の実績がある [Everly Jr. & Lating, 2017を参照]．

　アウトドアプログラムに参加する青少年や若者の間では，ストレスとレジリエンスレベルのアセスメントが特に重要となる．この年代は神経的および発達的に脆弱であり，また精神的健康障害が思春期早期に発症することが多いため，サイコロジカル・ファーストエイドにおいてはこれら特殊な要因を考慮する必要がある [Dahl, 2004; Heyes & Hiu, 2019]．若者を対象としたプログラムを提供するトレーナーは，発達する脳の仕組みや，心理社会的および性的アイデンティティの発達段階について情報を提供し，思春期や若い成人期の強みを基にした視点を伝えるべきである．同様に，幼少期の逆境的な体験の有病率と神経生物学についての知見を考慮すると [Sacks, Murphey, & Moore, 2014]，複雑なトラウマ歴を持つアウトドアプログラムの参加者，たとえば退役軍人や性的虐待，家庭内暴力の経験者には，サイコロジカル・ファーストエイドにおいて考慮すべき追加のニーズがある．このため，リスクの評価と管理においては強制的な方法を避け，安全，選択，協力，信頼，エンパワメントを重視するトラウマ・

インフォームド・ケアのアプローチを学ぶことが重要である［Harris & Fallot, 2001；Substance Abuse and Mental Health Services Administration, 2014］.

　安全とウェルビーイングに焦点をあてるとともに，サイコロジカル・ファーストエイドのスキルはアウトドアプログラムのスタッフにとって有益である．予算の制約や質の高い治療を提供しなければならないというプレッシャーの中で，スタッフが優れた能力を発揮するために必要なトレーニングを提供する時間とリソースを確保するのは難しい．その結果，スタッフは負担，準備不足，ストレスを感じ，時にはバーンアウトの一因となり，離職することがある［Kolaski & Taylor, 2019］．そのため，スタッフの効果的なトレーニングを支援するために現在利用可能なリソースは何かを把握することが，プログラムの運営にとって重要である．

▶ サイコロジカル・ファーストエイドのアプローチ

　私たちは，参加者の感情的，心理的な困難に対処するためのスタッフトレーニングに役立つと思われる 4 つの主なサイコロジカル・ファーストエイド・トレーニングのアプローチを指定した．以下に，それぞれのモデルの簡単な概要を示す．

　メンタルヘルス・ファーストエイドは，「メンタルヘルスや薬物使用の問題を発症している，あるいは危機を経験している可能性のある人に手を差し伸べ，初期的な支援とサポートを提供する」［National Council for Behavioral Health, 2019, para. 1］ための基本的なスキルを臨床家以外のスタッフに提供するものである．メンタルヘルス・ファーストエイドのトレーニングでは，主要なメンタルヘルス障害の有病率，徴候，症状，さまざまな状況に対する行動計画の策定方法について学ぶ．

　サイコロジカル・ファーストエイドは，災害やテロ直後の子ども，青年，成人，家族を支援するためのエビデンスに基づいたアプローチである［National Child Traumatic Stress Network, 2019］．メンタルヘルス・ファーストエイドと同様に，サイコロジカル・ファーストエイドのトレーニングは，野外環境で働く非臨床家スタッフが，個人のコーピング能力を超える可能性のある状況において，基本的なサポートと支援を提供できるようになっている［Everly Jr. & Lating, 2017］．サイコロジカル・ファーストエイドの中核となる行動は，メンタルヘ

ルスや行動上の課題に対して，思いやりと共感をもって対応するためのものである．

ビヘイビア・ファースト・レスポンダー・トレーニングは，Ewert and Davidson [2017] の研究に基づいており，動機付け面接や行動契約[2)]，行動の当然（自然）の帰結と論理的な帰結[3)]といった行動介入戦略に加え，グループマネジメントの概念も導入している．グループマネジメントは，現場での行動的および心理的危機を予防するために積極的に使用すべき基本的なツールとされている［Alpenglow Education, 2019］．

クリニカル・ファースト・レスポンダー・トレーニングは，メディカル・ファースト・レスポンダー・モデルに基づき，Scott Bandoroff 博士，Sandy Newes 博士，Katie Asmus [2019] によって，アウトドアセラピーや滞在型療法の現場で働く非臨床家スタッフが，起こりうるメンタルヘルスの危機を予防し，それに対応できるようになることを目的として作成された．メンタルヘルスの危機は，プログラム・スタッフによって安全が確立されていないことや，潜在的な環境の新しさ（たとえば，強度が高すぎる活動や，過去のトラウマに類似した状況の再現）が原因で発生する可能性が高い．このトレーニングの中で，スタッフはさまざまな心理的問題を認識し，危機的状況への陥りを予防し，感情的危機が起こった場合にそれを緩和するための効果的なコミュニケーション方法を学ぶ．クリニカル・ファースト・レスポンダー・トレーニングから派生したクリニカル・ファースト・エイドは，非臨床環境で働くアウトドアプログラム・スタッフのための4日間の資格である．

これらの4つのモデルは，長さや深さは異なるが，いずれもアウトドア・スタッフに対して，メンタルヘルスの問題や理論についての一般的な知識を提供し，参加者がメンタルヘルスの危機に気づくために何に注意を払うべきかを教えている．加えて，それぞれのモデルは，スタッフが状況に注意を払い，安全性を評価し，必要であれば状況を緩和し，参加者が問題に対処するのを助けるためのさまざまな方法を教えている．ビヘイビア・ファースト・レスポンダーとクリニカル・ファースト・レスポンダーの両モデルは，より長く，より深い内容であるが，スタッフにグループ環境をどのように作るかを教えることで，こうした危機の発生を防ぐ方法も学ぶことができる．

▶ アウトドアプログラムにおける
サイコロジカル・ファーストエイドのアプローチ

　さまざまなアプローチが存在する中で，どのトレーニングが自分たち組織の
アウトドアプログラムに最も適しているかを判断するのは難しいと感じるかも
しれない．時間や費用がかさむこともあり，プログラム運営サイドはスタッフ
や参加者の独自のニーズに合わせた専門的なトレーニングを望むことが多い．
2019年，本章の主執筆者は，アメリカの環境保護団体である Student Conser-
vation Association と協議し，本章で取り上げたサイコロジカル・ファースト
エイドの中核となる要素を盛り込んだカスタムトレーニングを作成した．上記
4つのモデルのうち3つのトレーニングを受け，これらのトレーニングのカリ
キュラムとプロセスについて綿密な内容分析を行い，どのメンタルヘルス予
防・対応戦略を盛り込むことが必須であるかを決定するなど，方法論に基づい
たプロセスが実施された．この検討の結果，アウトドア・スタッフのサイコロ
ジカル・ファーストエイド・トレーニングに含まれるべきだと思われる3つの
主な内容が確認された．

■コンテンツ #1：メンタルヘルスの有病率，徴候と症状，および集団に特有な要因

　本章で取り上げたサイコロジカル・ファーストエイドのアプローチはすべて，
最も一般的なメンタルヘルス障害の有病率，定義，および徴候と症状に関する
情報をスタッフに提供するものである．うつ病と自殺，不安障害とパニック障
害，自傷行為，摂食障害，ADHD，薬物乱用，精神病，その他の一般的な診断
をカバーする内容を提供し，メンタルヘルス予防と対応策を学び実践する前に，
スタッフにメンタルヘルスの知識の基礎を与えるべきである．同様に，多くの
アウトドアプログラムが扱う青少年のことを考えると，トレーニングでは思春
期の脳（認知）と心理社会的発達の段階についての情報も提供すべきである．
加えて，アウトドアプログラムのためのすべてのメンタルヘルス・トレーニン
グには，特定の集団に関連する発達，リスクおよび保護因子，そして，その他
の多文化的考慮事項についての情報が含まれるべきだと考えている．

■コンテンツ #2：アウトドア・スタッフのための予防の手法としてのグループマネジメント戦略

クリニカル・ファースト・レスポンダーとビヘイビア・ファースト・レスポンダーのトレーニングでは，危機への対応方法を取り上げるだけでなく，グループマネジメントの重要性，さらには身体的および精神的な安全と包括的なコミュニティの創造と維持についても考慮されている．第 2 章で述べたようなグループマネジメントやファシリテーションのスキルが，行動上の危機的な出来事の発生を減らすことが，滞在型療法での研究から示されている［Izzo et al., 2016］したがって，メンタルヘルスの危機発生を未然に防ぐ方法として，健全なグループ文化を構築し維持するために，アウトドア・スタッフは以下の構成要素に関するトレーニングを受けることが有益である．

- ・グループ規範の作成
- ・当然の帰結と論理的な帰結と行動契約の適切な使用
- ・グループの発達段階の理解
- ・社会的・情緒的学習を深める体験的なコミュニティ形成活動の促進
- ・個人およびグループについての治療的な会話の促進
- ・多様性，公平性，包摂の問題の優先

アウトドアプログラムのスタッフは，グループマネジメントのスキルを教えることに加えて，他のメンタルヘルス危機に対する予防策も学ぶことができる．たとえば，参加者の基本的なニーズに対応すること［Noltemeyer et al., 2012］や，逆境的な子ども時代の経験が与える影響について学ぶこと［Oral et al., 2016］が含まれる．

また，選択理論を利用して人間の行動や動機をよりよく理解すること［Bradley, 2014］や，参加者の社会的および感情的スキルを育成すること［Ashdown & Bernard, 2012］も重要である．さらに，脳機能に基づいたマインドフルネス戦略を教えて現場での安全性や判断力を高めること［Ren et al., 2011］も推奨される．これらの関係性のツールは，安全感や帰属感を生み出すのに役立つ．Lester and Cross［2015］は，これらの感覚がメンタルヘルスの課題に直面したときの強力な保護要因になるとしている．

■コンテンツ #3：危機介入──アウトドア・スタッフのためのメンタルヘルス対応策

　現場でメンタルヘルス危機の発生を防ぐために意図的な戦略が実施されている場合でも，突発的な出来事によって個人のコーピング能力が圧倒されてしまう可能性は常にある．このような場合，スタッフはメンタルヘルスの危機に直面しても，思いやりをもって専門的に対応できるように備えておかなければならない．サイコロジカル・ファーストエイドのさまざまなアプローチに基づき，スタッフが現場で心理的・行動的な出来事に効果的に対処し，対応できるようになるためには，以下のような知識，技能，能力が不可欠と考える．

- ・自己または他者への危害の可能性の評価
  - ・自傷
  - ・自殺念慮
  - ・身体的攻撃および暴力
  - ・危害を報告するための専門家としての要件
- ・ディエスカレーションおよびグラウンディング[4)]の技術
  - ・アンガーマネジメント
  - ・危機介入
  - ・協働調整[5)]
  - ・マインドフルネス
- ・コミュニケーションスキル
  - ・傾聴，肯定する，検証する［Clinical First Responder, 2019］
  - ・見立て，傾聴，安心感を与える，励ます，助ける，支援する［National Council for Behavioral Health, 2019］
- ・トラウマに配慮した実践行動
  - ・参加者中心
  - ・身体的・感情的安全
  - ・必要に応じたサイコロジカル・ファーストエイド

　これらは，アウトドアプログラムのスタッフが現場で心理的なリスクに対処し，危機に効果的に対応するためにトレーニングを受けることができるいくつかの重要な領域である．トレーニングの内容とともに重要なのは，この重要な情報を伝えるプロセスを考えることである．本章で述べたアプローチはすべて，メンタルヘルスの予防と対応策のスキルを教える際に，体験的・対話的な活動

を取り入れている．体験的な学習と実践の機会を提供することは，アウトドア
プログラムのスタッフが情報を処理し，現実の応用について考えるのに役立つ．
これが，これらの経験に対処するために必要なスキルを学ぶ鍵であると我々は
感じている［Sand et al., 2014］．テクノロジーの進歩により，オンラインのバー
チャル学習活動もより魅力的になってきており，この環境でスキルを練習する
方法もある．以下に，上記の 3 つの内容領域を示すメンタルヘルスの危機に効
果的に対応するアウトドアプログラムのスタッフの事例を示す．

▶ 事 例 紹 介

　ジョーイは16歳の男子生徒で，ウィルダネス・リーダーシップ・スクール
の28日間の遠征バックパッキング・コースに参加していた．彼は自ら選んで
コースに参加し，臨床医はプログラムのいかなる側面にも関与しなかった．ア
ウトドアプログラムのスタッフは，生徒がコミュニケーション，葛藤解決，
コーピングスキル，自尊心などのリーダーシップスキルに取り組めるよう，野
外活動，グループプロセス，スキルに基づいた指導を行った．このコースには，
方向性を見出せずに悩んでいる生徒や，学校の外での体験に興味を持っている
生徒が多く参加していた．

　ジョーイはコースに到着したとき，この環境は自分に合っていないと感じた
という．新しい野外の環境に馴染めるかどうか，絶望的な表情を浮かべていた．
しかし，ジョーイが自分のグループと打ち解けてからは，すっかり落ち着いて
いた．彼のグループは身体的にも感情的にも安全で，スタッフの観察によると，
彼らは互いに支え合い，楽しみながら，探検のスキルとリーダーシップのスキ
ルの両方を一貫して実践していた．さらにグループは，家庭での生活に役立つ
目標，たとえば学校の成績を向上させることなどにも取り組むようになった．

　コースの初期には，ジョーイは自尊心の低さを表す否定的な思考パターンを
示していた．たとえば，一度に多くの指示が与えられると，ジョーイは時々黙
り込んでしまい，グループから離れるケースもみられた．しかし，全体的に見
ればこのよう場面は少なかった．仮に，そのような時は，ジョーイとスタッフ
が交渉して，彼がプライベートな空間を持てるようにし，彼の感情状態を整え
てからグループに戻ることができた．ジョーイはかなり自覚的で，自分の考え
や感情を率直に話し合うことができていた．

　28日間の遠征の終盤，仲間が信頼に関するグループ学習活動を進行していた．この活動では，ジョーイの仲間の1人が意図的にグループの信頼を少し破るよう指示された．この体験型のレッスンは信頼を築くことがいかに難しく，しかも簡単に壊せるかを示すために意図的にデザインされたものであった．スタッフはこのレッスンを何度も実施しており，その内容が参加者の家庭での経験と共鳴することが多かった．しかし，これまでこのレッスンを行った際には，生徒たちは「信頼を壊す」行為がレッスンの一部であることを認識しており，それを深刻に受け止めることはなかった．

　ところが予想に反して，その仲間がチームとの信頼関係を壊すシミュレーションをしたとき，ジョーイは爆発的に反応した．彼は立ち上がり，仲間に向かって怒鳴った．「どうしてそんなことをするんだ？　君はひどいよ！　こんなことをするなんて信じられない！」グループのメンバーは唖然とした．ジョーイのこのような行動は初めて見たのだ．インストラクターが間に入って，この生徒はレッスンの一環としてこのような行動をとるように言われたのだと説明したが，インストラクターが言葉を発する前に，ジョーイは怒って怒鳴り始めた．「ここはひどい．ここにはいられない．人をこんな風に扱うなんて信じられない」．さらにエスカレートすると，彼は仲間の誰にも当たらないように，グループの近くに棒や石を投げ始めた．インストラクターはグループを丘の上に移動させ，安全を確保し，ジョーイに少しスペースを与えた．インストラクターはジョーイと少し距離を置き，冷静にこう言った．「ジョーイ，あなたが大変な状況にあることはよく分かっています．棒や石を投げても，それが誰にも向けられていない限りは大丈夫だよ」．

　ジョーイは物を投げ続けながら，主に独り言のように，その時の状況について話し続けた．インストラクターはジョーイが落ち着くのを待ちながら近くに留まった．約10分後，ジョーイは地面に倒れ，すすり泣き始めた．インストラクターは，ジョーイが話したいことや何か必要なことがあれば，自分がそばにいることを伝えた．

　数分後，ジョーイは近くにいたインストラクターと話し始めた．彼は自分の反応に対して恥ずかしさと申し訳なさを感じていると言ったが，それでもレッスンが不公平だったという自分の信念は変わらず，仲間の行動を受け入れられないと感じていた．彼の思考は探検中の他の瞬間にも見られた絶望と自尊心の低さを表し続けていた．しかし，インストラクターとの会話を続けるうちに，

ジョーイの考えは次第に過去の状況ではなく，現在の瞬間に集中するように
なっていった．

　インストラクターはジョーイが安全だと感じられるよう配慮した．そして，
ジョーイがどのようにグループに戻るか，一緒に計画を立てた．こうした激し
い反応の後では，他の学生が怖がったり心配したりするかもしれないと認識し，
ジョーイが起こした出来事について他の学生に情報を提供しつつ，プライバ
シーが必要な部分については配慮する計画を立てた．その後で，この状況から
少し距離をおいた後に，ジョーイの状態を評価するための再確認について合意
がなされた．また，将来的に同様の反応が起こった場合の計画についても話し
合った．インストラクターは，今回のポジティブな側面も強調した．たとえば，
ジョーイは他の人に対して攻撃的ではなく，グループから離れて自分を落ち着
けることができた．さらに，将来に役立つ可能性のある他のコーピングスキル
についても話し合った．

　サイコロジカル・ファーストエイドのトレーニングを受けた結果，スタッフ
は，以前にはこのようなシナリオで反応しなかった学生が，今回のシナリオに
よって感情的に反応する可能性があることを認識できるようになった．他の生
徒の安全を守りつつ，ジョーイが怒りを発散できるよう安全な空間を提供した．
スタッフは，学生が自己報告する範囲を超えてそのメンタルヘルスの状態を判
断するには自分たちのトレーニングが不十分であることを理解し，上司にこの
出来事を報告した．また，グループの重要性と，こうした状況が発生した際に
グループ全体，特にジョーイのために安全感を確保するための修復プロセスが
どれほど重要かも理解した．サイコロジカル・ファーストエイドのトレーニン
グは，この状況において，個人とグループにとって好ましい結果を促進する役
割を果たしたかもしれない．

▶ ま と め

　この事例のアウトドアプログラムのスタッフは，サイコロジカル・ファース
トエイドの効果的なトレーニングを受けていたため，危機に陥った参加者に冷
静かつ思いやりをもって対応することができ，同時にグループへのケアを維持
することができた．インストラクターは，危機予防と対応策とともに，メンタ
ルヘルスの徴候や症状に関する既存の知識を持っていたため，生徒の行動を

ディエスカレートさせるような対応ができた．インストラクターは，参加者の話に共感をもって耳を傾け，行動契約を通じて，クライエントの危機に直面しながらも，身体的および感情的に安全な環境を作り出し，維持することができた．

　私たちは，アウトドアプログラムにおけるトレーニングや実践は，一般的な人々の間にトラウマやメンタルヘルス障害が蔓延していることを反映したものでなければならないと考えている．臨床スタッフ以外のスタッフが，野外環境におけるメンタルヘルスの問題を予防し，対応する方法についてより多くのトレーニングを受ける必要がある［Ewert & Davidson, 2017］．アウトドアプログラムのスタッフ全員が専門的なトレーニングに参加する必要があると言っているわけではないが，野外で起こりうるメンタルヘルスの問題に対応するために，これらのスキルを学ぶことはスタッフにとって有益であると考えられる．

訳　注

1 ）Motivational Interviewing（動機づけ面接法）：米国のミラーと英国のロルニックによって開発された対人援助理論に基づき，変化に対するその人自身への動機づけとコミットメントを強めるための協働的な会話スタイルである（日本保健医療行動科学会 https://www.jahbs.info/TB2017/TB2017_1_6_1.pdf）

2 ）Behavioral Contracting（行動契約法）：書面によって標的行動を定義し，所定の期間に所定のレベルで生起した標的行動に対する結果随伴性を明記する認知行動療法の一技法であり），随伴性契約とも呼ばれる．
　　Miltenberger, R. G.［2001］*Behavior Modification: Principles and Procedures*, Wadsworth Pub Co. 園山繁樹・野呂文行・渡部匡隆・大石幸二訳［2006］行動契約法入門．二瓶社，399-415.

3 ）当然の帰結と論理的帰結とは，当然の帰結は計画も制御もされていない行動の結果である［Pryor & Tollerud, 1999］．それに対して論理的帰結は，行動の結果として自然に生じるものではなく，教師や管理者などによって意図的に計画されたものである．論理的帰結には，関連性があり，敬意を払い，合理的である必要がある［Nelson, 1985］．https://specialconnections.ku.edu/behavior_plans/classroom_and_group_support/teacher_tools/natural_and_logical_consequences

4 ）ディエスカレーション：心理学的知見を元に言語的，非言語的なコミュニケーションによって怒りや衝動性，攻撃性をやわらげ，患者を普段の穏やかな状態に戻すことである．また，グラウンディングとは，アーシングとも呼ばれ，大地に直接接することで，地球からのエネルギーをもらい，安定やつながりを感じるテクニックである．靴を脱いで地に足が付いていると感じたり，大地に深く根を張った木を思い浮かべたり，呼吸法

などを通してこれを行う．（著者らに直接照会）

5）協働調整：ポリヴェーガル理論に基づく介入である．従来，自律神経は，交感神経（活性化）と副交感神経（沈静化）の2つが均衡をとりながら働くとされてきたが，ポリヴェーガル理論では系統発生的に3つの神経モードがあるとし，副交感神経の中に2種類，背側迷走神経複合体と腹側迷走神経複合体があるとしている．人の神経系の発達は自動調整→協働調整→自己調整の段階をたどり，生後すぐは自動調整（Autoregulation）モードで，交感神経と背側迷走神経が反射的に用いられる．腹側迷走神経複合体が未発達で自動調整しかもっていない赤ちゃんが泣いてぐずると，大人がなだめて落ち着かせ，他者によって交感神経が落ち着く．この他者との協働による落ち着きへの調整の応用的介入を協働調整（Co-regulation）という．

　松岡展世［2019］ポリヴェーガル理論によるプレイセラピーの有効性の理解の試み．作新学院大学臨床心理センター研究紀要，2019，12号，pp. 9-16.

参 考 文 献

Alpenglow Education［2019］Behavioral first responder certification. Retrieved August 23, 2010 from https://www.alpengloweducation.com/bfr

Ashdown, D. M. & Bernard, M. E.［2012］"Can explicit instruction in social and emotional learning skills benefit the social-emotional development, well-being, and academic achievement of young children?" *Early Childhood Education Journal*, 39(6), 397-405.

Association for Experiential Education.［2019］Accreditation for adventure and outdoor behavioral healthcare programs. Retrieved August 24, 2019 from https://www.aee.org/accreditations

Bradley, E. L.［2014］"Choice theory and reality therapy: An overview," *International Journal of Choice Theory and Reality Therapy*, 34(1), 6-14.

Clinical First Responder.［2019］Clinical First Responder training & testimonials. Retrieved January 19, 2020 from https://peakexperiencetraining.com/clinical-first-responder/

Dahl, R. E.［2004］"Adolescent brain development: A period of vulnerabilities and opportunities. Keynote address," *Annals of the New York Academy of Sciences*, 1021(1), 1-22.

Everly, G. S. Jr., McCabe, O. L., Semon, N. L., Thompson, C. B., & Links, J. M.［2014］"The development of a model of psychological first aid for non-mental health trained public health personnel: The Johns Hopkins RAPID-PFA," *Journal of Public Health Management and Practice*, 20, S24-S29.

Everly, G. S. Jr., & Lating, J. M.［2017］*The Johns Hopkins guide to psychological first aid*, Baltimore, MA: JHU Press.

Ewert, A. & Davidson, C.［2017］*Behavior and group management in outdoor adventure education: Theory, research and practice*, New York, NY: Routledge.

Harper, N. J., Rose, K., & Segal, D.［2019］*Nature-based therapy: A practitioner's guide to working outdoors with children, youth, and families,* Gabriola Island, Canada: New Society Publishers.

Harris, M. & Fallot, R. D. (Eds.) [2001] *Using trauma theory to design service systems: New directions for mental health services,* San Francisco, CA: Jossey-Bass.

Heyes, S. B. & Hiu, C. F. [2019] The adolescent brain: Vulnerability and opportunity. UNICEF: Office of Research-Innocenti. Retrieved August 24, 2019 from https://www.unicef-irc.org/article/1149-the-adolescent-brain-vulnerability-and-opportunity.html

Izzo, C. V., Smith, E. G., Holden, M. J., Norton, C. I., Nunno, M. A., & Sellers, D. E. [2016] "Intervening at the setting level to prevent behavioral incidents in residential child care: Efficacy of the CARE program model," *Prevention Science,* 17(5), 554-564.

Kliethermes, M., Schacht, M., & Drewry, K. [2014] "Complex trauma," *Child and Adolescent Psychiatric Clinics,* 23(2), 339-361.

Kolaski, A. Z. & Taylor, J. M. [2019] "Critical factors for field staff: The relationship between burnout, coping, and vocational purpose," *Journal of Experiential Education,* Advanced online publication.

Lester, L. & Cross, D. [2015] "The relationship between school climate and mental and emotional wellbeing over the transition from primary to secondary school," *Psychology of Well-Being,* 5(1), 9.

Lightfoot, C. [1997] *"The culture of adolescent risk-taking,"* New York, NY: The Guilford Press.

McCabe, O. L., Everly, G. S. Jr., Brown, L. M., Wendelboe, A. M., Abd Hamid, N. H., Tallchief, V. L., & Links, J. M. [2014] "Psychological first aid: A consensus-derived, empirically supported, competency-based training model," *American Journal of Public Health,* 104(4), 621-628.

Merikangas, K. R., He, J. P., Burstein, M., Swanson, S. A., Avenevoli, S., Cui, L., ..., & Swendsen, J. [2010] "Lifetime prevalence of mental disorders in US adolescents: Results from the National Comorbidity Survey Replication-Adolescent Supplement (NCS-A)," *Journal of the American Academy of Child & Adolescent Psychiatry,* 49(10), 980-989.

Morris, T. H. [2019] "Experiential learning-A systematic review and revision of Kolb's model," *Interactive Learning Environments,* 1-14. doi: 10.1080/10494820.2019.1570279

Mutz, M. & Müller, J. [2016] "Mental health benefits of outdoor adventures: Results from two pilot studies," *Journal of Adolescence,* 49, 105-114.

National Child Traumatic Stress Network [2019] About PFA. Retrieved August 30, 2019 from https://www.nctsn.org/treatments-and-practices/psychological-first-aid-and-skills-for-psychological-recovery/about-pfa National Council for Behavioral Health [2019] Mental health first aid: What you learn. Retrieved August 24, 2019 from https://www.mentalhealthfirstaid.org/take-a-course/what-you-learn/

National Outdoor Leadership School [2019] Risk management at NOLS. Retrieved August 24, 2019 from https://www.nols.edu/media/filer_public/14/82/148290c5-a3ed-40d1-b289-4a9b2a39429b/risk-management-at-nols-2019.pdf

Noltemeyer, A., Bush, K., Patton, J., & Bergen, D. [2012] "The relationship among deficiency needs and growth needs: An empirical investigation of Maslow's theory," *Children and Youth Services Review,* 34(9), 1862-1867.

Oral, R., Ramirez, M., Coohey, C., Nakada, S., Walz, A., Kuntz, A., ..., & Peek-Asa, C. [2016] "Adverse childhood experiences and trauma informed care: The future of healthcare," *Pediatric Research,* 79(1-2), 227-233.

Outward Bound [2019] Safety and risk management. Retrieved on August 24, 2019 from https://www.outwardbound.org/about-outward-bound/outward-bound-today/safety/

Ren, J., Huang, Z., Luo, J., Wei, G., Ying, X., Ding, Z., & Luo, F. [2011] "Meditation promotes insightful problem-solving by keeping people in a mindful and alert conscious state," *Science China Life Sciences,* 54(10), 961-965.

Sacks, V., Murphey, D., & Moore, K. [2014] *Adverse childhood experiences: National and state-level prevalence,* Washington, DC: Center for Victim Research.

Sand, J. N., Elison-Bowers, P., Wing, T. J., & Kendrick, L. [2014] "Experiential learning and clinical education," *Academic Exchange Quarterly,* 18(4), 43-48.

Spinazzola, J. [2005] "National survey on complex trauma exposure, outcome, and intervention among children and adolescents," *Psychiatric Annals,* 35(8), 624-624.

Steinberg, L. [2007] "Risk taking in adolescence: New perspectives from brain and behavioral science," *Current Directions in Psychological Science,* 16(2), 55-59.

Student Conservation Association [2019] About. Retrieved August 30, 2019 from https://www.thesca.org/about

Substance Abuse and Mental Health Services Administration [2014] Concept of trauma and guidance for a trauma-informed care approach. U. S. Department of Health and Human Services.

World Health Organization [2019] World health report. Retrieved August 24, 2019 from https://www.who.int/whr/2001/media_centre/press_release/en

第 5 章
土地に根ざした先住民族の癒やしの教育法

Nicholas XEMŦOLTW Claxton

▶ は じ め に

　カナダをはじめ世界中の先住民族は，何千年も何万年もかけて進化・発展させてきた社会を持っている．他方で，すべてとは言わないまでも，多くの先住民族の口承史では，自分たちは天地創造の時から故郷に存在していたとされる．各先住民族の国家は，彼らの土地に根ざした，彼ら独自の言語からなる，彼らの世界観が浸透した，その土地固有の知識に基づく複雑な社会を持っている．その知識の体系は，世界における独自の生き方やあり方であり，お互いの関係や土地との関わり方である．先住民族にとって土地は不可欠であり，土地はすべてなのだ [Alfred, 2017]．事実，先住民族の国家が征服されたり，さもなければ土地や民族共同体を売却されたり，割譲されたり，手放されたりしたことは一度もなく，独自の主権と共同体の形態を守り続けている [Claxton & Price, 2020]．先住民族の知識やパラダイムから生まれたこれらの方法論は多様で，先住民族やその土地に固有のものである [Tuck & McKenzie, 2015]．土地と先住民族のつながりを再度確立し，活性化し，強化しようとする先住民族復活のための機運が，コミュニティの内外で高まっており [Simpson, 2014]，この章では，サーニッチのテリトリー（地域・領土・領地）における土地に根ざした癒やしによる先住民族の復活のための事例を紹介する．それらは教育の中で行われている活動を基礎とし，先住民族の子どもや若者のための長期的なビジョンと焦点化に基づいている [Claxton & Rodriguez de France, 2019]．

　カナダにおける植民地化は先住民族やその民族共同体から土地を奪い取ろうとし，土地と先住民族の関係に有害な影響を与えてきた [Tuck & Yang, 2012]．カナダでは言語と同様に多くの先住民族の世界観が脅かされている [First Peoples' Cultural Council, 2018]．子どもたちや青少年における先住民族の復活の促進とは，彼らが故郷と密接に関わり，強く結びつき，言語やスピリチュアルな世

界観に浸り，彼らの文化的な振る舞いや伝統を実践し，それらを体感し体現し
ながら成長できるような学習や教育の機会を創出することである．土地は教師
であり癒やし手でもある [Meyer, 2008]．"ŁE, ĆÁNEȻ TŦE TENEW" というフ
レーズは，SENĆOŦEN（サーニッチの人々の言語）によりこのコンセプトを表現
したもので「土地は癒やし手」と訳される．

　入植者植民地主義は，（カナダでの）インディアン法や保護区制度を実施し，
国営の教育や学校教育を通じて先住民族を土地から切り離し主流派（入植者）へ
の同化をすすめ，この癒やしの関係を破壊するものでしかなかった [Morgensen,
2011]．土地に根ざした教育方法の開発を根本から模索することは非常に重要
である．本章では，サーニッチの若者たちが故郷とのつながりを育み，言語，
物語，場所とのつながりを通してサーニッチの人々としてのアイデンティティ
を強化していく，先住民サーニッチの視点を共有する．この土地に根ざした教
育方法は，他の国の先住民族にとっても価値がある．なぜなら，土地と先住民
族のつながりの深さを共有し，関連づけるための共通理解の窓を提供してくれ
るからである．Lavallee and Poole [2010] は，先住民族の健康と癒やしは，植
民地化によってもたらされた弊害を認識することなしには成り立たないことを
示唆している．土地に根ざした教育方法は，先住民族以外の人々にとっても，
先住民族のあり方に対する深い理解，認識，尊重を育む貴重な機会を提供する
ものである．これによって，TRC（Truth and Reconciliation Commission of Canada：
カナダ真実と和解委員会[1]）の「行動への呼びかけ」[2015] や「先住民族の権利に
関する国連宣言[2]」[United Nations, 2007] に沿った有意義な和解への道に開かれ
ることが期待される．これらの文書は，政府，企業，非営利セクターのあらゆ
るレベルやカナダ社会全体が，植民地化全般による否定的な結果と負の遺産，
特に寄宿学校制度[3]によって被った被害を是正するための具体的な行動の枠組み
を提供している [Regan, 2010]．カナダ人と先住民族の和解を目的とし，先住民
族の土地に根ざした教育方法にも関連して，たとえば，文化的に適切なカリ
キュラムの開発，言語の権利の承認，スピリチュアルな事柄，儀式，祝典にお
ける自己決定の確保などについて求めている．

　この章は，私の，先住民族サーニッチの故郷や人々に関する知識の「学習」
あるいは「非学習」「再学習」に基づく土地に根ざした癒やしの教育（たとえば，
教授法など）を分かち合うための内容からなる．先住民族の知識は多様であり，
世界を認識する方法の多様性も表しているといえる．これらの人々とその知識

体系は，何世代にもわたって物質的・精神的な世界と関わり，共に生き，相互に依存し，そして最も重要ではあるが，土地とともに存在することにより発展してきた．先住民族と行う癒やしの実践は，その土地と繋がっている知識や，土地との親密な関係なしには不完全なものとなる．この点をわかりやすくするために，私は「土地」を私たちの故郷のすべての要素（水，空気，森，山，植物，動物の生命，など）を含むものとして語っている．

　ここ数年，私は ŁÁU, WEL' NEW TRIBAL SCHOOL とパートナーシップを組み，ここサーニッチの領土内にあるビクトリア大学とカモサン・カレッジで，先住民族の土地と言語に基づいたコースを担当している．私はこの教育方法を，学生の故郷に根ざした学習の体験を生み出し，その体験を先住民族の知識体系や知識の保持者と結びつけるために開発した．この方法は，先住民族の学生たちが，自分たちの祖先の知識体系と強く結びついた新世代の先住民族を育成する仕事を，将来的に思い描くことができるような体験とするために考案された．たとえば，それは教育者，児童・青少年のケア実践者，カウンセラーなどのような仕事である．この教育方法は，先住民族以外の学生たちにも変化をもたらしてきた．先住民族の国の未来のためには，現在も直面している植民地主義に対抗するために，学生たちが先住民族の哲学，法律，信念の中で考え生活することが不可欠である．そのためには，先住民族の土地に根ざした教育方法が不可欠である．土地は私たちの基盤であり，先住民族コミュニティの健康と成功は土地に依存していることは明らかである [Chandler & Lalonde, 1998]．私たちが土地の癒やしに携わることは，私たち自身を癒すことでもあるのだ．

▶ 土地に根ざした癒やしと先住民族の復活

　先住民族の社会，世界観，スピリチュアリティ（精神性・霊性）は古くから存在し，私たちの言語と土地にしっかりと根付いている．このことは，いくら強調してもし過ぎることはない [Greenwood & Leeuw, 2007 ; Iseke, 2013 ; Simpson, 2004]．カナダの先住民族の文化は，似ているようで非常に多様である．たとえば，ブリティッシュ・コロンビア州には32の言語と約59の方言があり，カナダにおける先住民族の言語の60％が存在している [First Peoples' Cultural Council, 2018]．つまり，ブリティッシュ・コロンビア州には多様な先住民族国家が存在するのだが，おそらくこれらの共同体はいずれも似たような世界観を持つと

思われる．これらの国々はそれぞれ，自分たちの故郷と古くからのつながりがあり，独自の土地基盤を持つ共同体を形成している．これらの国々はまた，ヨーロッパ人による接触と植民地化，知識や学びの方法の置き換え，西洋（主流）の知識体系や学習方法，そしてあり方（生き方）の押し付けという共通の経験も共有している．これらの損失はインディアン法の施行に始まり，保護区制度，寄宿学校制度，その他の政策を通じて維持され，その多くは今日まで続いている [Regan, 2010; Simpson, 2004]．

　ヨーロッパの植民地化に対する先住民族の抵抗は常に存在してきた．子どもたちや若者は，先住民族国家や指導者たちによる，先住民族の言語と文化永続のための努力の，未来への希望の光であり続けてきた．たとえば，1972年に全国インディアン同胞団の首長たちは，「インディアン教育のインディアンによる管理」と題されたインディアン教育に関する最初の文書による方針を採択した．これは1972年12月21日，インディアン問題・北部開発省の Jean Chretien 大臣に提出された．この指針は，地域の管理，親の責任，文化に基づいたカリキュラムの原則を明確にした包括的なポジションペーパーとして書かれた．「私たちは，インディアンの伝統と文化の中で尊重されている基本的な態度や価値観について，子どもたちが習得することができる環境を教育に求める」 [National Indian Brotherhood, 1972, n. p.]．カナダの先住民族コミュニティが，子どもたちの教育において主導的な役割を果たしたいと考えていることは明らかであった．「インディアンによるインディアン教育の管理」という政策文書の焦点は教育であったが，それはまた，子どもや若者の生活に関するあらゆる側面を包括的に表すものであり，ヒューマン・サービス（保健・医療・福祉）の分野で働く多くの人々にとって非常に関係の深いものでもある．

▶ 先住民族の学問

　先住民族の学問や研究の方法論に関する動きが活発になってきている．この分野で生まれ始めている学問は，勇気と革新を実際に示し，先住民族の子どもや若者にとってより健全な生き方を育むような方法論や教育法を構想すべきだという考えに基づいている．本質的には，先住民族の言語と土地に根ざした方法論と実践である．

　カナダでは，ファースト・ネーション，イヌイット，メティス[4]の子どもや若

者の教育に関する研究の基盤が広がりを見せている [Battiste & Barman, 1995]．先住者以外の人々が多くの調査を行っているが，報告ではカナダ先住民族が州の教育制度で成功していないという点について概ね共通している．2006年には，保護区に住む先住民族の若者のうち，高校卒業資格を持たない者の割合が，カナダの非先住民族の若者よりも4倍も多いことが報告された [Statistics Canada, 2006]．土地についての，そして土地での教育実践を発展させることは，先住民族教育の定着（土着化）[Guilar & Swallow, 2008] と健康 [Ritchie et al., 2015] に効果的であることが示唆されている．そして，Guilar and Swallow [2008] は以下のように述べている．

> 伝統的に意味のある場所に人々を集めることで，物語を語り，質問を投げかけ，場所から学ぶことの意味を吟味することに開かれる……．場所から学ぶことは，有意義な体験に参加し，故郷からどのように学ぶことができるかを探求するための共通の対話を促す背景になるのである．(p. 9)

　彼らが示唆するように，場所から学ぶことは教育において意味があり，そして変革をもたらす．私の主張は，先住民族が教育制度の中で学業的に成功する方法を見つけることだけにあるのではない．むしろ，より根深い問題，つまり私たちの民族，土地，そして人間との関係を癒やす教育方法を開発することに焦点をあてている．私たちが土地と関わり，先祖伝来の言語，世界観，認識論，パラダイム，哲学，教えが青少年に植え付けられ継承されるとき，「先住民族の復活」が意味するものを具体化・具現化することになるのである．

　先住民族の復活としての土地に根ざした癒やしは，必然的かつ本質的に土地に根ざしたものになる [Iseke-Barnes, 2008; Tuck & Yang, 2012]．先住民族の土地に根ざした癒やしに関わるときには，地元の先住民族の土地との関係やつながりを認め，尊重し，取り入れ，遵守することが不可欠になる．土地とその土地の先住民や知識とのつながりを取り戻すことが，この教育方法の意義である．すべての土地は神聖なものではあるが，先住民族のコミュニティや民族には，特定の山や川，村の場所など，特に文化的に重要な場所が必ずいくつかある．また，それらの場所には土地に根ざした物語や言語，そして意味がある．加えて，その場所に自然に存在する植物，動物，非生物などのすべての生命も，文化的，精神的な意味を持っている可能性がある．土地，生命，人々，物語，スピリチュアリティ（霊性）が，創造主によって意図され贈られた方法で再びつ

ながり取り戻されるとき，それが先住民族復活のための土地に根ざした癒やしになる．

▶ 土地に根ざした先住民族の復活としての癒やし

　このプロジェクトは，先住民族の復活の原則にしっかりと則り，それらに導かれている．Jeff Corntassel［2012］によれば，先住民族の復活とは「国家を超えた生活を思い描く勇気と想像力を持つこと」であり，「私たちを故郷や人間関係から追い出そうとする既存の植民地的な制度や構造，政策に立ち向かい，現世代の先住民族の若者や家族の健康とウェルビーイングに影響を与えること」である（p. 89）．Taiaiake Alfred［2009］は，先住民族の復活のプロセスには以下のことを達成するためのコミュニティの集団的な努力が含まれるとしている．

- ・土地における先住民族の存在の回復と，土地に根ざした慣習の活性化
- ・先住民族の伝統的な食への割合の増大
- ・先住民族の文化，精神的な教え，土地に関する知識の長老と若者間での伝達
- ・家族的な活動の強化，先住民族の文化的・社会的な機構がファースト・ネーション内の統治機序として再び機能すること
- ・保護区にある先住民族コミュニティの主要経済として，また都市先住民族コミュニティの補完経済として，持続可能な土地に根ざした経済の短期的・長期的な取り組みと改善（p. 56）

　さらに，Leanne Betasamosake Simpson［2004］は，「重要な先住民族の知識」を中心に据え，先住民族復活のための４つのポイントを概説している．

- ・「資金提供」精神に立ち向かえ──植民地化を行う政府や民間企業は，私たちの脱植民地化に資金を提供しないことに気づく時が来た
- ・言語の大量虐殺に立ち向かえ──言語に対する認識や見栄はほとんどないが，言語がなければ私たちは自らを失う
- ・復活のビジョン──先住民族の伝統に基づき，より良い未来を構想し，夢見ることの重要性を過小評価することなかれ

・古くからの条約と外交メカニズムを呼び覚ます必要性——植民地時代以前の条約関係を現代の近隣の先住民族共同体と更新せよ (p. 75)

サーニッチのテリトリーでの復活実践として，また，このコミュニティと土地に根ざした実践の指導的枠組みとして，Taiaiake Alfred [2009] と Leanne Simpson [2004] によって「土地に根ざした癒やし」は定義された．私の土地に根ざした癒やしの教育方法は，本物の先住民族の場所と土地に根ざした知識を再中心化し，特に地元の先住民族の子どもたちや青少年との学習や指導の中で，その土地の先住民族の世界観や視点を浸透させるのに役立つ．

▶ 先住民族の復活

私は先住民族の復活を，広く理解されている主流派や西洋（非先住民族）の知識や世界観から，本物の先住民族の土地に根ざした知識，世界観，パースペクティブに至る連続体として概念化している．先住民族の知識と世界観が多様であることを認めることは，ここでも重要である．この連続体の中心は，西洋的世界観と先住民族的世界観の接点であり，この空間もまた広い範囲に及んでいる．この接点には，寄宿学校，公立学校，バンド・スクール（連邦政府が資金を提供し，先住民族国家が運営）がある．また，大学における先住民族化の取り組みも，この中間的な空間に見出すことができるだろう [Louie et al., 2017]．先住民族の復活は，本物の先住民族の土地に根ざした知識を回復する方向に私たちを向かわせる．この復活は，土地に対する先住民族の関係を回復することを通じて，先住民族のコミュニティと民族共同体を癒やす行為となる．

▶ サーニッチ地域における癒やしと復活——ȽÁU, WEL, N̲EW̱ を訪ねて

土地に根ざした学習や指導に携わるとき，私は学生たちをサーニッチ・テリトリーの文化的に重要な場所に連れて行く．このような訪問には，サーニッチのコミュニティの子どもたちや若者だけでなく，他のコミュニティや国の先住民族の生徒や非先住民族の学生も含まれる．文化的，精神的に重要な場所にいるとき，そこから生まれる物語を分かち合うことは，特に大きな影響を与える．

話を聞き，感じ，匂いを嗅ぎ，触れ，見て，完全に体験することができる．しばしば，土地に根ざした物語は伝説や神話と誤解され，空想や作り話とされるが，実際はサーニッチの人々の真実なのである．土地にいるとき，物語はより深い意味を持ち，真実として体感される．こうした土地に根ざした物語は，かなり深い意味を持つようになる．サーニッチ・テリトリーで最も文化的に重要な場所の1つがŁÁU, WEL, NEW（ニュートン山とも呼ばれる）である．以下はŁÁU, WEL, NEW にまつわる重要な物語である．

「ŁÁU, WEL, NEW」は避難場所，または逃れの地を意味し，今日，一般的にニュートン山のジョン・ディーン公園として知られている場所のサーニッチの名称である．それは太古の昔からもそうであったように今日のサーニッチの人々にとって神聖な避難場所である．この山は，はるか昔，この土地に大洪水が起こったことにちなんで，ŁÁU, WEL, NEW と名付けられた．人々は長い間，土地と調和し，XÁLS（聖なる創造主）の神聖な教えに従って善き暮らしをしていたと言われている．幾重にも世代が過ぎ，人々は神聖な教えを忘れ，自然とのバランスを欠いた生活を送るようになった．そして，この地の聖なる人々に，大洪水という形で浄化の時が訪れるのでその準備をするようにとのメッセージが届いた．洪水は山頂しか残らなくなるまで続き，聖なる教えを忘れた人々はカヌーに乗ったまま転覆または漂流し，二度と姿を見せることはなかったといわれている．残された人々は，カヌーを山の頂上にあるアービュタスの木にくくりつけた．長い間，人々は風雨に翻弄され続け，彼らは慈悲を求めて祈り続けた．そんなある日，カラスが一羽，棒をくわえてカヌーの舳先に舞い降りた．人々はこれを洪水が終息に向かうメッセージだと理解した．遠くに山が見え，民衆の一人が興奮して叫んだ．「NI QENET TŦE WSÁNEĆ LO, TEĆŁ TÁŁ（遠くに何かが見える，水が引いている！）」．そして水は引いたが，人々は自分たちを救ってくれた山に残り，生き延びることができた聖なる時間について話し合いをした．彼らは神聖なアービュタスの木に感謝を捧げ，決して燃やさないことを誓った．自分たちを救ってくれた神聖なロープを巻き，それにも感謝を捧げた．そして，救ってくれた神聖な山に感謝を捧げ，その聖なる時と先祖が伝えてくれた教えを決して忘れないように，ŁÁU, WEL, NEW と名付けた．また，その聖なる時間を記念して，人々は自分たち自身と土地を「新たに生まれ出でた土地，新たに生まれ出でた人々——サーニッチ」と名付けた．

この物語は，サーニッチの人々とこの場所との深い歴史とつながりを描いた

ものである．神聖な土地の名前と民族の名前は同じなのである．この物語は神聖なもので，土地と創造主そして創造そのものとの深い結びつきが描かれている．また，この物語には，（もし，人がきれいな心と精神を持っていて，この場所と深くつながっている場合）神聖なコイル状のロープを見ることができることも書かれている．この場所からはサーニッチの領土の大部分を物理的に見ることができる．この場所と歴史を体感することで，土地に対するアイデンティティと繋がり，そしてサーニッチの民であることの強い感覚を植え付けることができる．他のコミュニティや民族から来た先住民族の学生にとっては，先住民族の知識や言語と土地とのつながりの深さを示す例となり，自分たちのアイデンティティや故郷とのつながりを探究するきっかけになる．また，非先住民族や学生にとってこのように土地から学ぶことは，その土地の先住民族の知識の保持者から学ぶことであり，先住民族と土地に対するより深い認識と尊敬の念を育むことができる．これはまた，私たちを和解へと向かわせるものでもあるのだ．

　私たちの地元の土地につながるもう 1 つの力強い物語が，次のような TEṮÁĆES の物語である．

　TEṮÁĆES はサーニッチの名前で，島または島々を意味する．大まかに訳すと深海の親戚という意味で，この島々がどのように生まれたかという物語を指す．昔，XÁLS（創造主）が世界の多くのことを変えるためにサーニッチに来たと言われている．彼はカヌーに乗って，サーニッチの人々に TIXEN（Saanichton Bay の Cordova Spit）として知られている場所にやって来た．XÁLS は上陸し，そして，岬の西側に向かって歩き，水平線に黒い石を投げ，さらにもう 1 つの黒い石を投げ，それが ŁÁU, WEL, NEW（ニュートン山）となった．XÁLS はバスケット（かご）を持っていて，その中にさらに黒い石を入れていた．そして ŁÁU, WEL, NEW に向かって歩いて行った．その光景を目の当たりにした数人の人々は，好奇心で XÁLS の後を追って山へ向かった．山の上で XÁLS はさらに黒い石を投げ，それが山を作った．そして，石がなくなると山についてきた人々の方を向き，最も徳の高い人々を捕まえ始めた．彼は彼らを海に投げ込み，それぞれに「QEN, T TŦEN SĆÁLEĆE（あなたの親族を大切にしなさい）」と告げた．彼らはその後，海の中に深く根を張り島々となった．彼は人々を海に投げ終えると，山の上に残った人々に向かい「I, QEN, T SE SW TŦEN SĆÁLEĆE（そして，あなたはあなたの親族を世話しなさい）」と彼らに言い，TEṮÁĆES（島々）を身振りで示した．

　この物語は，私の学生たちが，創造主も立った ŁÁU, WEL, <u>NEW</u> の頂上付近という，この出来事が起こった場所に立つことができるという点で意義深いものである．また，学生たちはサーニッチの人々の祖先から生まれたという島々を遠くから眺めることができる．この物語は，サーニッチの民としての強いアイデンティティ感覚を植え付け，テリトリーとのつながりを深く感じさせる．聞き手や学習者は，サーニッチの故郷の広さについて理解を深めるとともに，その場所に「いる」ことを体感することができるようになる．サーニッチの子どもや若者にとって，この知識には文化的な根拠があり，自分たちの同胞から経験的に学んだものであるため，非常に貴重なものなのである．非先住民族にとっては前の話と同様に，この物語を学び，それが語られる場所に実際にいることで人々と土地に対する認識と敬意が育まれるのである．

　この場所を訪れると，地元の民族植物学的な知識，つまり植物と人々との関係について学ぶ機会にもなる．サーニッチ地域の植物に関する知識は深く，その学びを通じて土地や言語の関係の強さが明らかになってくる．サーニッチの人々は，ほぼすべての自生植物を何らかの用途で使用していた．植物は，テクノロジー，食糧，薬，あるいは何かの指標として使われていたのである．サーニッチ族の伝統的な民族植物学については，調査・研究が行われ文献化がなされている [Turner & Hebda, 2012; Turner, Lepofsky, & Deur, 2013 参照]．

　先住民族の土地に根ざした癒やしと復活を通じた教育・学びの機会は多岐にわたり，地元の人々やそのテリトリーに固有のものになるだろう．子ども，若者，そしてあらゆる年齢の学習者が，地元の先住民族の知識保持者とつながり土地から学ぶことに従事することができるのだ．これは癒やしである．これが先住民族の復活なのである．

▶ 私たちはどこへ行くのか？

　カナダでは，先住民族は何千年にもわたって自分たちの土地に住み，土地とともに暮らしてきた．教育や癒やしに対する非先住民族や主流派の手法やアプローチは，土地に対する先住民族のつながりの深さによって促され，導かれる可能性がある．サーニッチの視点からすると，私たちははじめからここにいて，私たちをここに据えたのは創造主 XÁLS なのだ．私たちがここに存在することによって，土地と非常に深く結びついた世界観と哲学が発展してきたのであ

る．西洋の「知る」「いる（存在する）」「学ぶ」「教える」についての方法は，このことを誤解している．

　「土地に根ざした教育」と「癒やしの実践」は，本質的に哲学的な要素を持つ営みとして理解する必要がある．ランド・ベースド（土地に根ざした）の教育に取り組む際にはこのことを認識し，地元の先住民族の知識と言語を特権的に扱い，再中心化することが不可欠なのである [Greenwood & Leeuw, 2007]．

　その多様性にもかかわらず，先住民族の哲学には土地への深い根ざしとスピリチュアルなつながりという共通点がある [Baskin, 2016]．環境とすべての生命・生物は，先住民族の世界観にとって重要であり，切っても切り離せないものであった．先住民族は土地に関係したダイナミックな生命システムの一部であった．土地は，金銭的な資本利益のために支配し変質（破壊）させるものではなく，すべての生き物と同様に尊重すべきものだったのである．環境とのつながりは深く非常に意味深いものであった．サーニッチの長老でアドバイザーの John Elliott Sr. は，「私たちは長い間ここに住んでいる．その間，私たちは海の歌，自然の力，そして土地とともに生きてきた．私たちの祖先は，古代の言葉や私たちの存在を通して，私たちに教え続けているのだ」[私信，2013] と述べた．言語，歌，儀式，土地（生態系）が絡み合い切っても切れない関係にあり，何千年にもわたって続いてきたことは明白である．これらの慣習を記憶し，活性化し，次世代に引き継ぐことは，健康とウェルビーイングのために重要なのである [Chandler & Lalonde, 1998]．私たち人類は，お互いのために，そして環境のために，歴史と慣習を維持する責任を負っている．これらの行動は，植民地的な構造やシステムに対するグローバルな社会生態学的抵抗に貢献し，人間と環境の正義を促進することができるのである [Williams et al., 2018]．

　環境，土地，そしてすべての生命・生物は重要で，それ以上に先住民族の世界観に不可欠なものなのである．言語，歌，儀式，慣習から明らかなのは，物質的領域と精神的領域の両方が重要であり，それらが分離されるのではなく相互につながっているということが肝要なのである．Umeek，またの名を Richard Atleo 博士 [2007] は，その著書 *Tsawalk : A Nuu-chah-nulth Worldview* という本の中で，ヌー・チャー・ヌルスの人々の「heshook ish tsawalk.（ヘショク的ツァウォーク）」という概念について，先住民族の理論と呼ぶべきものを展開している．Umeek はこれを「すべてはひとつ」という意味と解している．これは，現実は物質的なものと形而上的なものの両方を包含しているという

ヌー・チャー・ヌルスの世界観である．ヌー・チャー・ヌルスの人々にとって，精神世界と物質世界は別個のものではない．同様に，長老の John Elliott Sr. は「スピリチュアルな世界につながると，まったく新しい現実が生まれる」と述べている［私信, 2013］．先住民族の知識体系と土地とのつながりは，土地の健康と，自然界と私たちの関係における健康の中心をなすものである．先住民族の土地に根ざした癒やしは，土地と，そして土地と私たちのつながりや関係を癒すことができる．また，先住民族だけでなく，すべての人々に恩恵を与えることができるのである．

訳 注

1 ）Truth and Reconciliation Commission of Canada：カナダ真実と和解委員会（Truth and Reconciliation Commission of Canada, TRC）は，インディアン寄宿学校制度等に直接または間接的に影響を受けた人々に，その経験を共有し詳らかにする機会を提供した．2007年から2015年まで活動し，元寄宿生，その家族，コミュニティ，そしてすべてのカナダ人の間で和解を促進するような役割を担った．TRC は6500人以上の証人から聞き取りを行った．TRC は寄宿学校制度の歴史に関する記録を作成し，カナダ政府から500万件以上の資料を受け取った．現在はマニトバ大学の National Centre for Truth and Reconciliation に TRC が収集したすべての文書を保管している．委員会は2015年に閉会となった．

　寄宿学校の制度では，約15万人の先住民族の子どもたちが寄宿学校に通うために家族や地域社会から連れ去られ，引き離された．139校あったインディアン寄宿学校のほとんどは1970年代半ばまでに運営を停止したが，最後の連邦運営学校は1990年代後半に閉鎖された．https://www.rcaanc-cirnac.gc.ca/eng/1450124405592/1529106060525, 2024年 8 月10日閲覧.

2 ）先住民族の権利に関する国連宣言：この宣言は2007年に国際連合総会で採択された決議で，文化，アイデンティティ，言語，雇用，健康，教育に対する権利を含め，先住民族の個人および集団の権利を規定している．先住民族の制度，文化，伝統を維持，強化し，かつニーズと願望に従って開発を進める先住民族の権利を強調するものである．また，先住民族に対する差別を禁止し，先住民族に関係するすべての事柄について全てに効果的に参加できるようにしている．それには，固有の生活様式を守り，かつ経済的・社会的発展に対する自身のビジョンを追及する権利も含められている．https://www.unic.or.jp/activities/humanrights/discrimination/indigenous_people/, 2024年 8 月10日閲覧.

3 ）カナダの寄宿学校制度について：寄宿学校制度は，先住民の子どもたちに民族の言語，文化，精神，伝統，アイデンティティを放棄することを強制し，同化を進めようとした

ものである．15万人以上の子どもたちが家族やコミュニティから引き離され，寄宿学校に入れられた．彼らの多くが身体的，精神的，性的な虐待に苦しみ，何千人もの子どもたちが二度と家に帰ることができなかったとされている．これはカトリック教会が運営する寄宿学校で行われた，ファースト・ネーション，イヌイット，メティスの子どもたちへの虐待であり，この件に関するローマカトリック教会の役割について，注] の真実と和解委員会は，生存者，家族，コミュニティに対し謝罪することを求めてきた．これを受けて，2022年 7 月25日に教皇フランシスコにより「多くのキリスト教徒が先住民の人々に対して行った罪悪について許しを請う」といった謝罪が行われた．

https://www.pm.gc.ca/en/news/statements/2022/07/25/statement-prime-minister-personal-apology-delivered-his-holiness-pope, 2024年11月18日閲覧

4 ）ファースト・ネーション，イヌイット，メティス：カナダでは先住民族として，ファースト・ネーション（北米インディアン），イヌイット（北極地方の人々），メティス（先住民とヨーロッパ人の両方を祖先とする人々）の 3 グループが認められている．カナダにおける先住民の人口は約117万人で，全人口の約 4 ％を占める．内訳は，約60％がファースト・ネーション，33％がメティス，4 ％がイヌイットとなる（2006年）．https://www.amnesty.or.jp/human-rights/topic/minority/minority_canada.html, 2024年 8 月10日閲覧．

参 考 文 献

Alfred, T. [2009] "Colonialism and state dependency," *Journal of Aboriginal Health,* 5(1), 42-60.

Alfred, T. [2017] "It's all about the land," in P. McFarlane & N. Schabus eds., *Whose land is it anyway? A manual for decolonization,* Vancouver, Canada: Federation of Post-Secondary Educators of BC, pp. 10-13.

Atleo, E. R. [2007] *Tsawalk: A Nuu-chah-nulth worldview,* Vancouver, Canada: UBC Press.

Baskin, C. [2016] "Spirituality: The core of healing and social justice from an indigenous perspective," *New Directions for Adult and Continuing Education,* 152, 51-60.

Battiste, M. & Barman, J. [1995] *First Nations education in Canada: The circle unfolds,* Vancouver, Canada: UBC Press.

Chandler, M. J. & Lalonde, C. [1998] "Cultural continuity as a hedge against suicide in Canada's First Nations," *Transcultural Psychiatry,* 35(2), 191-219.

Claxton, N. & Price, J. [2020] "Whose land is it? Rethinking sovereignty in British Columbia," *BC Studies: The British Columbian Quarterly,* 204, 115-138.

Claxton, N. & Rodriguez de France, C. [2019] "With roots in water: Revitalizing Straits Salish reef net fishing as education for well-being and sustainability," in L. T. Smith, E. Tuck, & K. W. Yang (Eds.), *Indigenous and decolonizing studies in edu-cation: Mapping the long view,* New York, NY: Routledge, pp. 215-223.

Corntassel, J. [2012] "Re-envisioning resurgence: Indigenous pathways to decolonization and sustainable self-determination," *Decolonization: Indigeneity, Education & Society,* 1 (1), 86-101.

First Peoples' Cultural Council. [2018]. Report on the status of B. C. First Nations languages. Retrieved February 15th from http://www.fpcc.ca/files/PDF/FPCC-LanguageReport-180716-WEB.pdf

Greenwood, M. & Leeuw, S. D. [2007] "Teachings from the land: Indigenous people, our health," *Canadian Journal of Native Education,* 30(1), 48-53.

Guilar, J. & Swallow, T. [2008] "ALENENEC: Learning from place, spirit, and traditional language," *The Canadian Journal of Native Studies,* 28(2), 273-293.

Iseke, J. [2013] "Spirituality as decolonizing: Elders Albert Desjarlais, George McDermott, and Tom McCallum share understandings of life in healing practices," *Decolonization: Indigeneity, Education & Society,* 2(1), 35-54.

Iseke-Barnes, J. M. [2008] "Pedagogies for decolonizing," *Canadian Journal of Native Education,* 31(1), 123-148.

Lavallee, L. F. & Poole, J. M. [2010] "Beyond recovery: Colonization, health and healing for indigenous people in Canada," *International Journal of Mental Health and Addiction,* 8(2), 271-281.

Louie, D. W., Poitras-Pratt, Y., Hanson, A. J., & Ottmann, J. [2017] "Applying indigenizing principles of decolonizing methodologies in university classrooms," *Canadian Journal of Higher Education/Revue canadienne d'enseignement supérieur,* 47(3), 16-33.

Meyer, M. A. [2008] "Indigenous and authentic: Hawaiian epistemology and the triangulation of meaning," in N. K. Denzin, Y. S. Lincoln, & L. T. Smith (Eds.), *Handbook of critical and indigenous methodologies,* Newberry Park, CA: Sage, pp. 217-232.

Morgensen, S. L. [2011] "The biopolitics of settler colonialism: Right here, right now," *Settler Colonial Studies,* 1(1), 52-76.

National Indian Brotherhood. [1972] Indian control of Indian education: A policy paper presented to the Minister of Indian Affairs and Northern Development. Retrieved from https://oneca.com/IndianControlofIndianEducation.pdf

Regan, P. [2010] *Unsettling the settler within: Indian residential schools, truth telling, and reconciliation in Canada,* Vancouver, Canada: UBC Press.

Ritchie, S. D., Wabano, M. J., Corbiere, R. G., Restoule, B. M., Russell, K. C., & Young, N. L. [2015] "Connecting to the Good Life through outdoor adventure leadership experiences designed for indigenous youth," *Journal of Adventure Education and Outdoor Learning,* 15(4), 350-370.

Simpson, L. R. [2004] "Anticolonial strategies for the recovery and maintenance of indigenous knowledge," *American Indian Quarterly,* 28 (3/4), 373-384.

Simpson, L. B. [2014] "Land as pedagogy: Nishnaabeg intelligence and rebellious transformation," *Decolonization: Indigeneity, Education & Society*, 3(3), 1-25.

Statistics Canada [2006] Aboriginal peoples in Canada in 2006: Inuit, Métis and First Nations, 2006 census. Retrieved from https://www12.statcan.gc.ca/census-recensement/2006/assa/97-558/pdf/97-558-XIE2006001.pdf

Truth and Reconciliation Commission of Canada [2015] *Ruth and reconciliation commission of Canada: Calls to action.* Winnipeg, Canada: Truth and Reconciliation Commission of Canada.

Tuck, E. & McKenzie, M. [2015] *Place in research, theory, methodology and methods*, New York, NY: Routledge.

Tuck, E. & Yang, K. W. [2012] "Decolonization is not a metaphor," *Decolonization: Indigeneity, Education & Society*, 1(1), 1-40.

Turner, N. J. & Hebda, R. [2012] *Saanich ethnobotany: Culturally important plants of the WSÁNEC people*, Victoria, Canada: Royal British Columbia Museum.

Turner, N. J., Lepofsky, D., & Deur, D. [2013] "Plant management systems of British Columbia's first peoples," *BC Studies: The British Columbian Quarterly*, 179, 107-133.

United Nations [2007] *The United Nations declaration on the rights of indigenous peoples*, New York, NY: United Nations.

Williams, L., Bunda, T., Claxton, N., & MacKinnon, I. [2018] "A global de-colonial praxis of sustainability-Undoing epistemic violences between indigenous peoples and those no-longer indigenous to place," *The Australian Journal of Indigenous Education*, 47(1), 41-53.

第Ⅱ部　実　践

第 6 章
ウィルダネスセラピー

Carina Ribe Fernee and Leiv Einar Gabrielsen

▶ はじめに

　ウィルダネスセラピーは，自然の回復力と個人およびグループをベースとした治療プロセスを組み合わせる体験的なアプローチであり［Davis-Berman & Berman, 2008；Russell, 2001］，生態学的，身体的，心理社会的な健康の側面が一体となった包括的な介入である．原生自然への冒険には，理想的にはテクノロジーや都会の多忙な生活から離れてゆっくりと過ごすことが含まれる．グループ治療では，自己，他者，自然界との関係を構築し，回復プロセスを始めるための時間と空間を提供することができる．ウィルダネスセラピーの実践は，構造化されたリーダー主導のアプローチから，参加者，ファシリテーター，自然環境の相互作用によるダイナミックなプロセスまで多岐にわたる．

▶ ウィルダネスセラピーの歴史的・文化的視点

　アメリカでは，青少年のためのキャンププログラムや体験教育がウィルダネスセラピーの前身といわれている［Davis-Berman & Berman, 2008］．カナダやオーストラリアなどの国では，先住民族の視点（第5章参照）や土地との強い結びつきが伝統となっており［Harper, Gabrielsen, & Carpenter, 2018］，スカンジナビア諸国では，自然との深い親和性や野外でのシンプルライフが「フリルフツリーブ（Friluftsliv）[1]」の伝統として欠かせない［Fernee et al., 2015］．さまざまな社会文化的文脈や伝統の中でウィルダネスセラピーが発展してきたことが，今日のこの分野にみられる多様性に表れている［Norton, Carpenter, & Pryor, 2015］．

▶ ウィルダネスセラピーの対象と主な発展

　ウィルダネスセラピーは主に青少年を対象としており，最も一般的には情動的問題，行動的問題，心理的問題，薬物使用の問題に対するケアを提供している [Hoag, Massey, & Roberts, 2014]．多くのプログラムは家族での取り組みによって行われるが，中には前向きな変化を定着させるために家庭環境から保護し地域コミュニティで行うプログラムもある [Norton, 2011]．

　ウィルダネスセラピーは，学校や地域社会で予防的または強化的な介入として，また，的を絞った一次治療として提供することができる．さらに，他のサービスの補助として提供されることもあれば，単独の介入として提供されることもある．ウィルダネスセラピーにはさまざまな形があるが，有望な治療法の選択肢として認知度が高まり続けている [Becker & Russell, 2016]．ただし，一連の青少年のメンタルヘルスサービスにおいて正式に承認されているわけではない [Berman & Davis-Berman, 2013]．

　ウィルダネスセラピーに関するネットワークとコラボレーションは，ローカルなレベルから国際的なレベルまで広がってきている [Norton et al., 2015]．それに伴い，理論的概念化，治療要因，そして専門的・倫理的基準に関する考慮事項がますます注目されている [Becker & Russell, 2016]．しかし，ウィルダネスセラピー・プログラムの開発，実施，評価の方法には，さまざまな見解がある [Becker & Russell, 2016]．ウィルダネスセラピーを青少年のメンタルヘルスサービスにおける専門的な治療方法として確立させるためには，さまざまな見解を調和させて統合的なウィルダネスセラピーの実践を目指さなければならない．

　この章では，我々が今後の課題として考えていることを詳しく説明し，それについて全体を通して議論する．しかし，我々はウィルダネスセラピーを実践する上で，ノルウェー人として特定の視点を代表していることを改めて強調しておきたい．

▶ 実践のためのディスカッション

■中核的要素

ウィルダネスセラピーの治療プロセスの中核的要素を構成するものとして，原生自然で過ごす時間，身体的自己，心理社会的自己の3つの主要な治療因子の組み合わせが提案されている [Fernee et al., 2017; Russell & Farnum, 2004]．これらの中核的要素は相互作用しており分離して考えることはできない．しかし，これらは自然をベースとしたグループ治療の多次元性を示している．

自然環境は，ウィルダネスセラピーにおける治療環境としても，共同進行役としても重要である [Harper et al., 2018]．自然は，新しい体験，視点，そして人のあり方やなり方の扉を開くことができる斬新で中立的な治療環境を提供する [Hill, 2007; Williams, 2000]．Harper, Rose, and Segal [2019] は，自然環境にはストレスを軽減し，回復をもたらし心を落ち着かせる性質があると提唱している．セラピストは，伝統的な権威ある立場から一歩退き，自然から治療環境を提供してもらうことができる．そこでの変化は強制されるものではなく，時間の経過とともに起こるものである [Russell, 2001]．

第二の要素である身体的自己とは，ウィルダネスセラピーに固有の身体活動やさまざまな課題や挑戦を指す．野外活動では，例えば，ハイキング中に変化する状況や身体的要求を管理することで，体験学習，自己成長，熟達の機会を提供する [Russell & Farnum, 2004]．参加者の身体的・精神的な安全とウェルビーイングを頻繁に評価することの重要性は，ウィルダネスセラピーに関する文献を通じて繰り返し述べられている [Davis-Berman & Berman, 2002; Gabrielsen, Harper, & Fernee, 2019]．

第三の中核的要素である心理社会的自己とは，時間の経過とともに，仲間，セラピスト，自然に対する帰属意識やつながりを育て，自己洞察を深める機会のことを指す．ウィルダネスセラピーでは，ファシリテーターは，クライエントに対して育み，思いやり，共感の方法で治療にアプローチする必要がある [Russell, 2001]．原生自然での生活では，協力とコミュニケーションが要求され，参加者は他者を助け，利他主義を実践する機会を得ることができる [Norton, 2011]．ただし，支援のやり取りは複雑な場合があり，必ずしも一筋縄ではいかない [Fernee et al., 2019]．

■テクニックの説明

　野外でのシンプルな生活や，個人およびグループに基づいて構造化されたセラピーを意図的に使用する以外にも，自然を統合した体験的な活動を行うテクニックがある．例えば，自然の要素を治療のメタファーとして使用する方法がある．参加者が経験する自然がもたらす帰結は，予期しない出来事がランダムに起こることを象徴しており，参加者は臨機応変に対処することを求められる [Russell, 2006]．静かな時間は内省と熟考を促し，日誌をつけることで内省の過程を助けることができる [Norton, 2011]．野外活動では，魚を捕まえたり，火をおこしたり，ソーシャルメディアにアクセスせずに管理したりと，具体的な達成と習得の機会を提供する．このような活動を通して参加者は，これまで「隠されていた」能力，資源，代替のコーピング・メカニズムに気づくかもしれない．

▶ ウィルダネスセラピーの哲学的背景

　ウィルダネスセラピーは自然の中で行われるが，その自然が「原生自然」であればあるほど，つまり人間によって手が加えられておらず，人間から離れているほど，より良いのは間違いない．ウィルダネスセラピーにおける自然の役割は，主に生物学的な観点から説明されている [Selhub & Logan, 2012]．人間は野外環境で進化し，それに適応する能力によって種として生き延びてきた．自然とは人間そのものであり，人間が自然に対して非二項対立的であるという理解は，ディープエコロジー [Drengson & Devall, 2008] やエコソフィー [Naess & Rothenberg, 1989] などの哲学的アプローチの中核をなしており，これらは生態心理学の視点にも影響を与えている [Roszak, Gomes, & Kanner, 1995]．生態心理学の視点については，第3章で検討している．これらすべてのアプローチは，自然界の健康やウェルビーイングが人間の健康やウェルビーイングと本質的に結びついていると主張している．この理解は，ウィルダネスセラピーにも浸透している．先進国では，ほとんどの人が都市部に住んでいるため，社会的・文化的に期待されているライフスタイルに耐えているが，生物学的には適応していないのである．Louv [2008] は，このことが疎外感や無意味感を高め，身体的・精神的な苦痛を与える危険性を高めると提唱している．この不適応や不調に対する解消法は明らかで，自然界と接触する時間を増やすことである [Gabrielsen

& Harper, 2018].

▶ 理論・研究・有効性

■アウトカム研究

　ウィルダネスセラピー分野の研究は過去20年間で改善され，研究成果による有効性の根拠が得られ始めているが，研究の範囲や深さ，方法論の洗練性という点では依然として限界がある [Hoag et al., 2014]．全体として，ウィルダネスセラピーに関する実証的な研究は，社会的，感情的，物質（薬物，アルコール等）使用の幅広い問題の治療における有効性を主張している [Harper, 2017]．臨床症状の軽減，ならびに人生の意味の獲得（自尊心），ローカス・オブ・コントロール（統制の所在³⁾），および対人スキルの改善が報告されており [Bettmann et al., 2016; Dobud & Harper, 2018; Hoag et al., 2013; Pryor, 2018]，ポジティブな結果が持続することが示唆されている [Bowen & Neill, 2013; Combs et al., 2016]．

　有益な結果にもかかわらず，アウトカム研究はサンプルサイズが小さいものが多く，比較やサブグループの調査など，統計的調査の可能性が制限されている．さらに，ウィルダネスセラピー・プログラムは，対象とする集団，期間，内容，アウトカムの目標によって異なる [Becker & Russell, 2016]．したがって，単一の研究から得られた知見を分野全体に一般化する際には注意が必要である．

　ポジティブな変化がどのようにしてもたらされるのかについて，より明確な理解が求められており [Hoag et al., 2014]，研究者は，なぜ，どのように，誰にとって，ウィルダネスセラピーによる治療が有用であると思われるのかを深く掘り下げて調査することが奨励されている [Bettmann, Russell, & Parry, 2013]．

■質的な理解

　ウィルダネスセラピーのプロセスをより深く理解して概念化するために，質的研究では参与観察やインタビューを活用して，治療体験や知覚された成果を調査している．自然の中にいることは，ふりかえりを促し，気分を改善し，心をクリアにし，反芻思考を減らすことが分かっている [Conlon et al., 2018; Mclver, Senior, & Francis, 2018]．自然の中で過ごす時間を通じて，参加者は「先入観や自己のレッテルを超えて，自分が誰で，何を達成できるのか，より全体的な視点」を得ることが示唆されている [Mclver et al., 2018, p. 398]．ウィルダ

ネスセラピーは，従来の治療環境と比較して，参加者がより自由で，束縛が少なく，大げさではなく，治療を受けていると感じにくいため，メンタルヘルス活動のさらなる道を開く可能性がある [Conlon et al., 2018 ; Fernee et al., 2019].

　アイルランドの研究では，McIver et al. [2018] は，治療プロセスの身体性から，心と体のつながりがひろがる様子について述べている．ウィルダネスセラピーが持つ体験的な性質は，表面的な知識ではなく深い理解を促し [Mciver et al., 2018]，新たな洞察によって，時間の経過とともに自己認識と自己規制が生まれる可能性がある [Fernee, 2019].

　オーストラリアの研究では，Conlon et al. [2018] は，思春期の参加者が原生自然の中で自分自身の状況に対する選択とコントロールを経験することの重要性を強調した．リーダーから話を聞いてもらい，受け入れられ，気にかけてもらっていると感じることが，参加者の参加意欲を高める条件となったとしている．これは，青少年たちがプログラムに反抗するのではなく，むしろ，彼らが楽しくて新しい体験だと感じた自然をベースとしたグループ治療への参加に対して，自らを開き，興味や感謝の気持ちを持ち続けるようになったことが要因であると示唆した．

　ウィルダネスセラピーには，自分自身，他者，そして自然とつながるための機会が含まれる．参加者とファシリテーターが原生自然の中で一緒に時間を過ごし，同じ条件に耐え，食事を共有し，お互いを知るにつれて，人間関係は本質的に再構築または強化される可能性がある．このような関係性のダイナミクスが，治療プロセスの中核であると考えられる [Norton, 2011].

　こうした多くの側面が，friluftsterapi（野外でのセラピー）と呼ばれるノルウェーのウィルダネスセラピー・プログラムに参加したエスペンという少年の物語に表れている [Fernee et al., 2015].　この野外でのグループ治療は，エスペンが自分の感情と再びつながり，グリーフのプロセスを開始するために必要な時間と空間を提供するようにみえ，それは，野外で生じる連携によって支えられているようにうかがえた.

▶ 事 例 紹 介——自然治癒力を高める時間と空間

　エスペンは背が高く痩せた17歳の少年だった．ブロンドの長い髪は，カラフルなビーニー帽でまとめていた．握手もしっかりしていて，礼儀正しく，思

いやりがあり，全体的にとても好感が持てる人物だった．しかし，2年前に父親を亡くして以来，彼は大変な苦労をしていた．15歳のエスペンは，一夜にして，自分と悲しみにくれる母親だけとなった家族の中で，より多くの責任を負うことになった．そのうちに，自尊心と自己価値の低下を伴い，抑うつ症状が現れるようになった．モチベーションも学校の成績も急速に低下した．いじめも増え，父親の死によって彼の肩にのしかかっていた負担がさらに増え，エスペンは，ほとんどベッドに横たわっていた．エスペンが通う学校の生徒が近くの森でほんの数日の間に2人自殺するという悲劇が起こり，エスペンは家族の友人に自殺願望を訴えていたこともあり，心配は急激に大きくなった．エスペンは地元の病院の精神科を紹介されることに同意し，その際，利用可能な治療法について説明を受けた．そのうちの1つがウィルダネスセラピーだった．

　当時，野外での治療の5つの側面が，エスペンの状況に特に一致しているように思われた．まず彼は，オフィスに座って自分の苦悩を語ることなど「絶対にありえない」と断言していた．第二に，近年は都市郊外に住んでいたが，エスペンは田舎で育ち，自然が遊び場だった．亡くなった父親との一番の思い出は，野外活動を共にしたことだった．第三に，エスペンは家庭環境から少し離れることができた．エスペンは母親を重荷に感じ，学校が嫌いだった．第四に，自尊心が低いために自分の社会的能力に疑問を持ち，大人にも仲間にも懐疑的になってしまっていた．しかし，エスペンは同年代の人と関わることの必要性を感じ，そのためには野外が最も安全な環境であると感じた．最後に，我々のウィルダネスセラピーのアプローチ（friluftsterapi）のゆっくりとしたペースにより，人間関係や感情のプロセスを自然に発展させ，当初の不安感は自分のペースで治めることができた．

　多くの点で，エスペンは典型的なウィルダネスセラピーの参加者だった．介入開始時には精神的にも肉体的にも疲労を感じていたにもかかわらず，野外でのシンプルな生活が魅力的な環境であると認識した．エスペンの資質はすぐに表れた．しかし，グループ療法のセッションが始まると，長いブロンドの髪が顔を覆い発言もなくふさぎ込んでいた．3日間の野外キャンプで技術を学び，グループ内に基本的な信頼関係が築かれた．エスペンは，他の若者やセラピストたちが，比喩的に言えば，より厳しい環境に自分を連れて行く準備ができていることに気づいた，と振り返って語った．

　ウィルダネスセラピーは，予測不可能でダイナミックな治療法であり，予定

外のことが最も大きな変化の瞬間になる可能性がある．2回目の宿泊旅行では，偶然にもエスペンと1人の男性セラピストが，他のグループとは別に数時間ハイキングをすることになった．そのルートは過酷で，セラピストはキャンプ場への移動に必要な装備をバックパックの端まで詰め込んでいた．この頃になると，エスペンは体力が高まり，まるでヘラジカのように長い脚で濡れて湿った森林地帯を楽々と闊歩するようになっていた．一方，セラピストはエスペンのペースに付いていけず，休憩中に「エスペン，今日はあまり調子が良くないんだ，バックパックの荷物を少し手伝ってくれないか？」と言うと，エスペンはすぐに，テントと食料の一部をセラピストのバックパックから自分のバックパックに移し応えた．

　この単純な行為がきっかけで協力関係ができ，森の中間にある湖のほとりのキャンプ場に向かう途中，2人が地図とコンパスを頼りに協力してナビゲートすることでさらに発展していった．このハイキングは，エスペンとセラピストとの関係性において，キャンプ場から次のキャンプ場へと移動する以上に価値あるものとなった．

　2人は野外で過ごした過去の思い出話や，それと同じくらい大切な沈黙の時間を共有した．エスペンは鋭い観察眼を持ち，ライチョウの卵の巣を見つけた．その巣にそっと近づくと，彼は静かにこう言った．「少し前に，父と一緒に，これとよく似た卵の巣を見つけたんだ」．エスペンは泣くこともなく，しっかりとセラピストの目を見て，森の中のどこかで2人が共有したこの瞬間の意味を理解したのである．この発見をきっかけに，エスペンはより積極的な姿勢に転じ，まるでこのときを待っていたかのように全身全霊を傾けて治療に取り組むようになった．

　夕方，2人がキャンプ場に到着すると，夕日が地平線の松の木の後ろに沈むにつれて森の湖のきらめきが薄れていった．テントを張り，薪をくべ，夕食の準備をした．北欧の涼しい夜がグループを包み込むと，彼らは焚き火を囲んだ．治療への積極的な取り組みと同じくらい冗談と笑いが絶えなかった．エスペンは，夜遅くまで焚き火を続けた．遅すぎると思う人もいるだろう．他の人たちは徐々に寝床に就いたが，人生で不公平な苦難を経験したエスペンとアンの2人の若者は，カシオペア座の下に留まった．焚き火のゆらめく光が彼らを囲むテントのキャンバスに映し出され，夜の静かな声とともに2人は淡々と話を続けた．

　治療を振り返ると，エスペンはこの夜が忘れられない思い出になったという．彼はセラピストや仲間たちが次第に心を許せる存在になり，彼にとって価値ある人生への道を支えてくれるようになったことを強調した．エスペンの物語は，ウィルダネスセラピーの本質を思い出させてくれる．それは，自然に成長する時間と空間が与えられれば，多くのつながりが生まれ，リソースが生まれ，物語を共有し，調整し，共同創造することができるということである．

▶ おわりに（ディスカッション）

　ウィルダネスセラピーは，カナダの川，イスラエルの砂漠，フィンランドの森，アイスランドの山々，オーストラリアのブッシュなど，世界各地で実践されている．異なる文脈でみられる違いは大きな価値があるが，文化や伝統によって異なる見方をする場合もあり，そのような場合には対話が必要になる．このような対話は，相容れないこともあるが，協力して専門的かつ倫理的な考察に取り組む意欲が重要かつ必要である．

　我々の謙虚な意見では，ウィルダネスセラピーという分野には，予想される小さなハードルに加え，気候の危機と関係性の尊厳という2つの大きな障壁がある．そのうちの1つは，残念ながら我々の分野だけでは解決できるものではないが，積極的に対応すべき課題である．

■気候の危機

　アウトドアセラピーとして，我々はウィルダネスセラピーに関わるすべての実践者が，環境に対する責任を認識しなければならないことを理解する必要がある．この姿勢は，それ自体が道徳的であるだけでなく，人間と自然の相互関係として当然のことである．我々は，人類が地球を劇的に変化させている人新世と呼ばれる時代に生きている．我々は，自然の守護者であり代弁者であることを自らに課すべきであり，できるだけ環境に負荷をかけない仕事や生活をすることが求められている．そして，どこにいても環境意識を高める努力をすることである．この議論は，本書の第Ⅲ部に続く．

■関係性の尊厳

　我々が前進する上での2つ目の潜在的な課題は，もし我々が実践のあらゆる

面で関係性の尊厳の基準を維持しなければ，ウィルダネスセラピー分野そのものの立場が危うくなるということである．今後，関係性の尊厳やそれに相当する用語の概念をどのように理解し，どのような状況でも維持しようとするかについて深く議論することが必要である．それはさまざまな状況で何を意味するのか，そして目的は手段を正当化するという議論に対して，どのように対処するのか？ウィルダネスセラピーに至るまでの，あるいはウィルダネスセラピーで実践されるすべてのことが，クライエントの自律性，エンパワメント，自尊心を促進するかどうかを検討する準備ができているだろうか？といったことについてである．これらのテーマは，苦しんでいる若者にとってだけでなく，ウィルダネスセラピー分野の地位にとっても極めて重要である．

　関係性の尊厳と密接に関連する話題として，一部のウィルダネスセラピー・プログラムにおける強制の蔓延がある［Harper, 2017；Tucker et al., 2018］．強制的な治療が正当化される場合もあるが，特にウィルダネスセラピーは誰にも見られない場所で行われるという背景から，どうすれば我々の実践において高い倫理基準を確保できるのか，自問自答する必要がある．クライエントが帰ることができないプログラムと，クライエントがいつでも治療を終えることができるプログラムでは，特にクライエントとセラピストの関係において，全く異なる方法で運営されていることは間違いない．単純にいえば，治療に対する根本的なアプローチの違いである．

　この分野に携わるのが初めてであれば，野外で参加者の回復，発展，成長を支援することを目指して働くことは，個人的に非常にやりがいのある経験になるかもしれない．野外にいると，屋内環境にみられるようなコントロールや予測可能性，構造といったものがほとんどなくなる．そのため，介入の展開に合わせて臨機応変に行動できる実践者は，最も快適なだけでなく，間違いなく最良のケアを提供することができる．

　他の治療アプローチと同様に，ウィルダネスセラピーは，目的があり，協同的であり，参加者の徹底したアセスメントと個別の治療計画に基づいて行われる必要がある．さらに，各参加者の快適さのレベルを監視し，どのような野外活動が彼らの最善の利益になるかを考慮する必要があり，全体的な原則は害を与えないことである．したがって，ファシリテーターは，自分の能力の範囲内で実践することを心がける必要がある．Reese［2016］によると，「活動がより特殊で，場所がより遠く，身体的または心理的リスクが大きいほど，カウンセ

ラーは野外でクライエントの安全を確保するために，より特殊なトレーニング
と専門知識を維持する必要がある」(p. 350) としている．自然の中で，安全で
大切にされ安心していると感じるとき，我々はより深いレベルでつながりなが
ら，本来の喜び，安らぎ，感謝を無条件に分かち合うことができる．そのため
の時間と空間があれば，我々は自己，他者，そして自然との関係を回復し，一
緒に自然への冒険に出かけながら，関係性の中において癒しを体験することが
できる．

訳　注

1) ノルウェーにおける伝統的な野外活動としてフリルフツリーブ（friluftsliv）があげら
　　れる．friluftsliv を分かち書きすると，fri（free：自由）-lufts（air：空気）-liv（life：生
　　活）となる．英訳では Outdoor life, Outdoor recreation, Outdoor pursuits などがあてら
　　れるが，必ずしも同意語ではないだろう．定義としては1986年にノルウェー環境局に
　　よって示された「環境の変化や自然体験を目的とし，余暇に野外で過ごす時間や身体活
　　動」が一般的に使われている．フリルフツリーブは，自然のなかで生活すること自体を
　　目的としており，近くの自然豊かな林に出かけ散歩したり，家族で焚き火を囲んだりす
　　るシンプルな活動である．
　　　　多田聡［2024］「ノルウェーとアメリカの野外教育——比較文化論的考察——」『野
　　外教育学の探求——実践の礎となる理論をめぐる14章——』杏林書院，pp. 155-167.

2) ディープエコロジー（deep ecology）：ノルウェーの哲学者アルネ・ネス（Arne Naess）
　　により提唱された環境思想の 1 つである．あくまで人間に役立つものとして自然を保全
　　しようとするシャローエコロジー（shallow ecology）を乗り越え，人間の意識そして社
　　会におけるエコロジカルな変革を促すことが目標とされている．自然界におけるあらゆ
　　る存在は全て相互依存の関係にあり，等しい内在的価値を保持しているという主張，そ
　　して人間が他の存在者の生存を侵害することに対する批判をその特徴とする．ネスによ
　　れば，自己は単独で存在するものでなく，常に生態系における他との相互依存の関係に
　　ある．よって人間の繁栄，すなわち自己実現は，他の存在の利益を侵害するのではなく，
　　むしろそれを増加させるものとなる．なぜなら「自己の拡張を通じて，私たち自身に
　　とっての最善がまた他の存在にとっての最善にもなっている」からである．
　　　　ASLE-Japan／文学・環境学会，ディープエコロジー／シャローエコロジー（環境文
　　学用語集）（https://asle-japan.jimdo.com/ 環境文学用語集／ディープ - エコロジー -
　　シャロー - エコロジー - deep-ecology-shallow-ecology/, 2024年 8 月10日閲覧).

3) ある出来事や自分のある行動の結果をもたらした原因を推測するプロセスのことを原
　　因帰属というが，そのとき原因を何と考えるかによって，その後の行動が大きく変わる
　　ことが考えられる．たとえば，自分の失敗を自分の努力不足だと考えるのと，たまたま

運が悪かったと考えるのでは，その後の対処の仕方が全く異なるだろう．このように，原因が自分に存在し，自分のコントロール下にあると考える場合を内的統制（Internal control），反対に原因が外的なものとして存在し，自分のコントロール下にないと考える場合を外的統制（External control）といい，この内的―外的統制のことをローカス・オブ・コントロール（Locus of Control, 統制の所在）という．

　　岩男征樹，宮本聡介［2001］『認知判断傾向，心理測定尺度集Ⅰ――人間の内面を探る〈自己・個人内過程〉――』サイエンス社，pp. 174-184.

参 考 文 献

Becker, S. P. & Russell, K. C. [2016] "Wilderness therapy," in R. J. R. Levesque (Ed.), *Encyclopedia of adolescence* (2nd ed.,), Cham, Switzerland: Springer International, pp. 1-10.

Berman, D. S. & Davis-Berman, J. [2013] "The role of therapeutic adventure in meeting the mental health needs of children and adolescents: Finding a niche in the health care systems of the United States and the United Kingdom," *Journal of Experiential Education*, 36, 51-64.

Bettmann, J. E., Gillis, H. L., Speelman, E. A., Parry, K. J., & Case, J. M. [2016] "A Meta-analysis of wilderness therapy outcomes for private pay clients," *Journal of Child and Family Studies*, 25, 2659-2673.

Bettmann, J. E., Russell, K. C., & Parry, K. J. [2013] "How substance abuse recovery skills, readiness to change and symptom reduction impact change processes in wilderness therapy participants," *Journal of Child and Family Studies*, 12, 1039-1050.

Bowen, D. J. & Neill, J. T. [2013] "A meta-analysis of adventure therapy outcomes and moderators," *The Open Psychology Journal*, 6, 28-53.

Caulkins, M. C., White, D. D., & Russell, K. C. [2006] "The role of physical exercise in wilderness therapy for troubled adolescent women," *Journal of Experiential Education*, 29, 18-37.

Combs, K. M., Hoag, M. J., Javorski, S., & Roberts, S. D. [2016] "Adolescent self-assessment of an outdoor behavioral health program: Longitudinal outcomes and trajectories of change," *Journal of Child and Family Studies*, 25, 3322-3330.

Conlon, C. M., Wilson, C. E., Gaffney, P., & Stoker, M. [2018] "Wilderness therapy intervention with adolescents: Exploring the process of change," *Journal of Adventure Education and Outdoor Learning*, 18, 353-366.

Davis-Berman, J. & Berman, D. [2002] "Risk and anxiety in adventure programming," *Journal of Experiential Education*, 25, 305-310.

Davis-Berman, J. & Berman, D. S. [1994] *Wilderness therapy: Foundations, theory & research*, Dubuque, IA: Kendall/Hunt Publishing.

Davis-Berman, J. & Berman, D. S. [2008] *The promise of wilderness therapy,* Boulder, CO: Association for Experiential Education.

Dobud, W. & Harper, N. J. [2018] "Of dodo birds and common factors: A scoping review of direct comparison trials in adventure therapy," *Complementary Therapies in Clinical Practice,* 31, 16-24.

Drengson, A. & Devall, B. [2008] *The ecology of wisdom.* Writings by Arne Naess. Berkeley, CA: Publishers Group West.

Fernee, C. R. [2019] *Into nature. A realist exploration of wilderness therapy in adolescent mental health care in Norway.* Doctoral Dissertation. Kristiansand, Norway: University of Agder.

Fernee, C. R., Gabrielsen, L. E., Andersen, A. J. W., & Mesel, T. [2015] "Therapy in the open air: Introducing wilderness therapy to the adolescent mental health services in Scandinavia," *Scandinavian Psychologist,* 2, e14.

Fernee, C. R., Gabrielsen, L. E., Andersen, A. J. W., & Mesel, T. [2017] "Unpacking the black box of wilderness therapy: A realist synthesis," *Qualitative Health Research,* 21, 114-129.

Fernee, C. R., Mesel, T., Andersen, A. J. W., & Gabrielsen, L. E. [2019] "Therapy the natural way: A realist exploration of the wilderness therapy treatment process in adolescent mental health care in Norway," *Qualitative Health Research,* 29, 1358-1377.

Gabrielsen, L. E. & Harper, N. J. [2018] "The role of wilderness therapy in the face of global trends of urbanization and technification," *International Journal of Adolescence and Youth,* 23, 409-421.

Gabrielsen, L. E., Harper, N. J., & Fernee, C. R. [2019] "What are constructive anxiety levels in wilderness therapy? An exploratory pilot study," *Complementary Therapies in Clinical Practice,* 37, 51-57.

Harper, N. J. [2017] "Wilderness therapy, therapeutic camping and adventure education in child and youth care literature: A scoping review," *Children and Youth Services Review,* 83, 68-79.

Harper, N. J., Gabrielsen, L. E., & Carpenter, C. [2018] "Cross-cultural exploration of 'wild' in wilderness therapy: Canadian, Australian and Norwegian perspectives," *Journal of Adventure Education and Outdoor Learning,* 18, 148-164.

Harper, N. J., Rose, K., & Segal, D. [2019] *Nature-based therapy. A practitioner's guide to working outdoors with children, youth, and families,* Gabriola Island, Canada: New Society Publishers.

Hill, N. R. [2007] "Wilderness therapy as a treatment modality for at-risk youth: A primer for mental health counselors," *Journal of Mental Health Counseling,* 29, 338-349.

Hoag, M. J., Massey, K., & Roberts, S. D. [2014] "Dissecting the wilderness therapy client:

Examining clinical trends, findings, and patterns," *Journal of Experiential Education*, 37, 382-396.

Hoag, M. J., Massey, K., Roberts, S. D., & Logan, P. [2013] "Efficacy of wilderness therapy for young adults: A first look," *Residential Treatment for Children and Youth*, 30, 294-305.

Louy, R. [2008] *Last child in the woods: Saving our children from nature-deficit disorder*, Chapel Hill, NC: Algonquin Books.

Mclver, S., Senior, E., & Francis, Z. [2018] "Healing fears, conquering challenges: Narrative outcomes from a wilderness therapy program," *Journal of Creativity in Mental Health*, 13, 392-404.

Naess, A. & Rothenberg, D. [1989] *Ecology, community and lifestyle*, Cambridge, MA: Cambridge University Press.

Norton, C. L. [2011] "Wilderness therapy: Creating a context of hope," in Norton, C. L. (Ed.), *Innovative interventions in child and adolescent mental health*, New York, NY: Routledge, pp. 48-86.

Norton, C. L., Carpenter, C., & Pryor, A. (Eds.) [2015] *Adventure therapy around the globe: International perspectives and diverse approaches*, Champaign, IL: Common Ground Publishing LLC.

Pryor, A. [2018] *Outdoor adventure interventions-Young people and adversity: A literature review*, Richmond, Australia: Berry Street Victoria Inc.

Reese, R. F. [2016] "EcoWellness & guiding principles for the ethical integration of nature into counseling," *International Journal of Adventure Counselling*, 38, 345-357.

Roszak, T., Gomes, M. A., & Kanner, A. D. [1995] *Ecopsychology*, San Fransisco, CA: Sierra Club Books.

Russell, K. C. [2001] "What is wilderness therapy?," *Journal of Experiential Education*, 24, 70-79.

Russell, K. C. [2006] "Brat camp, boot camp, or…? Exploring wilderness therapy program theory," *Journal of Adventure Education and Outdoor Learning*, 6, 51-68.

Russell, K. C. & Farnum, J. [2004] "A concurrent model of the wilderness therapy process," *Journal of Adventure Education and Outdoor Learning*, 4, 39-55.

Selhub, E. M. & Logan, A. C. [2012] *Your brain on nature: The science of nature's influence on your health, happiness, and vitality*, Mississauga, Canada: Wiley Canada.

Tucker, A. R., Combs, K. M., Bettmann, J. E., Chang, T-H., Graham, S., Hoag, M., & Tatum, C. [2018] "Longitudinal outcomes for youth transported to wilderness therapy programs," *Research on Social Work Practice*, 28, 438-451.

Williams, B. [2000] "The treatment of adolescent populations: An institutional vs. a wilderness setting," *Journal of Child and Adolescent Group Therapy*, 10, 47-56.

第7章
アドベンチャーセラピー

Cathryn Carpenter and Anita Pryor

▶ はじめに（導入と背景）

　冒険の記述は，ホメロスの「オデュッセイア」から現代の探検の物語に至るまで，文学，オーラルヒストリー，民俗学の至る所で繰り返しなされており，冒険は人間の成長と発達に寄与している［Hopkins & Putnam, 2013］．治療的な構成要素の中でも冒険を中心に据えることで，実践者と参加者は，リスク，挑戦，新しい視点との遭遇を通して，自然との触れ合いの価値と健康への恩恵を享受できる．Mortlock［1987］は次のように書いている．

> 　自然環境の中で冒険をするということは，肉体的，精神的，感情的に，自分の能力を最大限に発揮できるような挑戦を意識的に行うことである．それは，恐怖や不確実性，不快感といった不快な感情や，運の必要性を最初に受け入れる心の状態であり，成功すれば，爽快感や喜びといった反対の感情によって相殺されることを本能的に知っているからである．(p. 19)

　ラテン語を起源とする「adventure（冒険）」という言葉には，ad, venio, advento という概念があり，ad は「向かう方向，延長，運動」，venio は「生じる，成長する」という比喩的な動きを示し，advent は「近づく，先へ進む，前進する」，という意味がある［Simpson, 1991; White & Oxen, 1893］．Pryor［2009］は，「これらの定義は，アドベンチャーという言葉の古くからのルーツの中にあるダイナミックな治療の可能性を示唆している」(p. 28) と述べている．

　現代のアドベンチャーセラピーの分野は，異なる学派や実践を反映した多くのグループが存在するといわれている［Harper, Peeters, & Carpenter, 2014; Ringer, 2003］．近年では，国際アドベンチャーセラピーという世界的な分野が，さまざまな学派や実践を包含するようになった．

　その名前からもわかるように，アドベンチャーセラピーの核となる要素
は2つある．（1）冒険的な（身体的）活動への参加，（2）治療的目的，
さらに地域のアドベンチャーセラピーの実践の発展に影響を与える社会的，
文化的，環境的，政治的，財政的な文脈を考慮する必要がある．（IAT,
2019a, para. 3）

　本章では，アドベンチャーセラピーの主要なメカニズムと倫理的な考察を概
説し，治療上の利点を強調する理論や研究の概略を説明する．ケーススタディ
では実践を説明し，最後のディスカッションでは現在と将来の動向を示す．ア
ウトドアセラピーの中で意図的にアドベンチャーを利用することは，挑戦的で
あると同時に刺激的でもある．人間が自然環境に耐えて成功する能力をサポー
トすることが，このアプローチの核心である．

▶ 実践のためのディスカッション

　アドベンチャーセラピーは，治療的変化を引き出すために4つの主要なメカ
ニズムを動員するため［Pryor, Pryor, & Carpenter, 2018］，臨場感のある治療環境
を提供でき，参加者はそこからいくつかの利益を得ることができる．

- ・挑戦と冒険の身体的体験
- ・治療的サポートと意図的な対話
- ・他者とつながる社会的体験
- ・自然環境での生態学的な体験

■冒険における身体的体験

　最近の冒険の定義には，リスク，挑戦，危険の概念［例えば，Ayto, 1990］，ま
たは「非日常的で，刺激的で，危険を伴う活動」［Cambridge English Dictionary,
2019］が含まれている．世界的にみると，アドベンチャーセラピーのサービス
では，参加者の身体的，精神的，感情的な自己を治療的体験にいざなう方法と
して，身体的活動を用いている［Gass, Gillis, & Russell, 2012］．ある場所では，ア
ドベンチャーアクティビティが「セラピー」であり，他の場所では，アクティ
ビティが治療的な過程や結果をサポートするために使用される．オーストラリ

アでは，アドベンチャーセラピーは「あらゆる文化，性別，年齢，発達段階，アイデンティティの人々のために，心，身体，精神の挑戦」を提供するとされる [AABAT, 2019, n. p.].

身体活動のデザインや活用は，比較的シンプルなものであっても，ある場所での自己の感覚を探るために原生林を歩くようなものから，メンタルヘルスの治療のためにロープスコースを行うような高度に構造化され規定された活動まで，さまざまな取り組みが実際に行われている．アドベンチャー体験は，1 回限りの「お試し」体験から，時間の経過とともに強度を増す一連のプログラムされたイベント，数日間の長い旅まで多岐にわたる．

アクティビティは，危険の認識が比較的低いリラックスしたものから，危険が現実に存在する身体的難易度の高いものまである．グループベースの冒険活動は，グループ内のすべての個人のニーズを考慮しなければならない．ある参加者にとっては「安全な冒険」であっても，別の参加者にとっては「無謀な冒険」の場合もある．挑戦のレベルにかかわらず，アクティビティが参加者にとって達成可能であると感じられ，決定や行動をとるかとらないかによって，真正かつ明確な結果が得られることが重要である [Dean & Harré, 2014; Harper et al., 2014].

■治療的サポートと意図的な対話

アメリカでは，「アドベンチャーセラピスト」はメンタルヘルス分野における大学院レベルの学位を持つことが期待されている [AEE, 2019]．オーストラリアでは，アドベンチャーセラピーの実践には，セラピーの特定の目的だけでなく，一般的な治療成果も含まれるため [AABAT, 2019]，実践者は分野横断的なチームで働く傾向があり，特にソーシャルワーク，心理学，青少年活動，教育などの分野で多様な資格を保有している場合がある．

トレーニングの有無にかかわらず，アドベンチャーセラピストや実践者は，参加者が過去にトラウマを経験している可能性を認識し，安全で治療的な関係を築く方法を理解する必要がある [Kezelman & Stavropoulos, 2019]．トラウマについての情報を得ることで，実践者は参加者にトラウマの記憶や行為を引き起こさないようにすることができる [Norton et al., 2014].

実践者と参加者の間に築かれる強力な治療的関係 (therapeutic alliance) は，アドベンチャーセラピーを含むすべてのセラピーの本質的な要素である [Harper,

2009]．冒険活動の中で計画的なカウンセリングセッションを構造的に提供する実践者もいれば，もっとシームレスに有益な会話を提供する実践者もいる．いずれの場合も，クライエントと実践者の関係は，課題を共有し，絆を体験することを通して，互いに平等で公平な関係が築かれていくのが通常である［Pryor, Conway, & Pryor, 2019］．

■社会的なつながり

　グループベースのアドベンチャーセラピー体験は，1対1の体験よりも一般的である［Gass et al., 2012］．アドベンチャーセラピーの中には，グループワーク自体がセラピーとなるものもある．また，社会的な関係が単に治療環境の一部である場合もある．オーストラリアでは，アドベンチャーセラピーは個人，家族，グループ，コミュニティの健康とウェルビーイングを高めることを包括的な目的としており［AABAT, 2019］，社会的関係とシステム論的アプローチの重要性が強調されている．

　社会的なつながりの構築と活用は，例えば，厳格な人選プロセス，事前に計画されたグループセッション，一連のグループタスク，社会的な役割とグループワークでの責任の割り当てなど，意図的かつ構造的に行われることが多い．さまざまな実践の中で，社会的安全性を支えるために合意形成が用いられ，プログラム内または参加者の人生における重要な他者との強い愛着を確立することが共通の目標となっている．

■生態学的な体験

　アドベンチャーセラピーの介入は，ほとんどが野外環境で行われる．自然は，その目新しさと魅力から，冒険のための理想的な舞台となる．オーストラリアでは，自然を「ブッシュ」と呼ぶことが多いが，これは都市部の小さな緑地から人里離れた広大な原生林や海岸まで，あらゆる自然環境を包含する言葉である［Pryor, Carpenter & Townsend, 2005］．

　実践者の中には，自然に浸ることを「セラピー」と捉える人もいれば，異なる視点から自然を「共同セラピスト」と捉える人もいる［Harper, Rose, & Segal, 2019］．また，野外の環境は，「歩いて話す」セラピーなど従来のセラピー実践の場，または単に「クリニック」の場として使用されることもある［Jordan & Marshall, 2010］．一部の先住民や非先住民にとって，アドベンチャーセラピーは，

文化，帰属意識，精神的なウェルビーイング，健康と密接に結びついた土地や水辺に帰ることを意味する [Rae & Nichols, 2015；Ritchie et al., 2015].

　アドベンチャーセラピーの実践者は，自然との接触の利点を理解していると思われるが，過去にトラウマを経験した人にとっては誘発の可能性も含め，新しい環境が参加者のさまざまな反応を引き出す可能性があることも理解する必要がある [Pryor et al., 2018].

■総合的なセーフティネット

　このダイナミックな治療環境における全体的な安全性は，実践者が表明している職業（ソーシャルワークや心理学）や専門機関の倫理原則（イギリスの実践者が使用する可能性のある British Association for Counselling and Psychotherapy の原則など）を遵守することによって，あるいは，例としてアメリカの Therapeutic Adventure Professional Group（TAPG）[AEE, 2019] や Australian Association for Bush Adventure Therapy（AABAT）[AABAT, 2019] が策定するアドベンチャーセラピー団体の倫理原則を満たすよう努力することによってサポートすることができる.

　Australian Association for Bush Adventure Therapy [2019] は，実践者が目指すべき指針のリストを提示している.

- ・すべての人への肯定的関心
- ・文化，性別，年齢，アイデンティティの違いを尊重する
- ・家族・地域との強いつながり
- ・透明性，インフォームド・コンセント，守秘義務
- ・自発的な参加（サービス形態の範囲内）
- ・参加への「レディネス（準備状態）」の選考
- ・個人・集団のニーズや希望への対応
- ・身体的，心理的，社会的な環境を整える
- ・オーダーメイドの冒険体験
- ・選択肢の提供（サポート付き退出も含む）
- ・国の文化財保護
- ・自己認識の向上とふりかえり
- ・自己，他者，自然環境に害を与えないこと

　これらの倫理原則は，アドベンチャーセラピー体験のあらゆる側面に適用することができ，最終的には個人とグループの両方にとって可能な限り最良の治療的出会いを提供することになる．このアプローチで意思決定につながるのは，対象となるグループのニーズ，サービスの意図，そしてスタッフチームのスキルと想像力である．

▶ 理論・研究・有効性

■主要な哲学と理論

　冒険の本質的な魅力は通常，個人的かつ主観的なものであるため，治療的効果を説明するために複数の哲学や理論が使用される．Quin［1990］によれば，「未知なことの連続は，冒険体験の核心に近いものである」（p. 147）．この主観性によって，自然主義的，生成主義的［Loynes, 2002］から科学的，実証主義的［Crisp, 2004］までのアプローチが適用され，世界各地で多様な実践が行われている

　根本的には，「野外での冒険的活動がアドベンチャーセラピーの主要な実践であり，体験学習の方法論がその進行に役立つ」［Harper et al., 2014, p. 225］．人々が冒険体験の概念を明確にしようとしたとき，初期の理論は，参加者にとって最高の冒険や「フロー」の最適な体験をデザインする手段として，個人のスキルのレベルを，タスクや活動で提供されるリスクや課題のレベルに合わせることに焦点を当てていた［Csikszentmihalyi, 1975 ; Martin & Priest, 1986］．これらの概念は，最近では，このアプローチにおけるストレスの積極的な使用，または有益なストレスとして説明されている［Gass et al., 2012］．ただし，ストレスの意図的な使用は Mitten［1994］などの学者から批判を受けている．第14章では，これらの概念についてより深く掘り下げる．

　ダイナミックな野外環境に身を置くという行為は，特にグループ内で個人の治療的成果を達成しようとする場合，複雑になる可能性がある．Prochaska and DiClemente［1982］の「行動変容ステージモデル」は，新しい活動や行動に取り組む参加者のレディネスと，これらの変化を維持するための成功への道筋を説明した．しかし，Bettmann, Russell, and Parry［2013］は，ウィルダネスセラピー・プログラムに参加した青年の変化に対するレディネスを報告し，ポジティブな結果に影響しないことを明らかにした．それでも，この理論は，

個々のニーズをサービスモデルに当てはめるのではなく，参加者の個々のニーズを満たすよう実践者に勧めている．

　身体的なレクリエーションと達成感による癒やしの効果は，アドベンチャーセラピーが身体と心全体の体験であるという経験則を裏付けている．例えば，Perry［2006］と Jackson［2016］の研究では，幼少期の深刻な逆境を癒やすには，身体活動，感覚統合の促進活動，心理的介入（新しい知識，スキル，態度，信念に対して），社会的介入（新しい知識，スキル，態度，信念に対して），システム論的介入（生じた変化をサポートするため），環境ベースの介入を含むアプローチの必要性が明らかになった．感覚統合的な実践については，第11章でより詳しく説明する．

　アドベンチャーセラピーは，グループで自然という場所に浸ることでウェルビーイング，自尊心，自己概念の改善など，複数の治療的成果をもたらす［Bowen & Neill, 2015］．提供者は，与えられたターゲットグループに基づく安全で効果的な実践を支援するために，特定のサービスに関連する研究を検索し適用することが推奨される．

■研究内容と有効性

　アドベンチャーセラピーの目的と多様性を示す研究を要約するために，アドベンチャーセラピーに働く 4 つの主要なメカニズムに立ち返り，アドベンチャーセラピーがウェルビーイングの生物学的，心理学的，社会的，生態学的領域において有益であることを示す研究の例を紹介する．

- ・身体的・体験的活動から得られる生物学的効果には，血圧の低下，概日リズムのリセットといった直接的な生理的効果に加え，体力，野外技能の発達，運動有能感や自信，運動感覚，健康な食事，栄養，ボディケア，身体と感情の経験を再び結びつける機会など長期にわたる効果もある［Carpenter & Harper, 2016; Gladwell et al., 2013; Tucker et al., 2016］．
- ・心理学的な利点としては，メンタルヘルス，レジリエンス，自己効力感，マインドフルネスの醸成［Mutz & Müller, 2016］，行動面および感情面の症状の軽減［Russell, 2003］，自尊心，勇気，将来への楽観視［Bowen & Neill, 2015］，「古い私」から「新しい私」への刺激的な動き［Knowles, 2013］，感情面では，気分の高揚，自己概念の改善［West & Crompton,

2001]，幸福感，誇り，楽しさ，希望，満足感などのポジティブな感情のレベルが高くなることが挙げられる．

・社会的効果は，アドベンチャーセラピーにおいて最も多く報告されている効果の1つであり，これには，信頼関係の構築，他者への理解と受容の増加，コミュニケーション能力の向上，社会的能力と自信の向上，孤立感の減少 [Carpenter et al., 2007, Holman & McAvoy, 2005]，社会と家族のウェルビーイングの向上，親への愛着の改善，親に対する怒りの減少 [Bettmann & Tucker, 2011]，新しく身につけた社会的スキルが他の環境でも発揮できることなど [Norton et al., 2014] である．

・アドベンチャーセラピーから得られる生態学的な効果には，自然の中での身体活動から得られる精神的，文化的，スピリチュアルな利益のほか，自然そのものや自然環境に対する潜在的な効果があり，参加者と実践者の双方にとって人間以外の生命とのつながりやスピリチュアルなつながりの感覚を発達させる．

Bowen and Neill [2013] のアドベンチャーセラピーの成果とモデレーターに関するメタ分析では，アドベンチャーセラピー・プログラムは，参加者に社会的，行動的，心理的な恩恵を与える傾向があることがわかった．さらに，このメタ分析では，文献に報告されている広い年齢層の患者に対する効果的な治療の大部分とアドベンチャーセラピーの有効性が同等であるということが示された．多くの項目で有意かつ同等の結果が得られたことから，著者らは，アドベンチャーセラピーは，思春期の若者ならびに成人のさまざまな問題に対して広く適用できると結論づけた．

▶ 事 例 紹 介——家庭内暴力から女性や子どもを再生させる

　冬の3日間のスノーキャンプで，参加した5人の母親に雪の中で子どもと一緒にテントで寝る機会を提供し，そのうち2人が挑戦した．夕食後，明るい月明かりの下，スタッフの案内でテントに向かった親子は真っ白な雪の中へ入っていった．ある母親は，子どもと一緒に雪の中で寝たことが親子にとっての大きな転機となった．冬の寒さの中，テントという安全でプライバシーが保たれた場所で，母親は子どもたちが初めて自分たちの家族で起こった虐待について

話すのを聞いた．きょうだい間で話をすることで，初めて自分の体験を言葉にすることができた．それは，何年も続いた恥ずべき恐怖の秘密を初めて共有することだった．この会話によって親子の間に信頼が生まれ，新たな協力関係が築かれた．母親にとって，このようなテントでの会話は，親子の新しい関係の始まりのように感じられた．「子どもたちと再び一緒に，関係や信頼を築けたことは，とても幸せなことだった．私たちは再会した……．何も質問せず，ただ私たちのためにスペースを確保してくれる素敵な人たちに囲まれて，本当によかった」．

■プログラムの背景と対象者

女性の保護機関とアドベンチャーセラピー・サービスプロバイダーとの連携により，新しいアドベンチャーセラピー・サービスが誕生し，このグループに対するアウトカム研究の基礎となった．文献レビューでは，家庭内暴力からの回復を支援する上で重要であるとされている「共通のアプローチ」を，回復の進捗を測定するのに適したツールとともに特定した [Pryor et al., 2018]．

新しいサービスを実施するためのスキルと経験を備えた女性だけのスタッフチームを採用したことで，ソーシャルワーク，一般カウンセリング，家族療法，コミュニティ開発，幼児教育，野外教育，レクリエーション，リーダーシップなど，さまざまな資格を持つスタッフが集まった．5人のスタッフのうち4人は，以前アドベンチャーセラピーの現場で働いていた経験があった．すべてのスタッフは，5日間のアドベンチャーセラピーのオリエンテーションで，家庭内暴力とトラウマインフォームドケア，個別の専門的能力の開発，定期的な専門家の助言を受けた．

■再生プログラムモデル

再生のサービスモデルは，アドベンチャーセラピーを通じて女性とその子どもたちの回復を支援することで，家庭内暴力がもたらすトラウマ的な影響に対処することを意図している．国際的なアドベンチャーセラピーの分野と同様に，この再生モデルで使用されるエビデンスに基づいた「変化のメカニズム」には，①身体活動と冒険の使用，②治療的な枠組みとカウンセリングによる会話，③安全で協力的な小グループ，④自然との触れ合いがある．再生による「変化のメカニズム」の組み合わせは，被害者にグループベースの「回復のための

環境」を提供する．

　再生モデルでは，（a）２時間のアドベンチャーセッション，（b）１日のア
ドベンチャー，（c）１泊のアドベンチャーキャンプ，（d）１対１のカウンセ
リング，（e）お祝いイベントなどのアドベンチャーセラピーを提供している．
最初のアセスメントと２時間のアドベンチャーセッションに参加した後，すべ
ての女性は，子どもと一緒に参加するか，１人で参加するか，参加したいイベ
ントを選んで「自分の冒険を選ぶ」ことができる．女性たちは，どの時点でも
退会することができ，また何年にもわたって継続的に参加することもできる．

■再生への取り組み

　上記で紹介した再生モデルはいくつかのエビデンスに基づいて臨床的に安全
であるように設計されているが，再生モデルは本質的に「臨床」ではないため，
参加者の病状に焦点を当てていない．実際のところ，再生モデルは，家庭内暴
力の経験について考えることから離れ，家庭内暴力以前とその後の人生を振り
返る機会を提供する．アドベンチャーセラピー・イベントは，都市部の公園か
ら，人里離れた原生林，山，川，海の環境での没入型体験まで，野外環境で行
われる．冒険活動の範囲には，いくつか例を挙げると，自然の中で静かに座っ
て過ごすアクティビティ，ウォーキング，静水または流水でのカヌー，スタン
ドアップパドルボード，懸垂下降，ロッククライミング，スノーキャンプなど
の穏やかなグループアクティビティが含まれる．

　参加した女性たち（196名）のプロセスと回復の結果に関するプログラム評価
は，４つの変化のメカニズムすべての重要性を裏付けるとともに，５つめの変
化のメカニズム「ふりかえりの時間と個人的な洞察」も浮かび上がってきた
[Rakar-Szabo et al., 2019]．テーマ別に分析すると，女性たちがアドベンチャー
セラピー・サービスの中で最も魅力を感じたのは，「他の人と自然の中で身体
を動かす冒険」と「ふりかえりの時間」を通して得られる「ポジティブな感
情」と「帰属意識」であった．

　母親の視点からみた子どもの回復効果として最も多く挙げられたのは，他の
子どもや大人との健全なつながりの構築，家族の結束力の向上，母親やきょう
だいとの衝突の減少，家族関係における暴力の原因の理解，次世代における家
庭内暴力の防止に役立つことだった．ある女性は，「私が自分に自信を持てば，
子どもたちもまた良くなり，そうすれば私たち全員が安全になり，人生をより

良く管理できるようになる」[Rakar-Szabo et al., 2019, p. 8] と語っている．詳細な評価では，「参加者は訓練を受けたカウンセラーによる治療的サポートを受けているだけでなく，訓練を受けた（ブッシュアドベンチャーセラピー）実践者による冒険的な身体活動や自然との触れ合いを体験しており，本物の仲間との友情の恩恵も受けている」と結論付けている [Rakar-Szabo et al., 2019, p. 9]．

▶ お わ り に（ディスカッション）

アドベンチャーセラピーの分野は，世界中で成長し，実行可能な治療的アプローチとしての信頼性を高めている [Norton et al., 2014]．ヨーロッパ大陸，北欧地域，スペイン，ニュージーランド，ハンガリーなどで新しいアプローチが開発されており [IAT, 2019b]，プログラムや実践に影響を与える世界的なトレンドを意識する必要がある．現在の重要なトレンドには，以下のようなものがある．

- ・人のいない原生自然へのアクセスに対する制限や制約の増加，および地方都市の自然の利点に対する意識の高まりと利用の増加．
- ・一般的な生活スタイルが座りがちで，それに伴って体を動かすことに消極的になる一方，オーダーメイドの冒険レクリエーションや冒険ツーリズムが世界的に増加し，こうしたことが資源消費や環境破壊を伴う自然環境へのアクセスに影響を及ぼしている．
- ・多くの行動的・社会的問題の背景にはトラウマがあることを理解し，参加者中心のアプローチで柔軟にプログラムを調整し，プログラム内で参加者がどのように力を感じているかについてより批判的に考える必要がある．
- ・アウトドアセラピーのアプローチは，気候変動の理解を深め，自然環境の保護の必要性を高めることで，人々やすべての生物の健康を促進できる．

これらのトレンドは，アドベンチャーセラピーの実践者と，アドベンチャーセラピーのプロセスがどのように機能するかの発展に影響を及ぼす．そしてこれらの経験が達成できる成果の範囲についての研究の発展にもさまざまな影響を及ぼす．その意味するところは，複数のスキルを持った実践者や学際的な

チームの必要性，そして自覚的で内省的な実践者の重要性が含まれる．また，アドベンチャーセラピーの実践者が幅広いスキルと知識を身につけてこの分野に参入できるように，現実的で手頃な時間枠でどのようにトレーニングするかという問題もある［Pryor, 2015］．国際的にプログラムやプロセスが多様であるため，メタ評価，メタアナリシス，システマティックレビューやナラティブレビューの機会が限られている．アドベンチャーセラピーのアプローチでは，ランダムコントロール実験のように構成要素を切り分ける研究が難しい［Gabrielsen, Fernee, Aasen, & Eskedal, 2016］．この場合，EBP（evidence-based practice）よりも，EIP（evidence-informed practice）の方が有用であると感じる［Dobud, 2017］[1]．アドベンチャーの使用は，セラピーを脱スティグマ化し，脱医療化することができ，アドベンチャーセラピー・プログラムによって，支配的な医学研究の形態に挑戦することにつながる．最後に，プログラムは，コミュニティ全体の健康とウェルビーイングの継続的な持続可能性を強化するために，それぞれのコミュニティや環境と意識的に結びつくべきである（例：先住民族とその知識を中心に据えた実践）．

▶ ま と め

　好奇心を育むことは，我々を生かすことである．充実した人生を送るために，物事を追求し，未知の世界に飛び込む意欲を持つことは，我々の未来の持続可能性にとって重要である．冒険は，我々が新しいことに挑戦し，自分自身に挑戦し，個人として，また集団として何ができるかを理解し，個人の成長と発達に責任を持つことを推奨する．身体，精神，そして知性における冒険は，我々が積極的に生活の中に進んで取り入れることができれば，魂を支え，より健康的な個人やコミュニティに繋がることができる．Quin［1990］はこう述べている．

　　積極的に探求せず，既に自分ができると思っていることを超えようとしない限り，成長はない……．成長のないところ，停滞が支配するところでは，人間は自分にも社会にも何も提供できない．（p. 147）

訳　注

1 ）EBP（evidence-based practice：エビデンスに基づく実践）を一言で言い表せば，「入手可能な最良の研究・調査結果（エビデンス）を基にして，医師や実践者の専門性とクライエントの価値観を統合させることによって，臨床現場における実践方法に関する意思決定の最善化を図るための活動」（浅井篤［2005］「EBM を倫理の視点から検討する」『EBM ジャーナル』7(1)，中山書店，p. 11）.

　　EBP は当事者参加を必須とし，当事者の意向や好みなどが優先され，「個別性」「一回性」などを重視している. 従って，当事者の主体性を尊重し，エビデンスを受け入れることばかりでなく，受け入れないことも想定している. 受け入れない可能性はあるものの，科学的エビデンスを伝える義務があることから，最近 EBP は EIP（Evidence-Informed Practice：エビデンス情報に基づく実践）と語られるようになった（秋山薊二［2011］「エビデンスに基づく実践（EBP）からエビデンス情報に基づく実践（EIP）へ──ソーシャルワーク（社会福祉実践）と教育実践に通底する視点から──」『国立教育政策研究所紀要』第140集，29-44）.

参 考 文 献 ─────────────────────────────

Association for Experiential Education（AEE）［2019］Adventure therapy best practices: Practitioner roles in adventure therapy. Downloaded from the AEE/TAPG website October 2019. https://www.ace.org/tapg-best-p-practitioner-roles

Australian Association for Bush Adventure Therapy（AABAT）［2019］*Bush Adventure Therapy 101: AABAT Training Workshop handbook*, Australian Association for Bush Adventure Therapy, Inc.

Ayto, J.［1990］*Bloomsbury dictionary of word origins*, New York, NY: Arcade Publishing.

Bettmann, J. E. & Tucker, A. R.［2011］"Shifts in attachment relationships: A study of adolescents in wilderness treatment," *Child and Youth Care Forum*, 40(6), 499-519.

Bettmann, J. E., Russell, K. C., & Parry, K. J.［2013］"How substance abuse recovery skills, readiness to change, and symptom reduction impact change processes in widerness therapy participants," *Journal of Child and Family Studies*, 22, 1039-1050.

Bowen, D. J. & Neill, J. T.［2013］"A meta-analysis of adventure therapy out-comes and moderators," *The Open Psychology Journal*, 6, 28-53.

Bowen, D. J. & Neill, J. T.［2015］"Effects of the PCYC catalyst outdoor adven-ture intervention program on youths' life skills, mental health, and delinquent behaviour," *International Journal of Adolescence and Youth*, 21, 34-55.

Cambridge English Dictionary［2019］'Adventure'. Retrieved October 15th 2019 from https://dictionary.cambridge.org/dictionary/english/adventure

Carpenter, C., Cameron, C., Cherednichenko, B., & Townsend, M.［2007］*What changes ? Marginalised young people's expectations and experiences of a therapeutic adventure in na-*

ture. Paper presented at Australian Association for Research in Education Conference, Freemantle, Western Australia.

Carpenter, C. & Harper, N. [2016] "Health and wellbeing benefits of outdoor activities," in B. Humberstone, H. Prince, & K. Henderson (eds.), *Routledge international handbook of outdoor studies*, London, England: Routledge, pp. 59-68.

Crisp, S. [2004] "Envisioning the birth of a profession," in S. Banderoff & S. Newes (Eds.), *Coming of age: The evolving field of adventure therapy*, Boulder, CO: Association for Experienital Education, pp. 209-223.

Csikszentmihalyi, M. [1975] *Beyond boredom and anxiety*, San Francisco, CA: Jossey-Bass.

Deane, K. L. & Harré, N. [2014] "The youth adventure programming model," *Journal of Research on Adolescence*, 24(2), 293-308.

Dobud, W. [2017] "Towards an evidence-informed adventure therapy: Implementing feedback-informed treatment in the field," *Journal of Evidence-informed Social Work*, 14(3), 172-182.

Gabrielsen, L. E., Fernee, C. R., Aasen, G. O., & Eskedal, L. T. [2016] "Why randomized trials are challenging within adventure therapy research: Lessons learned in Norway," *Journal of Experiential Education*, 39(1), 5-14.

Gass, M. A., Gillis, H. L., & Russell, K. C. [2012] *Adventure therapy: Theory, research, and practice*, Abingdon, England: Routledge.

Gladwell, V. F., Brown, D. K., Wood, C., Sandercock, G. R., & Barton, J. L. [2013] "The great outdoors: How a green exercise environment can benefit all," *Extreme Physiology & Medicine*, 2(1), 3.

Harper, N. J. [2009] "The relationship of therapeutic alliance to outcome in wilderness treatment," *Journal of Adventure Education & Outdoor Learning*, 9(1), 45-59.

Harper, N. J., Peeters, L., & Carpenter, C. [2014] "Adventure therapy," in R. Black & K. Bricker (eds.), *Adventure programming and travel for the 21st century*, Champaign, IL: Sagamore Venture, pp. 221-236.

Harper, N., Rose, K., & Segal, D. [2019] *Nature base therapy: A practitioner's guide to working with children, youth and families*, Gabriola Island, Canada: New Society Publishers.

Holman, T. & McAvoy, L. H. [2005] "Transferring benefits of participation in an integrated wilderness adventure program to daily life," *Journal of Experiential Education*, 27(3), 322-325.

Hopkins, D. & Putnam, R. [2013] *Personal growth through adventure*, Abingdon, England: Routledge.

International Adventure Therapy (IAT) [2019a] What is international adventure therapy? Downloaded from the international adventure therapy website August 2019. https://

internationaladventuretherapy. org/what-is-iat/

International Adventure Therapy (IAT) [2019b] IAT networks. Downloaded from the international adventure therapy website October 2019. Retrieved from https:// internationaladventuretherapy. org/iat-organisations/

Jackson, A. [2016] *Childhood neglect: Beyond trauma theory-mechanisms of harm and hope for recovery.* Conference poster. Berry Street Childhood Institute.

Jordan, M. & Marshall, H. [2010] "Taking counselling and psychotherapy out-side: Destruction or enrichment of the therapeutic frame ?," *European Journal of Psychotherapy & Counselling,* 12(4), 345-359.

Kezelman, C. & Stavropoulos, P. [2019] *Practice guidelines for clinical treatment of complex trauma,* Milsons Point, Australia: Blue Knot Foundation.

Knowles, B. [2013] "Journeys in the bush," *International Journal of Narrative Therapy & Community Work,* 3, 39-48.

Loynes, C. [2002] "The generative paradigm," *Journal of Adventure Education and Outdoor Learning,* 2(2), 113-205.

Martin, P. & Priest. S. [1986] "Understanding the adventure experience," *Journal of Adventure Education,* 3(1), 18-21.

Mitten, D. [1994] "Ethical considerations in adventure therapy: A feminist cri-tique," *Women & Therapy,* 15(3-4), 55-84.

Mortlock, C. [1987] *The adventure alternative,* Cumbria, England: Cicerone Press.

Mutz, M. & Müller, J. [2016] "Mental health benefits of outdoor adventures: Results from two pilot studies," *Journal of Adolescence,* 49, 105-114.

Norton, C. L., Tucker, A. R., Farnham, M., Borroel, F., & Pelletier, A. [2017] "Family enrichment adventure therapy: A mixed methods study examining the impact of trauma-informed adventure therapy on children and families affected by abuse," *Journal of Child and Adolescent Trauma,* 12(1), 85-95.

Norton, C. L., Wisner, B. L., Krugh, M., & Penn, A. [2014] "Helping youth transition into an alternative residential school setting: Exploring the effects of a wilderness orientation program on youth purpose and identity complex-ity," *Child and Adolescent Social Work Journal,* 31(5), 475-493.

Perry, B. D. [2006] "Applying principles of neurodevelopment to clinical work with maltreated and traumatised children," in N. Boyd Webb (Ed.), *Working with traumatised youth in child welfare,* New York, NY: Guildford Press, pp. 27-52.

Prochaska, J. O. & DiClemente, C. C. [1982] "Transtheoretical therapy: Toward a more integrative model of change," *Psychotherapy: Theory, Research and Practice,* 19(3), 276-288.

Pryor, A. [2009] *Wild adventures in wellbeing: Foundations, features and wellbeing impacts of*

Australian outdoor adventure interventions（*OAI*）, Unpublished doctoral thesis, Deakin University School of Health and Social Development. Burwood, Victoria, Australia.

Pryor, A. [2015] "Towards a profession ? A question of paradigms," in C. Norton, C. Carpenter, & A. Pryor (Eds.), *Adventure therapy around the globe: International perspectives and diverse approaches*, Champaign, IL: Common Ground Publishing, pp. 572-594.

Pryor, A., Carpenter, C., & Townsend, M. [2005] "Outdoor education and bush adventure therapy: A socio-ecological approach to health and wellbeing," *Journal of Outdoor and Environmental Education*, 9(1), 3-13.

Pryor, A., Conway, J., & Pryor, R. [2019] *Human nature adventure therapy-Recres program: Evaluation full report*, Whitfield, Australia: Adventure Works Australia Ltd.

Pryor, A., Pryor, R., & Carpenter, C. [2018] *A formative evaluation of the Gippsland wilderness program*, Richmond, Australia: Berry Street Victoria Inc.

Pryor, A., Pryor, R., & Carpenter, C. [2018] *Outdoor adventure interventions-Young people and adversity: A literature review*, Richmond, Australia: Berry Street Victoria Inc.

Quin, B. [1990] "The Essence of adventure," in J. Miles & S. Priest (Eds.), *Adventure education*, Champaign, IL: Sagamore Venture, pp. 145-148.

Rae, P. & Nichols, V. [2015] "The Aboriginal outdoor recreation program: Connection with country, culture family and community," in C. Norton, C. Carpenter, & A. Pryor (Eds.), *Adventure therapy around the globe: International perspectives and diverse approaches*, Champaign, IL: Common Ground Publishing, pp. 181-194.

Rakar-Szabo, N., Steele, E. J., Smith, A., & Pryor, A. [2019] *Regenerate evalu-ation: Executive summary*, Unpublished Research Report, Adventure Works Australia Inc.

Ringer, M. [2003] "Adventure therapy: A description," in K. Richards & K. Smith (Eds.), *Therapy within adventure: Proceedings of the Second International Adventure Therapy Conference*, Augsburg, Germany: Zeil Verlag, pp. 19-20.

Ritchie, S., Wabano, M. J., Beardy, J., Curran, J., Orkin, A., Vanderburgh, D., ... & Young, N. L. [2015] "Community based participatory research and realist evalu-ation: Complimentary approaches for Aboriginal health and adventure therapy," in C. Norton, C. Carpenter, & A. Pryor (Eds.), *Adventure therapy around the globe: International perspectives and diverse approaches*, Cham-paign, IL: Common Ground Publishing, pp. 646-669.

Russell, K. C. [2003] "A nation-wide survey of outdoor behavioural healthcare programs for adolescents with problem behaviour," *Journal of Experiential Education*, 25(3), 322-331.

Simpson, D. P. (Ed.). [1991] *Cassell's Latin Dictionary*, London, England: Cassell Publishers Ltd.

Tucker, A., Norton, C. L., DeMille, S. M., & Hobson, J. [2016] "The impact of wilderness therapy: Utilizing an integrated care approach," *Journal of Experiential Education*, 39 (1), 15-30.

West, S. & Crompton, J. [2001] "Programs that work: A review of the impact of adventure programs on at-risk youth," *Journal of Park and Recreation Ad-ministration*, 19(2), 113 -140.

White, J. T. & Oxon, D. D. [1893] *Latin-English and English-Latin dictionary for the use of junior students*, Harlow, England: Longmans, Green & Co.

第 8 章
ネイチャーベースドセラピー

David Segal, Nevin J. Harper and Kathryn Rose

▶ はじめに

　本書を通して述べられているように，野外に出ることはセラピーの実践に大きな利益をもたらす．数多くの実践が本書で共有されているが，本章では，オフィスでのセラピーを地域の緑地や公園などの身近な自然環境での実践に応用する方法に焦点を当てる．このネイチャーベースドセラピーを実践するためには，さらなるトレーニングやスキルアップが必要な場合もあるが，基本的には特別な道具や専門的な知識はほとんど必要ない．とはいえ，自然の中に身を置き，自然との関わりを持つことに主眼を置く中で倫理的なセラピーを実践するために，意図的で十分な情報に基づいたセラピーのアプローチが必要である．

　「ネイチャーベース」とは，屋内のオフィスベースの実践とは対照的なものとして，このセラピー実践の物理的な場所（多くの場合，近くの自然の中）を位置づける最も簡単な方法である [Harper, Rose, & Segal, 2019]．従来の屋内でのセラピーは，静かな個室のオフィスで，カウンセラーとクライエントが向き合ったり，横に並んで座ったりすることを想定しているが，ネイチャーベースドセラピーは，その名の通り，野外の自然の中で行う．このアプローチは，空間と場を志向する．空間（私たちが物理的にいる所）と場（その空間が，設定，文脈，活動，感覚などの側面から生み出すもの）は，どちらも柔軟な概念である．私たちは，場に基づいてセッションをデザインし，クライエントとの関係性やアセスメントに基づいて，クライエントのニーズに最も合うと思われる条件や「環境」を作り出すことができる．クライエントと実践者双方の自然との関係は，セッションの目的に沿って考慮され，相互に良い方向に到達することが目指される．たとえば，初夏の朝，浜辺のお気に入りの入り江が選ばれるかもしれない．このような環境は，クライエントが自然との関係を発展させるための資源となりうる．また，柔らかな早朝の光，涼しい海の風，座るのに好ましい丸太をセッ

ションに選ぶこともできる．これらの要素は，クライエントにとって何が一番効果的かを探求し，対話することによって創り出されるものである．同時に，これらは単に人間が使用したり消費したりするための資源ではなく，クライエントと自然，カウンセラーと自然の間に築かれた関係であり，クライエント・カウンセラー・自然の3者の間にセラピーの関係が存在する．つまり，自然は共同セラピストなのだ．この癒やしのパートナーシップという考え方は生態学的な立場である．すなわち，私たちの健康とウェルビーイングへの貢献，そして私たちすべてを地球的および生物学的な自己との調和に導くものとみなすことができる［Berger & McLeod, 2006］.

　ネイチャーベースドセラピーは，すべてのクライエントや家族，あるいは実践者に適しているものではない．このアプローチは万能薬ではないし，決して新しいものでもない［Levy, 1950 参照］．私たちは，私たちすべてが自然であり，自然はどこにでも存在すること，そして自然という言葉は定義するのも扱うのも難しいものであることを認識し，その事実を認めている．しかし，私たちはネイチャーベースドセラピーという言葉を，私たちが行う仕事の最良の表現として選んだ．また，しばしば係争中で私たちに譲渡されたわけではない伝統的な先住民の領域内で，私たちが働き，生活する特権を与えられていることも認めている．私たちはこのことを率直に表明し，言葉や行動を通してこれらの土地を「脱植民地化」する取り組みに参加している．とはいえ，私たちは人間と自然とのつながりを取り戻すワークを行っているが，先住民のコスモロジーの使用や文化的慣習の流用を提案しているわけではない．一方で，この自然との関わりをベースとした仕事は，地球とその生き物の相互関係を認識し，尊重することが大切な考え方であるという，異文化間の伝統的な認識方法によってもたらされている．SUNY（ニューヨーク州立大学）の生物学教授である Robin Wall Kimmerer（ポタワトミ先住民族）は，人間と自然の親密な関係という概念について語っている［Kimmerer, 2013］．生物を「もの」や「物体」として見るのではなく，人間や，動物，鳥，山，空を含むすべての存在を，同じ生命の網の目の中に組み込まれた親族として見るのだ．現在，「自然」という言葉は，残念ながら多くの定義において人間以外の存在とみなされている．現代の西洋人が描く人間と自然の関係は，私たちの理解や癒やしへのアプローチに対するアンチテーゼなのだ．私たちはまた，子どもたちとその家族を自然につなげることは，健康，癒やし，ウェルビーイングへの普遍的なアプローチではないこと

を認識し，文化，社会的場所，集団の違いによって，このアプローチには限界があることを認識していることも言及しておきたい [Harper, Gabrielsen, & Carpenter, 2018].

　ここに，このアプローチの主要な要素を簡単に説明する．それは，実践者の自然との関係，共同セラピストとしての自然，全身での取り組み，遊びとリスク，回復と調整，絆と帰属である [Harper et al., 2019 参照]．本章は，これらの要素の実践的な応用を説明するための事例紹介で締めくくられている．

▶ 実践のためのディスカッション

■実践者の自然との関係

　前述したように，ネイチャーベースドセラピーの最大の関心事は，人間とその生態学的な自己，そして生物・物理学的世界との間に生じた断絶を修復することである．その断絶した関係を修復し発展させるためには，すべての意味のある他の関係性と同様に，人はその場に存在し，そして注意を払う必要があるだろう．他者の癒やしをサポートするために自然界と協力する際，臨床家はまず自分自身と自然との関係を育み，深めることが理想的である [Burns, 2018; Cohen, 1993].　この個人的なつながりの実践が，その後に続くすべての土台となり，共同ファシリテーターである自然界からの贈り物を受け取る準備を整え，セッションに臨むためのステップとなる．第2章で述べたように，ネイチャーベースドセラピーは体験的な実践アプローチであるため，実践者はクライエントに介入を提供する前に，自ら介入を体験しなければならない．体験によって，自身が提供するアプローチがもたらすリスクや利点，そして意味や変化をもたらす大きな可能性について理解することができるだろう．座って自然を観察する一貫した実践であれ，感覚的な気づきを研ぎ澄まし，野外でのサバイバルをし，地元の植物や動物に関する知識を蓄えるなど，自分自身のスキルを高めることであれ，ただ地元の風景を探索する時間を過ごすことであれ，である．

　さらに，自身の生きた体験から得た活動の提案や，自身の自然とのつながりの実践から得た感動的な体験の共有は，実践者が第三者から聞いたり読んだりしたことではないため，信憑性をもって行うことができる．ネイチャーベースドセラピーは理論やテクニック，単なるツールではないということが最も重要なのである．自然は貴重な教師としてアクセスされ，人と自然との相互的な癒

やしの交換が意図されることが理想である．このアプローチによる変容の力は，人と自然との関係性の強さにあり，これは実践者自身が，より大きな生態学的な自己を認識することから始まる．神経系のレベルでは，実践者が，自然界とのつながりによって自身の社会的関与システムが活性化され，調整された状態で現れるならば，クライエントが一歩踏み出すための強烈な治療的文脈を作り出すことができる．実践的なレベルでは，カウンセラーが，その土地の地理，生態系，動植物，そして先住民や非先住民の歴史や文化について，納得感と知識の両方を身につけていれば，より豊かな文脈を認識することができ，クライエントと自然とのつながりを発展させる助けとなるより多くの手段を得ることができるのである．

■共同セラピストとしての自然

　自然を共同セラピストとして受け入れることは，ネイチャーベースドセラピーの中心的な要素である．Berger and Mcleod [2006] は，このクライエント，セラピスト，自然の3者の関係をカウンセリングの文献に紹介し，自然を癒やしのプロセスの積極的なパートナーとしていくことを提案した．心，身体，精神，コミュニティの癒やしのために自然を活用するという概念は，確かに新しいものではない．世界と自己が表裏一体であり，この関係が癒やしの実践の中心となっている例は，何千年もの間，土地に根ざした多くの文化の生活様式にみられる（たとえば，第5章を参照）．ネイチャーベースドセラピーの文脈では，自然を個人的な利益のために利用する別個のものとみなす罠に陥ることなく，クライエントと自然との関係を強化することに焦点が置かれる．自然に対する畏敬の念と尊敬の念を育むこと，私たちと自然が切っても切り離せない深く入り組んだ関係であることを認識し続けること，支配的な植民地時代の物語や行為が無意識に作動している可能性に敏感であることは，自然との協働において不可欠である [Jones & Segal, 2018]．Harper et al. [2019] は，自然とつながるためにJoseph Cornell [1989] の4段階の「フローラーニング」アプローチを採用した．それは，①熱意をよびおこす，②感覚をとぎすます，③自然を直接体験する，④インスピレーションをわかちあう，である．それぞれの段階において，個人的な自然とのつながりが強化され，自然が共同ファシリテーターとなる機会が生まれ，セラピーにおけるそれらの機能についてさらに探求する価値が生じる．

野外でのセッションの最初の段階において，自然が治療プロセスを助けるものとして，活力，生き生きとした感覚，そして今この瞬間への気づきを呼び覚ますこと，を挙げることができる．すでに生態学的なアイデンティティを強く持っている人には，静寂と感謝を通して再び自然とつながる機会を提供することで，これを促進することができる．自然とのつながりが希薄な人には，グラウンディング[1]して存在感を養うような遊び心のある体験を取り入れるのが理想的である．この熱意をよびおこす（第1段階）は，これから始まる体験をしっかりと受け入れるために必要な，受容的な状態を整えるものである．

感覚をとぎすます（第2段階）では，感覚的な気づきを活用することによって，自己発見や心理面・感情面に恩恵をもたらす無限の可能性を得ることを目指す．自分の外側の風景に意識を向けることで，その後の自己認識や内的体験の追跡の要となる観察力を発達させることができる．自然それ自体の無数の表現方法に注意を向けることで，クライエントは「観察する自分（マインドフルネスの実践やアクセプタンス＆コミットメント・セラピーなどの第3世代の認知行動療法モデル[2]の基礎となる有益な心の状態）」になる練習をする機会を得ることができるのだ[Hayes, 2019]．

次に，Cornell[1989]の自然を直接体験する（第3段階）ことについて述べる．この直接体験は，畏敬の念，驚き，感覚的な気づきによって強化されるものである．ここで重要なことは，クライエント中心であること，そして自由に散策したりするような構造化されていない探索が展開できるようにすることだ．さらに，静寂への気づきと感謝する文化を培うことで，自然が体験の中心に置かれ，その後に続く神秘や物語がより容易に現れるようになる．自然が共同セラピストとして機能することによって，実践者はその場にとどまって必要なときに手を差し伸べたり，体験したことをふりかえる質問をしてクライエントにさらなる関与を促したりすることができる．

また，野外での生活スキルを身につける機会も検討する価値のあるものである．火おこし，シェルター作り，野生動植物の採食などの基本を学ぶことで，クライエントは自然と直接触れ合いながら，自己効力感を高め，衣，食，住などの基本的なニーズを満たす能力を向上させることができる．この方法を試みる場合，実践者は安全で有益な実践を保証するために，十分なトレーニングと知識を持つことが不可欠となる．

自然の比喩的な可能性に開かれていることも奨励される．なぜなら，自己認

識と学習を有意義なものに強化することが可能となるからである．比喩は，老若男女を問わずクライエントが，一見言葉には表せないものを表現したり，無常やライフサイクルといった概念を解釈したりする手助けとなる．一方で，比喩を押し付けると，真の探求や学習を妨げてしまう可能性があることに注意することが重要である．それゆえ，比喩をその場の状況に押し付けたり，クライエントがどのように体験を解釈しているのかに合わせて調整したりするのではなく，展開する探求の中で比喩が現れるのを待つことが大切なのだ．

　Cornell［1989］の最終段階であるインスピレーションをわかちあう（第4段階）では，参加者は自然とのつながりに関する有意義な物語を伝え合う．自然の中にいて豊かな体験をすることは不可欠であるが，それだけでは，健康や自然とのつながりを高めたり，クライエントのセラピー上のニーズを満たしたりするには十分ではない．物語を共有し，話を聞いてもらい，他の人に発言する場を提供することは，体験に別の次元を加えることになる．具体的には，① 自分自身が孤立して1人でいるのではなく，生命の網に属しているというつながりを物語るのに役立つ．② 個人の成長と発達についての物語は，（グループや家族のセッションで）思いやりのあるコミュニティによって見届けられ，その人の人生においてより確固たるものになる．③ 自然とのつながりの物語を語ることは，私たちを支配的な民族中心主義や現実の個人主義的な概念からシフトさせ，他の文化的な物語につながる可能性を開く．このような，再統合し，見届けられ，固定的な見方に挑戦するプロセスは，ナラティブセラピーから応用された一般的な実践でもある［Madigan, 2019］．

■全身での取り組み，遊び，リスク

　体験学習や遊びは，クライエントとセラピスト，またクライエントと家族の間に信頼関係を築くのに役立つ．遊びの最中，私たちの自律神経系の社会的関与システムと交感神経系の覚醒システム[3]は組み合わせて活性化されると考えられている．そのため遊びは，私たちが覚醒レベルを調整する方法を学ぶことができる，癒やしの状態といえる［Stanley, 2016］．遊びを通して，協働調整が可能になり，他の状況においても有益となる社会的・感情的スキルの練習ができるようになる．自律神経系の一部である社会的関与システムを意図的に刺激することは，実践家および研究者の間で関心が高まっている介入である［Kain & Terrell, 2018］．遊び，リスク，そして全身での取り組みによって，クライエン

トは安全な方法で，さまざまな心理状態や神経系の状態にアクセスすることができる．たとえば，リスクを上手くコントロールすることを学ぶことで，今この瞬間に集中した状態を得ることができ，安全意識の高い社会で非常に必要とされているレジリエンスを発達させることができる（感覚統合については第11章を参照）．

■回復と調整

　北米の青少年における不安障害やうつ病などの気分障害の発生率，ADHD診断の有病率は上昇し続けている［Merikangas et al., 2010］．学校で，子どもたちが社会的スキルや感情調節を効果的に使う能力は低下しており，幼稚園の教員でさえも，教室でのニーズの高さに圧倒されている状況である．子どもや若者の神経系が調節不全に陥っていることは明らかであり，子ども，保護者，教員の双方が，より多くのツールを必要としている．研究からわかるように，自然の中で過ごす時間は，注意力，リラクゼーション，心拍数を回復させる強力な効果がある［Mygind et al., 2019］．つまり，自然は神経系にとって効果的な協働調整装置であり，過覚醒状態の神経系（不安，怒り，ストレス）を抑制し，低覚醒状態の神経系（抑うつ，エネルギー低下，引きこもり）を上昇させることができる．自然がこのような効果をもたらすのは，柔らかで多様な視覚刺激，自然のリズムやサイクル（海岸に打ち寄せる波を思い浮かべてほしい），自然が誘う運動，好奇心，探索の可能性によって，注意力を回復させることができるからだ［Kain & Terrell, 2018］．子どもたちを自然の中に連れ出し，子どもたちにその環境における，動きやつながり，気づきを促すことで，腹側迷走神経（社会的関与システムをサポートし，交感神経の闘争／逃走反応を停止させる神経）への刺激をサポートすることができる．さらに，子どもや若者を治療的な文脈において自然の中で遊ばせることで，社会的関与システムと交感神経システムの関連，すなわちアドレナリンやコルチゾール（興奮や緊張）が高まっている状態でも他者とのつながりを保ち調整する方法を教えることができる．したがって，次にその子どもが校庭でゲームをしていてイライラしたときには，不快感に対する耐性が高まり，一呼吸してエネルギーをポジティブな方向に向けることができるかもしれないのである．

■絆と帰属

　ネイチャーベースドセラピーの中核となるのは，癒やしへのシステムアプローチであり，それはクライエントと自己，家族，地域社会，そしてクライエントが生きるより広い生命のネットワークとの関係に直接取り組むものである．このアプローチでは，こうした関係性について話すだけでなく，子どもや若者にとって故郷と呼べるような地元の公園や野生の空間に出かけ，関係性を親密かつ体験的に探っていく．このような場所で定期的に会うことで，子どもたちは地元の動植物との絆や帰属意識を育み，季節の移り変わりや，芽吹く野草や枯れ葉を実際に見ることができる．自然は，John Bowlby［1973］が言うところの，より強く，より賢明な他者となる．また自然は，子どもたちが容易にアクセスでき，批判することのない，一貫して利用可能な資源として，彼らの人生に残り続けるのである．

　子どもや若者と関わる際には，家族全体のシステムの癒やしを目指すことが重要であり，ネイチャーベースドセラピーは，家族全体を巻き込むための豊かな環境を提供する．オフィスの壁の外に出ることで，「専門家」とか「問題」という垣根や威圧感が取り払われ，遊びや探求，好奇心の共有，チームワークや共同作業が可能になる．自然界が与えてくれるインスピレーションを通して，肯定的なつながりを体験できる可能性があるということは，修正的な体験を通して愛着の傷を癒やしたり，家族のストレスを軽減したり，新しい関わり方を実践したりすることに直接取り組めるということである．ネイチャーベースドセラピーでは，単純なかけっこやかくれんぼから，チームワークの取り組み，信頼を醸成する活動，感覚的な気づき，生命の多様性に対する驚きや同調の共有まで，野外でのさまざまな介入を行うことができる．強いストレスや葛藤，レッテル貼り，障壁の多い毎日を送る多くの家族にとって，遊び，喜び，笑い，打ち解け，信頼し合うことを経験する機会はかけがえのないものである．

▶ 理論・研究・有効性

　ネイチャーベースドセラピーは，メンタルヘルスの問題，ストレス，うつ病，不安，学習障がい，ペインマネジメントなどの療法として，10年以上前から文献に見られるようになった［Berger & McLeod, 2006; Corazon et al., 2010; Grahn & Stigsdotter, 2010］．実践の定義や説明は数多く見受けられ，ネイチャーベース

ドセラピーの理論，研究，成果を共有する作業は困難である．しかし，以下に示すのは，ネイチャーベースドセラピーを支える研究成果や理論についての簡単なレビューである．

　病院や療養所，修道院，治療センターが，何世紀にもわたって美しい自然の中に建てられてきたのには理由がある．Stigsdotter et al.［2011］は以下の通り述べている．

> 　そのため，人間の健康やウェルビーイングは，自然の中で過ごすことによって良い影響を受けるという考え方が古くからある．庭園や牧歌的な風景，小さな湖や草原のある自然環境は，人々が心身ともに回復できる場所として描かれている．自然の中で活動し，自然の光，新鮮な空気，緑を体験することは，自然の有益な特性なのだ．(p. 312)

　このような環境で患者やクライエントが利用できる活動には，自然の中を散歩したり，ガーデニングをしたり，体を動かしたり，施設内で栽培された栄養価の高い食べ物を食べたりすることが多い．こうした環境やサービスは，患者の身体的，精神的，認知的，スピリチュアルな自己といった，ほとんどの側面から患者に対応しているという点で，全人的な支援という性質をもっていると考えられる［Stigsdotter et al., 2011］．

　Annerstedt and Währborg［2011］は，公衆衛生サービスにおける自然の貢献を明らかにするために，ネイチャーアシストセラピーと定義したものに関するシステマティックレビューを実施した．そこでは，38の対照研究および観察研究の文献が特定され，参加者の特徴，介入のタイプ，研究の質が評価された．全体として，彼らは「小さいが信頼できるエビデンスが，公衆衛生に関連する資源としてのこれらのアプローチの有効性と適切性を裏付けている」(p. 371)と結論づけている．アウトドアセラピーに関するこの文献で興味深いのは，著者らが研究の対象とした除外基準と検索語である．検索語には，ウィルダネス，ガーデン，ネイチャーベース，エコセラピー，アドベンチャー，グリーンケアなどが含まれ，本書の他の章のタイトルも反映されていることがわかる．以上のように，この分野のフィールドで，実践は古くから行われてきたともいえるが，その定義や実践の類似点，相違点は，まだ明確にされていない現状があるのだ．

　特に Annerstedt and Währborg［2011］は，より厳密な研究（すなわち質の高い

研究）については，所見は概して良好であったものの，肯定的な効果について
は少し曖昧であり，低～中程度の質の研究では，圧倒的に肯定的な健康改善を
示していたことを明らかにしている．これらの研究は幅広い集団を対象とし，
薬物使用，ストレス，老化，身体障がい，発達障がい，精神障がい，愛着や行
動障がいに対するネイチャーアシストセラピー介入が含まれていた．著者らは，
今回のレビューが広範な介入を含んでいるため，結論が出しにくくなっている
と指摘した．著者らはまた，「人間の健康と環境との関連についてかなり多く
の研究が報告されているにもかかわらず，厳密な療法や介入パターンに定義さ
れているものはごくわずかである」（p. 383）と述べ，人間と自然に関するセラ
ピー全般を支持するためのさらなる研究を求めている．

　Corazon, Schilhab, and Stigsdotter［2011］は，ネイチャーベースドセラピー
に関連する身体的関与と認知の関係について，理論的な考えを示した．彼らは
神経科学に基づき，「明示的学習は，環境との身体的関わりによって積極的に
サポートされる」（p. 161）と主張した．彼らは，さまざまな地形，天候，活動
の種類を通した身体の感覚運動系が，学習に関与していることを共有し，これ
らは動的で統合的な様相であることを示唆している．

　以下の症例は，ネイチャーベースドセラピーの主要な原則と可能性を示して
いるものである．

▶ 事 例 紹 介

　よくあるケースとして，家族がオフィスでのカウンセリングを何度か試した
後，ネイチャーベースのカウンセリングを求めることがある．彼らは，これま
でとは違うアプローチが，彼らの子どもの特有のニーズや性格に合うかもしれ
ないと期待しているのだ．ここで紹介するのは，10歳のミリアムの事例であ
る．彼女は，不安症状，腹痛，入眠障害，学校で起こる圧倒される感覚やパ
ニックと闘っており，ネイチャーベースのアプローチを試すことに同意した．
彼女の母親は，娘が外で遊んでいる方がずっと幸せで落ち着いていることに気
づいており，娘がとても好きな空間でカウンセリングができるという考えに興
味を持った．彼女は幼少期に，両親の離婚を経験しており，それは家族にとっ
て本当につらいものだった．現在，彼女の父親は別の都市に住んでおり，ほと
んど連絡を取っていない．さらに，彼女は最近新しい中学校に入学したばかり

で，この変化に対応しきれず，カウンセリングを受ける必要に迫られていた．

　初回のセッションに先立ち，カウンセラーは母親と娘の2人とインテーク面接を行い，現在の問題，家族歴，自然とのつながり（エコロジカル・アセスメント）について話し合い，ネイチャーベースドセラピーで何ができるのかについて共有した．そこで，セラピーにミリアムと母親が一緒に参加し，不安を上手にコントロールする方法を学ぶと同時に，修復的な体験をする機会を提供することが合意された．ミリアムの不安は，朝の登校や夜の就寝などの時に生じ，それが母親との衝突を増す結果となっていた．また，このことが2人の関係を悪くし，彼女の症状をさらに悪化させていた．

　セッションは自然を利用した遊びや，地元の森林公園を探索することから始まった．母親は娘のリードに従うように促され，好奇心と子どもっぽい一面を見せるようになっていった．セッションは，2本の木の間を移動し，「今・この瞬間，この1週間，学校や仕事，その他の関連することで，あなたはいかがでしたか」といった質問に答えながら，自分が今いると思う場所に身を置くという体験的なチェックインから始まる．セラピストはクライエントに，現在の感情に名前をつけ，それらを善悪の判断をすることなく物語るよう促した．また，その日の森の中で，何にありがたみを感じたかを言うように勧めた（第1段階：熱意をよびおこす）．さらに，感覚的な気づきを強化するため，短時間のマインドフルネス・エクササイズで，緑のさまざまな色や濃淡に気づいたり，森の音に耳を傾けたり，顔に当たる風や，太陽の暖かさ，苔の柔らかさなど，さまざまな感触を感じたりするように促された．このようなエクササイズは，日常の忙しさから，今，この瞬間に焦点を移す（第2段階：感覚をとぎすます）助けとなることが期待された．最初の数セッションでは，かくれんぼや，クライエント主導の自由な散策や探索が行われた．

　セッションの終わり頃には，全員が自分の「内なる風景」に気づき，森の冒険の後に感じたことや考えたことに名前をつける機会が与えられた（第4段階：インスピレーションをわかちあう）．このような初期の数セッションは，まだ明確に現在の問題に対処するものではなかったが，いくつかの重要な側面を持っていた．第1に，家族とカウンセラーの間，そして家族と自然の間に，強い治療的な関係性を築くことができた（絆と帰属）．さらに，ミリアムと母親は，家の中で絶え間なく起こっていた緊張や対立から解放され，彼らの関係性の溝を満たすような修復的な関係を体験することができた．この初期の数回のセッ

ションでは，外側の風景に没頭する機会を誘い，そのスキルを感情，思考，感覚といった内側の風景に移すことで，気づきのスキルを身につけ始めた．

　その初期の面接のある日，かなりの雨の天気の中，濡れているにもかかわらず，ミリアムはトレイルを横切るナメクジの探索に没頭していた．この体験から，いくつもの比喩が生まれた．まず，感情が天気に似ているということ．どのように移り変わり，どのように変化するのか，私たちはそれをコントロールすることはできないが，どのようにそれらと関わるかを調整することはできる（メンターとしての自然）．また，ナメクジの意思の強さは，ミリアムが不安との関係で見せていた粘り強さ，そして彼女が学校にとどまり，不快な感覚や否定的な考えに耐える方法を見つけ出そうと努力し続けている様子になぞらえられた（鏡としての自然）．しかし，この具体的な場面では，森の中での没入的な体験に注力することが優先されたため，これらの比喩を検討することにはほとんど時間が費やされなかった．ナメクジの発見やミリアムが雨の中をどうやって乗りこえたかは，後のセッションで，特に不安について会話している中で思い出されたのである．その解釈は，まず気づきのスキルを育み，そして感情の調節に取り組むことだった．その後，セッションの一部は，不安が生活の中でどのように現れ，どのように対処しているかを具体的に探ることに費やされた．また，地元の動物たちから学ぶこともあった．たとえば，地上の鳥が通り過ぎる人にどのように反応するかを観察し，鳥の神経系が自分たちの安全を守るためにどのように効果的に反応しているかに気づいたこともあった．

　これらの体験から，ミリアムの神経系について話し合うことができた．それは，彼女にも危険を察知するシステムがあること，そしてそのシステムが学校や夜という危険を察知して彼女に知らせているということであった．また，鳥のたとえを使って，巣に閉じこもって危険を冒さなければ，餌を得ることも生き延びることもできないことを説明することができた．この比喩を発展させるために，セッションの中で，丸太を渡ったり木に登ったりして，冒険の旅に出て，彼女が乗り越えられるようなチャレンジを探すように支援した．チャレンジの間，カウンセラーは「これは怖いことだとわかっているし，やめたい気持ちもあるけれど，私にはこれができるということもわかっている」といったように，自分の内なる体験を言葉にすることで，チャレンジと自己調整行動のモデルを示した．また，大きく深呼吸をしたり，感情に名前をつけたり，援助を求めたりするなど，自己調整行動をするための具体例も提供した．その後，ミ

リアムはセラピストと母親のサポートを受けながら，その課題を乗り越える機
会を得た．時間の経過とともに，彼女は不安に伴う不快な感情と向き合うスキ
ルを身につけ，自分の感情や感覚に名前をつける方法を学び，怖さがある中で
も行動を起こす自信をつけていった．彼女は自分自身に挑戦する意欲を持ち，
回避することが不安に人生を支配され続ける一因になることを理解していった．
こうして，彼女はこれらのスキルと自信を教室や夜の時間に持ち込む準備がで
きたのである．重要なことは，こうした努力は母親の存在によってより支えら
れたということである．ミリアムの母親は，自然とのつながりの実践について，
概念的および感覚的な体験の両方を身につけると同時に，ミリアムをサポート
する方法として，協働調整，気づきのスキル，彼女のニーズへの共感を学んで
いった．

　最終的に，各セッションの最後には，印象に残っていることや気に入った体
験（第4段階：インスピレーションをわかちあう），セラピーにおける変化の振り返
り，動植物から教えられたことなどが話し合われた．このような状況において，
ネイチャーベースドアプローチは，ミリアムと彼女の母親にとって，オフィス
の環境ではなかなか得られないような，直感的で生き生きとした調節とモデリ
ングの体験を可能にした．また，母と娘のつながりと感謝を深める機会にも
なった．

▶ ま と め

　本章は，ネイチャーベースドセラピーに関心を持つ人々が，共同セラピスト
として自然とのパートナーシップを有意義に概念化できるように，その理論，
実践の要素，研究を説明するものである．クライエントと自然との結びつきを
強めることで，個人，家族，そして地球のウェルビーイングに相互の恩恵をも
たらすことが示唆されている．ネイチャーベースドセラピーの実践を理解しや
すくするために，不安と闘う子どもの事例が提示され，このアプローチの芸術
性と科学性がよりクリアになることを期待している．ネイチャーベースドセラ
ピーは決して新しいものではないが，この分野では，クライエントがつながり
を強め，前向きで持続的な変化を起こすために必要な介入，スキル，実践が明
確にされ始めている．

訳　注

1）グラウンディング：アーシングとも呼ばれ，大地に直接接することで，地球からのエネルギーをもらい，安定やつながりを感じるテクニックである．靴を脱いで地に足が付いていると感じたり，大地に深く根を張った木を思い浮かべたり，呼吸法などを通してこれを行う（著者らに直接照会）．

2）第3世代の認知行動療法：従来の行動や認知の変容を目指す方法とは異なるアプローチを指す．マインドフルネスとは，呼吸法や瞑想を通して意図的に「今」に注意を向け，それによって現れる気づきを重視している．アクセプタンス＆コミットメント・セラピーでは，症状を取り除くことを第一義的な目的とせず，マインドフルネスを構成要素の1つとして不快な感情や思考を受け入れた上で，自らの価値に基づく行動に向けて前に進むことを重視する（野島一彦監修［2022］『臨床心理学中辞典』遠見書房）．

3）ポリヴェーガル理論：自律神経の機能に関する新しい理論である．従来は，自律神経は交感神経と副交感神経の2つからなると考えられていたが，ポリヴェーガル理論では，副交感神経がさらに2つの背側迷走神経と腹側迷走神経から成りたっていると考える．背側迷走神経とは，休息や危機に直面したときの凍り付きなどの機能につながる神経系で，腹側迷走神経はコミュニケーションなど社会的な関わりに深く関わる神経系とされる（Stephen W. Porges［2017］*The Pocket Guide to the Polyvagal Theory: The Transformative Power of Feeing Safe*, New York: W. W. Norton & Company（花丘ちぐさ訳『ポリヴェーガル理論入門――心身に変革をおこす「安全」と「絆」――』春秋社，2018年）．

参 考 文 献

Annerstedt, M. & Währborg, P.［2011］"Nature-assisted therapy: Systematic review of controlled and observational studies," *Scandinavian Journal of Public Health*, 39(4), 371-388.

Berger, R. & McLeod, J.［2006］"Incorporating nature into therapy: A framework for practice," *Journal of Systemic Therapies*, 25(2), 80-94.

Bowlby, J.［1973］*Attachment and loss: Separation* (Vol. 2), New York, NY: Basic Books.

Burns, G. W.［2018］*Nature guided therapy: Brief integrative strategies for health and wellbeing*, London, England: Taylor & Francis.

Cohen, M. J.［1993］"Integrated ecology: The process of counseling with nature," *The Humanistic Psychologist*, 21(3), 277-295.

Corazon, S. S., Schilhab, T. S., & Stigsdotter, U. K.［2011］"Developing the therapeutic potential of embodied cognition and metaphors in nature-based therapy: Lessons from theory to practice," *Journal of Adventure Education & Outdoor Learning*, 11(2), 161-171.

Corazon, S. S., Stigsdotter, U. K., Jensen, A. G. C., & Nilsson, K.［2010］"Development of the nature-based therapy concept for patients with stress-related illness at the Danish healing forest garden Nacadia," *Journal of Therapeutic Horticulture*, 20, 33-51.

Cornell, J. B. [1989] *Sharing nature with children II: A sequel to the classic parents' & teachers' nature awareness guidebook*, Nevada City, CA: Dawn Publications.

Grahn, P. & Stigsdotter, U. K. [2010] "The relation between perceived sensory dimensions of urban green space and stress restoration," *Landscape and Urban Planning*, 94 (3-4), 264-275.

Harper, N., Rose, K., & Segal, D. [2019] *Nature-based therapy for children, youth and families*, Gabriola Island, Canada: New Society Publishers.

Harper, N. J., Gabrielsen, L. E., & Carpenter, C. [2018] "A cross-cultural exploration of 'wild' in wilderness therapy: Canada, Norway and Australia," *Journal of Adventure Education and Outdoor Learning*, 18(2), 148-164.

Hayes, S. [2019] *A liberated mind: How to pivot towards what matters*, New York, NY: Avery.

Jones, A. T., & Segal, D. S. [2018] "Unsettling ecopsychology: Addressing settler colonialism in ecopsychology practice," *Ecopsychology*, 10(3), 127-136.

Kain, K. L. & Terrell, S. J. [2018] *Nurturing resilience*, Berkeley, CA: North Atlantic Books.

Kimmerer, R. [2013] *Braiding sweetgrass: Indigenous wisdom, scientific knowledge and the teachings of plants*, Minneapolis, MN: Milkweed Editions.

Levy, M. M. [1950] "Outdoor group therapy with preadolescent boys," *Psychiatry*, 13(3), 333-347.

Madigan, S. [2019] *Narrative therapy (2nd ed.)*, Washington, DC: American Psychological Association.

Merikangas, K. R., He, J. P., Burstein, M., Swanson, S. A., Avenevoli, S., Cui, L., ..., & Swendsen, J. [2010] "Lifetime prevalence of mental disorders in US adolescents: Results from the National Comorbidity Survey Replication-Adolescent Supplement (NCS-A)," *Journal of the American Academy of Child & Adolescent Psychiatry*, 49(10), 980-989.

Mygind, L., Kjeldsted, E., Hartmeyer, R. D., Mygind, E., Bølling, M., & Bentsen, P. [2019] "Immersive nature-experiences as health promotion interventions for healthy, vulnerable, and sick populations? A systematic review and appraisal of controlled studies," *Frontiers in Psychology*, 10, 943.

Stanley, S. [2016] *Relational and body-centered practices for healing trauma: Lifting the burdens of the past*, New York, NY: Routledge.

Stigsdotter, U. K., Palsdottir, A. M., Burls, A., Chermaz, A., Ferrini, F., & Grahn, P. [2011] "Nature-based therapeutic interventions," in K. Nilsson, M. Sangster, C. Gallis, T. Hartig, S. De Vries, K. Seeland, & J. Schipperijn (Eds.), *Forests, trees, and human health*, Dordrecht, Netherlands: Springer, pp. 309-342.

第9章
馬・動物介在療法

Heather White and Kay Scott

▶ は じ め に

　クライエントを有意義な自己の内面の探求・分析・発見に引き込む方法を探るメンタルヘルス専門家にとって，心理療法に動物を取り入れることは，魅力的な選択肢となりえる [Brooks, 2006]．たとえば，馬や犬は，動物介在療法によく用いられる [Hartwig & Smelser, 2018]．本章では，馬・動物介在療法の基礎となる理論を共有し，研究成果を明らかにし，セラピーにあたって考慮すべき専門家の倫理とガイドラインについて論じる．動物を取り入れた心理療法を提供する場合，その動物を十分に理解することが最も重要である．「危害を与えない」という時代を経ても変わらない格言は，クライエントだけでなく，パートナーである動物にもあてはまる．

■文化的・歴史的な視点

　動物は，最初はアニミズムという概念を通して，人間社会の成り立ちの中に存在してきた．アニミズムとは，生きとし生けるものには魂や霊魂が宿っており，その魂や霊魂は外部から大きな影響を受けて幸運や不幸をもたらすという考え方である．古典時代や啓蒙時代には，動物との関係は特定の価値観や特徴を象徴するものとして，人々の精神の中でさらに洗練されてきた．それに伴い，動物は恐れられるものではなく，畏敬の念を抱く存在となった．つまり，人間と動物の関わりや共生は，人類の文化の発展を形作ってきたのである [Serpell, 2010]．

　セラピーに動物を取り入れたことを示す最初の文献の1つとして，1600年代に John Locke が，子どもたちが共感の感覚を身につけるために動物を取り入れることを論じた．[Chandler, 2012; Fine, 2010 as cited in Compitus, 2019]．動物介在のヘルスケアについて初めて文献に記されたのは，1790年代にイギリス

のヨーク・リトリートでの取り組みである [Hines, 2003]. 動物介在療法が初めて病院に導入されたのは, 1919年頃のワシントン DC のセント・エリザベス病院である. そこでは, 犬が精神科患者の治療的なレクリエーションの一環として使われていた [Barker & Barker, 2019]. 近代の心理療法の父である Sigmund Freud でさえ, 患者たちとのセラピーに愛犬ジョフィを参加させていた [Shubert, 2012]. アメリカでは, Boris Levinson が1960年代初頭に愛犬ジングルズを子どものセラピーに参加させたことで, この治療手段に注目が集まった [Levinson & Mallon, 1997].

Crossman [2017] によると, 動物介在型の介入は, カウンセリングセンター・裁判所・刑務所・空港・大学・精神科施設・自然災害や人為災害の現場・企業のオフィスなど, さまざまな場面でみられる. また, 文化や性別に関係なく, ストレスを軽減し, ウェルビーイングを向上させるために利用されている.

心理療法に動物を導入する際に関連する3つの要素として, 専門家としての能力, 人間と動物の福祉, 倫理的義務が挙げられる [Fine, 2010]. 心理療法の場に動物を取り入れる場合には, その動物の種特有の福祉・訓練・飼育方法など, より広い領域に目を向け, 実施しなければならない. あらゆる生き物の相互関連性を重視する生態学的な視点にスポットライトが当てられている. 伝統的なカウンセリングやメンタルヘルスの治療に効果的に動物介在療法を取り入れる方法を理解することで, 特定のセラピースキルが向上する [Stewart, Chang & Rice, 2013]. 動物と触れ合いたいという気持ちがあれば, セラピーの実践はスムーズになると考えるのは簡単だ. しかし, 心理療法に動物を取り入れることは, 重大な感情的反応を引き起こす可能性がある. 心理療法家は, このような動物との関わりを, 単なる活動ではなく, 治療効果を高める活動として常に意識する必要がある [Ekholm-Fry, 2013].

■哲学的・倫理的な課題

動物介在療法の哲学的な基盤は, ソーシャルワーク・心理学・カウンセリングなど, このセラピーを実施する人の専門分野と, 発展が進む動物福祉の実践によって支えられている. また, 動物介在療法の中でどのようなアプローチが有効かは, 対象とする人々によって異なる.

デルタ協会[1)]は, 動物介在療法の専門分野の確立に重要な役割を果たし

[Hines, 2003]，人間のヘルスケアの場に動物を取り入れるための定義とガイドラインを示した．これ以降，他の組織も対人支援の専門職に動物を取り入れるための能力に関する報告書やガイドラインを作成している [Jegatheesan et al., 2014-2018; Winkle, Dickson & Simpson, 2019]．たとえば，アメリカカウンセリング協会は，メンタルヘルス専門家の会員組織として初めて次のような能力を策定した．その能力の中には，実践者がセラピーにおける人間と動物の相互作用の限界について認識を持つことや，カウンセリングにおいて動物の影響を判定する効果的な方法を用いることなどが盛り込まれていた [Stewart et al., 2016].

　動物の感受性に関わる研究は増加の一途をたどっている．これは，動物の肯定的な情動状態に焦点を当てたさらなる研究と，動物との相互作用に不可欠な側面として動物福祉を強化する必要性が高まっていることを示している．[Proctor, Carder & Cornish, 2013]．パートナーリング（Partnering）とは，動物介在療法の実践者が，同僚もしくは共同セラピストである動物に対してよく使う言葉である [Scott, 2017]．Howie [2015] は「セラピードッグの権利章典」を概説し，人間と動物の相互作用に関わる権力と支配の力学を考慮することを強調している．Nina Ekholm-Fry [2019] は，以下のように記している．

　　馬介在療法の分野におけるより大きな倫理的問題は，あまり議論されていないが，メンタルヘルス分野の中心にある社会正義と権利に関するものである．……セラピスト，クライエント，馬，周辺環境を含むセラピーの場において，セラピストが持つ権力的な立場が見落とされていては，完全なセラピーにはならない．これは，馬に対する権力的立場も同様である．日常生活で疎外感を経験しているクライエントが，セラピーの環境でも疎外感を感じている場合では，そのセラピューティックな関係性は効果が上がらない．馬介在療法においては，そのセラピューティックな関係性には，馬も含まれる．(p. 130)

　専門領域の範囲内では，動物介在療法は，専門職の倫理規定に基づいてセラピーを行う実践者が，患者やクライエントのために，治療計画とその目標に動物を取り入れた内容を策定するものとして，より正式に理解されるようになった．Ekholm-Fry [2019] は，「セラピストが馬介在療法を提供しようとする場合，自らの理論的な枠組みと臨床スキルを馬介在療法の性質とそのファシリテーションにどのように融合させるかについて，カウンセラーとしての教育・

訓練・スーパービジョンが必要である」(p. 128) と述べている.

▶ 理論・モデル・研究

　動物を臨床実践に取り入れる「理由」の背景には，さまざまなメンタルヘルスの理論がある．主な理論は，Bowlby [1969] の愛着理論と Wilson [1984] のバイオフィリア仮説の2つである．

　Edward O. Wilson [1984] が提唱したバイオフィリア仮説は，動物介在療法の分野の多くの人が，この分野の理論的な基盤であると考えている．バイオフィリア仮説では，人間は生来，自然や動物を含む自然界との触れ合いを追い求める性質が備わっていると提唱している．このような内発的な自然環境への興味や「生命への愛」は，Wilson の理論を受け継いだ人々によって探究されてきた [DeLoache, Pickard & LoBue, 2011; Serpell, 1986].

　関係性について考えるとき，愛着理論は，セラピーにおいて動物とともに働くための基盤となる．愛着理論は，John Bowlby [1969] によって開発され，Mary Ainsworth [1978] によってさらに洗練された．愛着理論では，個人はそれぞれが持つ原型となる人間関係の形成の仕方に基づいて，他者とさまざまなタイプの関係を形成するが，最も影響力があるのは，個人の主要な養育者との関係であるとしている．また，愛着理論は，特定の行動や種と種の間の力学を通じて，動物行動学にも広がる．

　動物介在型の介入は，他のさまざまな理論的な観点に基づいて，メンタルヘルスワークに統合されてきた．Scott [2017] の研究では，実践者は，精神力動論・ロジャースの関係理論・役割理論・社会学習理論・経験理論に動物介在療法を組み込んでいると述べている．Andler et al. [2010] は，アドラー心理学・行動療法・認知行動療法・実存療法・ゲシュタルト療法・クライエント中心療法・リアリティセラピー・ソリューションフォーカスアプローチのワークとの併用に言及し，動物介在療法との学際的アプローチの連携を示唆している．

　人間と動物の相互作用に関わる神経生物学的プロセスは，その有効性の背後にあるメカニズムをよりよく知るために研究が続けられている．先に示したように，動物介在療法の理論的な基盤は，こうした相互作用に関わる人間だけでなく，関与する動物にも当てはまる．Schlote [2019] はこう述べている．

　　トラウマや愛着の傷がもたらす影響の大部分は，人間だけでなく，馬を
　　含む他の哺乳類にも当てはまる．種による違いはあるにせよ，神経生物学
　　的・行動学的・関係学的な見地から，全体として，逆境的体験の影響は，
　　哺乳類全体で驚くほどよく似た一貫したパターンを示す．(p. 4)

　Hobfoll et al. [2007] によると，トラウマに配慮した実践の必須要素には，
① 安全感の促進，② 落ち着かせる，③ 自己効力感／集団効力感，④ つながり，
⑤ 希望の 5 つがある．動物介在療法では，身体的・心理的な安全性が最も重
要であり，サイズの違い（大きいか／小さいか）や言葉でコミュニケーションが
とれないことを考慮すると，動物介在型のアプローチは，つながりを維持し安
全に実践するために，その人が持つ全ての感覚に大きく依存する [Winkle et al.,
2019]．Vidrine, Owen-Smith, and Faulkner [2002] は，馬との「一致したコ
ミュニケーション」の方法について論じる中で，共同セラピストである馬と
「身体に対する気づきとその意図」を共有することになるため，本物の自分で
ある必要性を私たちに説いている (p. 591).[2]
　心理療法サービス，特にトラウマの治療に動物を取り入れる理論的な基礎と
根拠を検討する中で，Ekholm-Fry [2019] はこう示唆した．

　　馬介在療法の体験的・（心と体に焦点をあてた）身体的・関係的な側面を同
　　時に活用することで，セラピストは，従来のオフィスの枠の外で動物と一
　　緒にいるという，多くの人にとって脅威となりにくい環境で，エビデンス
　　に基づくトラウマ治療の効果を向上させることができる．(p. 128)

　まとめると，Stewart et al. [2013] は，カウンセリングの実践において，動
物介在療法に取り組む際にサービス提供者に影響を与える次の 4 つのテーマを
発見した．① このアプローチには独自のスキルと能力が必要である．② サー
ビスを提供する側はセラピー動物と「高度に発達した」協力関係があると感じ
ている．③ 動物を取り入れることは治療のプロセスに影響を与える．④ 動物
を介在させることで，従来のワーカーとクライエントの関係の範囲が変わる．
　残念ながら，他のアウトドアセラピーと同様，動物介在療法も実践モデルが
明確でないことに苦慮している．動物介在療法を専門的に前進させるためには，
専門家の育成と研究が必要で，誰に何が有効かを評価するために，さまざまな
セラピーの場を横断してテストすることが求められている [Masini, 2010].

■ **研　究**

　利用可能な研究から常に方向性を見出す必要がある．多くの場合，メタ分析や系統的レビューは，特定のセラピーに関する知識の幅を理解するのに有効である．動物介在療法は現在これらのレベルでデータが得られており，その結果はおおむね肯定的であるが，さまざまなデータが混在し，時には矛盾しており，特定の対象に関連したアウトカム研究が決定的に不足している［Anestis et al., 2014］．あるメタ分析において，Waite, Hamilton, and O'Brien［2018］は，痛み・不安・苦悩の問題を抱える患者達に対して，動物介在型の介入がいくつかの医学的なアウトカムに大きな効果をもたらすことを見出し，心理療法に動物を取り入れることの有用性を示唆した．Nimer and Lundahl［2007］のメタ分析によると，動物介在療法は「確立された介入に対する付加的なものとして有望であり，今後の研究では，動物介在療法が最も役立つ条件を調査すべきである」（p. 225）ことが明らかになった．

　Virues-Ortega et al.［2012］は，特に社会機能の低下に関連する研究をレビューし，社会機能の改善を見出し，うつ病と不安については中程度の効果があることを明らかにした．Hoagwood, Acri, Morrissey, and Peth-Pierce［2017］の，精神衛生上の問題を抱えるリスクのある青少年に用いられる動物介在療法の系統的レビューでは，自閉症への馬のセラピーの活用および小児期トラウマへの犬のセラピーの活用に肯定的な効果があることが明らかにされた．同様に，Jones, Rice, and Cotton［2019］のレビューでは，心的外傷後ストレス障害（PTSD）と不安に対する一般的な治療の補助として，犬介在心理療法が初期の診断と症状にプラスの影響を与えることが明らかにされた．この研究は，破壊的な行動の減少だけでなく，集団における関わりや社交性の向上にもつながった．自閉スペクトラム症患者については，O'Haire［2013］の系統的レビューで，社会的な相互作用やコミュニケーション，問題行動の減少に肯定的な結果が得られたものの，ほとんどの研究で方法論的に重大な限界があることが判明した．

　Lundqvist et al.［2017］は医療関連の文献をレビューし，少なくとも方法論的に中程度の質である犬介在療法に関する18件の定量的研究を特定した．15件の研究では，何らかの肯定的な効果が認められたが，ほとんどは統計的に有意な治療成果を示さなかった．最も可能性を示したセラピーは，若者と成人の精神疾患の治療に焦点を当てたものであった．このレビューをする中で，最初の文献検索では，1445件の研究が含まれていたことに注意が必要である．し

かし，分析の対象の基準を満たしたのは18件のみであり，関連する研究の量は多いが，実践を裏付ける質の高い科学的な研究は少ない．動物介在療法に関する文献全体を通して，データの質に影響するサンプリングやサンプルサイズの小ささ，介入策（すなわち試された方法論）の体系化，アウトカムの評価に関する問題がある [Kazdin, 2019]．Charry-Sánchez, Pradilla, and Talero-Gutiérrez [2018] の最近の系統的レビューでは，成人のうつ病・認知症・その他の状態に対する動物介在型の介入の影響に関する23件の論文と学位論文があったが，動物介在型の介入の有効性は不明確な点があった．また，彼らは，研究の質は低いとしながらも，結果は概ね良好であり，動物との相互関係のレベルがアウトカムに大きな影響を及ぼすと報告している．

　科学的な厳密さには限界があるが，心理療法に動物を取り入れた人々の経験に関する知見を蓄積するために質的研究が行われている．実践に動物を取り入れてきたサービス提供者は，その動物の働きがクライエントにとって有意義であることに気付いている．あるサービス提供者は，「動物との関係性が形成され始めると，クライエントが感じている動物との関係が，人間である私にも移っていくことに気付いた」と述べている [Stewart et al., 2013, p. 340]．別のサービス提供者は，「犬たちは社会的な潤滑油であり，会話のきっかけになり，場の緊張を解きほぐしてくれる．オフィスの雰囲気も変わり，セラピストとしての私自身も変わると感じている」(p. 340) と述べている．

　Stewart et al. [2013] のインタビューでは，セラピーの過程に動物が加わることで，セラピューティックな触れ合い，よりレベルの高いセラピーの根幹となるコンディション，セラピストのバーンアウトの予防，自身のウェルネスの向上の機会が得られると述べている．

▶ 事 例 紹 介

　クララは，自閉スペクトラム症と全般性不安症と診断された12歳の女性である．クララの社会的な関わりが減り，不安感が増していることに母親は懸念を抱いていた．これらの懸念に対処するために馬を取り入れた心理療法サービスを受け始めた．馬を使ったセラピストはクララに普段関わるセラピストと協力して，彼女がすでに受けているサービスに沿った治療目標と目的を持った治療計画を作成した．

　最初のセッションはオフィスの中で行われ，セラピストはクララのコミュニケーション能力とセラピストとの活動への参加能力を評価した．また，クララがセラピストとの今後のセッションについて質問できるようにし，セラピーを進める上での信頼関係の確立にもなった．

　2回目のセッションでは，クララとセラピストは馬の群れを観察した．2人はまずオフィスでセッションを行い，その後馬が見える部屋に移動した．クララは馬を観察し，観察した内容を書き留め，馬が何をしているのかセラピストに質問しながら積極的に会話をした．それぞれの馬について，名前・年齢・一般的な好み・良く見られる行動・ユニークな特徴について，セラピストがこれまでの馬との関わりから得た情報をクララに教えた．2回目のセッションの終わりに，セラピストはクララに次のセッションでどの馬と触れ合いたいかを尋ねた．クララは以前より興味を示していたポニーを選んだ．

　3回目のセッションでは，クララとセラピストはオフィスで会い，セラピストは再びクララに，馬の行動について学び，選んだポニーとやり取りすることを伝えた．セラピストとクララは，馬がコミュニケーションをとるために利用するボディランゲージとストレスを表すシグナルを示したプリントを見ながら話をした．この間，馬がその行動を起こすような状況に置かれたとき，どのように感じるか，また馬がより快適に感じるにはどうしたらよいかを何度も話し合った．また，セラピストは，馬の周囲での安全性，馬へのアプローチの仕方について伝えた．そしてクララに，今どのような気持ちであるか尋ねた．クララはポニーに触れることに緊張と興奮を覚え，ポニーが自分を嫌いになるのではと心配している，と答えた．セラピストはクララがこの気持ちを解決する手助けをし，クララが快適に感じ，圧倒されないようにするための行動計画について話し合った．セラピストはクララが自分のペースでポニーに近づけるように，リラックスした姿勢でゆっくりと動き，クララのお手本となるような行動をとった．

　クララとセラピストはポニーに近づきながら，この新しく慣れない状況で何が心地よく感じられるのか，もしそうでは無いならば，どうしたらそれを一緒に解消できるのかを話し合った．2人が歩きながら話していると，ポニーが草むらから頭を上げて，干し草を口いっぱいに食べながらゆっくりと2人のほうに歩いてきたので，クララは微笑んでセラピストのほうを見ると，セラピストはクララのその様子を受けとめた．セラピストは微笑みながら，ポニーがどん

な風に鳴いているかとクララに尋ねた．クララは，「ハローと言っているのよ！」と言ってにっこり笑った．

　すると，ポニーはセラピストとクララの方に歩いてきた．クララはそれに反応して，数歩下がってセラピストの後ろに少し隠れた．クララはポニーが近づいてくるのを覗き込んで見ていた．セラピストはこの行動を受けとめ，クララに対して，ポニーが近づいても大丈夫だと感じているかどうか尋ねた．クララは笑顔で「大丈夫」と答え，セラピストに対して最初に「こんにちは」とポニーに言って欲しいと頼んだ．セラピストは温かい声のトーンで「こんにちは」と言い，ポニーを褒め，クララがすぐ後ろで見ている中，ポニーの肩をゆっくりとかいた．セラピストはクララに，まだ気持ちが落ち着かないか，ポニーに触れることに不安はないかと尋ねた．セラピストはクララがもしその方が安心できるのであれば，見ていてもいいと付け加えた．クララは見ている方が安心できることを確かめると，セラピストは心を落ち着かせる方法として，息を吸って吐く深呼吸を3回することを提案し，2人は一緒に深呼吸をした．

　ポニーは頭を下げてセラピストの隣で草を食み始めた．これにより，2人はクララがポニーの近くにいることでどのように感じたかについて話し合う時間が増えた．クララはポニーと触れ合おうと思えば触れ合えることに興奮していると答えた．セラピストはクララに，自分の不安とその時の気持ちを，親指を立てて（良い感じ），親指を水平にして（やや不安な感じ），親指を下げて（とても不安な感じ）で評価するよう求め，クララは親指を立てた．次にセラピストはクララに，この状況の何がクララを不安な気持ちにさせず，むしろ興奮させているのかを尋ねた．「先週，ポニーのトビーに会って，とても落ち着いているように見えました．また，馬がお互いにどのように会話しているかという話を聞きました．トビーはただ挨拶をしただけで，私たちがここにいても気にしていないみたい」とクララは答えた．セラピストはクララに，この近い距離でもう1，2分トビーが草を食むのを眺めていたいかと尋ねると，クララは「はい！」と答えた．2人は数分間ポニーを眺めた後，オフィスの方に歩いて戻った．2人がパドックから出ると，セラピストはゲートを閉め「ポニーの近くの柵のところで，残りの数分間このセッションについて話さない？」と尋ね，クララは「そうしたい」と答えた．

　2人は，このセッションでの体験について話し合った．セラピストはクララに，新しい中学校で新しいクラスメートと過ごすというこれからの状況に，こ

のセッションから何か活かせることはないかと尋ねた．クララは，前もって何が予想されるかを知っておくことが，より快適に感じるのに役立つと答えた．セラピストは，クララが中学校の新しい雰囲気の中でより快適にいられる方法を次の1週間でもっと考えて，次のセッションの最初に考えてきたアイデアについて話し合うことを提案した．クララもそれは良いアイデアだと思った．セラピストはまた，次のセッションでポニーのトビーともっと交流して，クララとトビーの両方にとって心地よく親しくなるためのさまざまな方法を試してみることをクララに伝えた．

▶ お わ り に（ディスカッション）

　Hartwig and Smelser［2018］は，彼らが調査したメンタルヘルス従事者の約92%が動物介在型の介入を正当な治療手段として認識し，83%がそのアプローチを使いたいと考えていることを明らかにした．動物介在型の治療手段の訓練を受けることに関心があると報告したのは57%のみで，12%はすでに訓練を受けていると明らかにした．

　動物を心理療法に取り入れたいと考えているメンタルヘルス従事者は，必要なスキルと知識を得るために，大学やその他の専門職ベースのトレーニングプログラムを探して，この分野の全容を探求することが強く求められる．また，新任の専門家は，経験豊富な専門家によるスーパービジョンを検討し，動物を心理療法に取り入れる際には，その動物の動物行動学についての十分な知識が要求される．

　少なくとも他の治療手段と同程度に機能するか，無作為化対照試験のレベルで検証するために，ケアモデルを定義する必要がある［Ambrosi et al., 2019］．多くのアウトドアセラピーと同様に，患者の症状や性格特性を評価し，それに適合した動物介在型の介入を行うことが真に必要である［Buckley, Brough, & Westaway, 2018］．

　最後に，そして最も重要なのは，動物福祉の問題である．Glenk［2017］は，動物介在型の介入に参加するセラピー犬の経験について扱った出版物はほとんどなく，犬の福祉に関する具体的かつ非常に現実的な脅威を明らかにしたものはほとんどないと指摘している．現在，このようなセラピーが提供されることで，動物のウェルビーイングがどのように影響を受けるかについて明確な結論

はほとんど出ていない．その理由として，一貫した方法論の欠如，セラピーの
受け手やセッションの特性，これらの研究の方法論の限界が挙げられる．

　動物介在療法の分野は急速な進化を遂げている．専門家の育成，倫理的義務，
教育，実践者のスキル開発が進展し，世界も注目している．私たちは関係する
すべての生物種の明るい未来に向けて，犬や猫などの足や蹄と一緒に，前に進
み続けていくことができる．

訳　注

1）デルタ協会：サービス・アニマルやセラピー・アニマルを介して人間の健康を改善す
　　ることを目的に1977年にアメリカで設立された．
2）馬介在療法の現場で馬と子どもと関わる訳者の立場から以下の注を付す．
　　　馬と一致したコミュニケーションを図る際には，人間側は，身体と心を一致させる必
　　要がある．身体と心（意識や思考，感覚など）の状態にずれがあると，上手く馬とコ
　　ミュニケーションが図れない．本文の「身体に対する気づきとその意図」というのは，
　　「まず人間側が身体と心を一致させて，その状態で馬と身体と心の状態をすり合わせて
　　いくことで，馬と一致したコミュニケーションが図れる」ことを指していると考えられ
　　る．
　　　たとえば，馬につないだリードを持ち，馬と一緒に歩く時に，身体も心も歩くことに
　　集中する必要がある．馬に対して歩くことを伝える身体の動かし方をしていても，心が
　　歩くことに集中していなくて，別のことを考えていると，馬は止まってしまう．
　　　本文の"本物の自分である必要性"というのは，先の例に挙げたような〈身体と心が
　　一致した状態〉であると推測される．

参 考 文 献

Ainsworth, M. D. S. [1978] "The Bowlby-Ainsworth attachment theory," *Behavioral and Brain Sciences,* 1(3), 436-438.

Ambrosi, C., Zaiontz, C., Peragine, G., Sarchi, S., & Bona, F. [2019] "Randomized controlled study on the effectiveness of animal-assisted therapy on depression, anxiety, and illness perception in institutionalized elderly," *Psychogeriatric,* 19, 55-64.

Anestis, M. D., Anestis, J. C., Zawilinski, L. L., Hopkins, T. A., & Lilienfeld, S. O. [2014] "Equine-related treatments for mental disorders lack empirical support: A systematic review of empirical investigations," *Journal of Clinical Psychology,* 70(12), 1115-1132.

Barker, S. B., & Barker, R. T. [2019] "Animal-assisted interventions in hospitals," in A. H. Fine (Ed.), *Handbook on animal-assisted therapy: Foundations and guidelines for animal assisted interventions,* Cambridge, MA: Academic Press, pp. 329-342.

Bowlby, J. [1969] *Attachment and loss* (Vol. 1), New York, NY: Basic Books.

Brooks, S. M. [2006] "Animal-assisted psychotherapy and equine-facilitated psychotherapy," in N. B. Webb (Ed.), *Working with traumatized youth in child welfare*, New York, NY: The Guilford Press, pp. 196-218.

Buckley, R. C., Brough, P., & Westaway, D. [2018] "Bringing outdoor therapies into mainstream mental health," *Frontiers in Public Health*, 6, 1-4.

Chandler, C. K. [2012] *Animal assisted therapy in counseling.* Routledge.

Chandler, C. K., Portrie-Bethke, T. L., Minton, C., Fernando, D. M., & O'Callaghan, D. M. [2010] "Matching animal-assisted therapy techniques with intentions with counseling guiding theories," *Journal of Mental Health Counseling*, 32(4), 354-374. doi: 10.17744/mehc. 32.4.72121740103538

Charry-Sánchez, J. D., Pradilla, I., & Talero-Gutiérrez, C. [2018] "Animal-assisted therapy in adults: A systematic review," *Complementary Therapies in Clinical Practice*, 32, 169-180.

Compitus, K. [2019] "Traumatic pet loss and the integration of attachment-based animal-assisted therapy," *Journal of Psychotherapy Integration*, 29(2), 119-131.

Crossman, M. K. [2017] "Effects of interactions with animals on human psychological distress," *Journal of Clinical Psychology*, 73(7), 761-784.

DeLoache, J. S., Pickard, M. B., & LoBue, V. [2011] "How very young children think about animals," in P. McCardle, S. McCune, J. A. Griffin, & V. Maholmes (Eds.), *How animals affect us: Examining the influence of human-animal interaction on child development and human health*, Washington, DC: American Psychological Association, pp. 85-99.

Ekholm-Fry, N. [2013] "Equine-assisted therapy: An overview," in M. Grassberger, R. A., Sherman, O. S. Gileva, C. Kim, & K. Mumcuoglu (Eds.), *Biotherapy-History, principles and practice: A practical guide to the diagnosis and treatment of disease using living organisms*, New York, NY: Springer Science + Business Media, pp. 255-284.

Ekholm-Fry, N. [2019] "Equine-assisted therapy for trauma-Accidents," in K. S. Trotter & J. N. Baggerly (Eds.), *Equine-assisted mental health for healing trauma*, London, England: Routledge, pp. 125-139.

Fine, A. H. [2010] *Handbook on animal assisted therapy: Theoretical foundations and guidelines for practice* (3rd ed.), Oxford, England: Academic Press.

Glenk, L. M. [2017] "Review: Current perspectives on therapy dog welfare in animal-assisted interventions," *Animals*, 7, 1-17.

Hartwig, E. K. & Smelser, Q. K. [2018] "Practitioner perspectives on animal-assisted counseling," *Journal of Mental Health Counseling*, 40(1), 43-57.

Hines, L. M. [2003] "Historical perspectives on the human-animal bond," *American Behavioral Scientist*, 47(1), 7-15.

Hoagwood, K. E., Acri, M., Morrissey, M., & Peth-Pierce, R. [2017] "Animal assisted therapies for youth with or at risk of mental health problems : A systematic review," *Applied Developmental Science,* 21(1), 1-3.

Hobfoll, S. E., Watson, P., Bell, C. C., Bryant, R. A., Brymer, M. J., Friedman, M. J., ..., Maguen, S. [2007] "Five essential elements of immediate and mid-term mass trauma intervention : Empirical evidence, *Psychiatry,* 70(4), 283-315.

Howie, A. R. [2015] "*Teaming with your therapy dog,*" West Layfayette, IN : Purdue University Press.

Jegatheesan, B., Beetz, A., Ormerod, E., Johnson, R., Fine, A., Yamazaki, K., ..., & Choi, G. [2014-2018] "The IAHAIO definitions for animal assisted intervention and guidelines for wellness of animals involved in AAI," *IAHAIO White Paper.* Retrieved July 9, 2019 from www.iahaio.org

Jones, M. G., Rice, S. M., & Cotton, S. M. [2019] "Incorporating animal-assisted therapy in mental health treatment for adolescents : A systematic review of canine-assisted psychotherapy," *PLOS One.* doi : 10.1371/journal. pone. 0210761

Kazdin, A. E. [2019] "Methodological standards and strategies for establishing the evidence base of animal-assisted interventions," in A. H. Fine (Ed.), *Handbook on animal-assisted therapy : Foundations and guidelines for animal assisted interventions,* Cambridge, MA : Academic Press, pp. 451-463.

Levinson, B. & Mallon, G. [1997] *Pet-oriented child psychotherapy,* Springfield, IL : Charles C. Thomas Publishing.

Lundqvist, M., Carlsson, P., Sjodahl, R., Theodorsson, E., & Levin, L. [2017] "Patient benefit of dog-assisted interventions in health care : A systematic review," *BMC Complementary and Alternative Medicine,* 17(1), 1-12.

Masini, A. [2010] "Equine-assisted psychotherapy in clinical practice," *Journal of Psychosocial Nursing and Mental Health Services,* 48(10), 30.

Nimer, J. & Lundahl, B. [2007] "Animal-assisted therapy : A meta-analysis," *Anthrozoos : A Multi-disciplinary Journal of the Interactions of People and Animals,* 20(3), 225-238.

O'Haire, M. E. [2013] "Animal-assisted intervention for autism spectrum disorder : A systematic literature review," *Journal of Autism and Developmental Disorders,* 43, 1606-1622.

Proctor, H. S., Carder, G., & Cornish, A. R. [2013] "Searching for animal sentience : A systematic review of the scientific literature," *Animals : An Open Access Journal from MDPI,* 3(3), 882-906.

Schlote, S. [2019] "Integrating somatic experiencing and attachment into equine-assisted trauma recovery," in S. K. Trotter & J. N. Baggerly (Eds.), *Equine-assisted mental health for healing trauma,* London, England : Routledge, pp. 3-18.

Scott, S. K. [2017] Walking the dog when talking is too much : Mental health workers' implementation of animal assisted interventions with adult survivors of potentially traumatic events. *Dissertation Abstracts International Section A: Humanities and Social Sciences.* ProQuest Information & Learning. Retrieved June 10, 2020 from https://search-ebscohost-com.avoserv2.library.fordham.edu/login.aspx?direct=true&db=psyh&AN=2017-05709-137&site=eds-live

Serpell, J. A. [1986] *In the company of animals.* Oxford, England: Blackwell.

Serpell, J. A. [2010] "Animal assisted interventions in historical perspective," in A. H. Fine (ed.), *Handbook on animal assisted therapy: Theoretical foundations and guidelines for practice,* (3rd ed.), Oxford, England: Academic Press, pp. 17-32.

Shubert, J. [2012] "Therapy dogs and stress management assistance during disasters," *The Army Medical Department Journal,* 2, 74-78.

Stewart, L. A., Chang, C. Y., Parker, L. K., & Grubbs, N. [2016] *Animal-assisted therapy in counseling competencies,* Alexandria, VA: American Counseling Association, Animal-Assisted Therapy in Mental Health Interest Network.

Stewart, L. A., Chang, C. Y., & Rice, R. [2013] "Emergent theory and model of practice in animal-assisted therapy in counseling," *Journal of Creativity in Mental Health,* 8, 329-348.

Vidrine, M., Owen-Smith, P., & Faulkner, P. [2002] "Equine-facilitated group psychotherapy: Applications for therapeutic vaulting," *Issues in Mental Health Nursing,* 23(6), 587-603.

Virues-Ortega, J., Pastyor-Barriuso, R., Castellote, J. M., Poblacion, A., & de Pedro-Cuesta, J. [2012] "Effect of animal-assisted therapy on the psychological and functional status of elderly populations and patients with psychiatric disorders: A meta-analysis," *Health Psychology Review,* 6(2), 197-221. doi: 10.1080/17437199.2010.534965

Waite, T. C., Hamilton, L., & O'Brien, W. [2018] "A meta-analysis of animal assisted interventions targeting pain, anxiety, and distress in medical settings," *Complementary Therapies in Clinical Practice,* 33, 49-55.

Wilson, E. O. [1984] *Biophilia,* Cambridge, MA: Harvard University Press.

Winkle, M., Dickson, C., & Simpson, B. [2019] AAII standards of practice. Animal Assisted Intervention International. Retrieved July 9, 2019 from www.aai-int.org

第 10 章
ガーデンセラピーと園芸療法

Rebecca L. Haller

▶ は じ め に（導入と背景）

　園芸とは，庭の育成と管理の技法または実践である［Oxford Dictionary, 2019］．
園芸療法では，身体的・心理的リハビリテーション，職業技能の開発，行動的
ヘルスケア，社会的発展と包摂，長期ケアとホスピス，総合的な健康とウェル
ネスなど，幅広い福祉サービスの基礎として園芸を利用する．プログラムの実
施場所も同様に幅広く，農村の農場で行われるものから，病院や滞在型治療セ
ンターなど，より臨床的な環境で行われるものまである．自然とのふれあいや
つながりは，これらすべての現場で見られ，この活動の基本的な利点の1つで
あり，人間の成長と発達の触媒であると考えられている［Haller & Kennedy,
2019］．ガーデニングは，プログラム参加者にやる気を起こさせ，すぐに参加
でき，身近で効果的な野外活動に参加させる手段を提供する．柔軟で親しみの
ある作業と植物が豊富な環境を組み合わせることで，心理的な心地よさと社会
的な居心地の良さを育み，その結果，前向きで効果的な行動につながることが
多い．

▶ 歴史，対象者，主な展開

　園芸療法のルーツは，1879年に患者のために温室を建設したフレンズ病院
［2019］に見られるように，精神科患者に対するガーデニングの有益性が認識
されたことに始まる．第二次世界大戦中には，リハビリテーション病院や帰還
兵のためのガーデンクラブプログラム，身体障がい者や知的障がい者を教える
学校などが設立され，ヘルスケアへのガーデニングの活用は，身体のリハビリ
テーションや障がい者向けサービスにも広がった［Davis, 1998］．その後，園
芸療法はアメリカの大学で研究され，1970年代にはミシガン州立大学とカン

ザス州立大学で園芸と心理学および／または作業療法を組み合わせた学位が授与されるようになった［Davis, 1998; Odom, 1973］.

　園芸をセラピーとして利用することのユニークで深い利点が認識されるようになり，セラピーとリハビリテーションに園芸を利用することを促進するために，1973年に園芸によるセラピーとリハビリテーションのための全国協議会が設立された［Lewis, 1976］. この団体は，後に American Horticultural Therapy Association（アメリカ園芸療法協会）と改称された. この協会は，この分野の専門家を認定する制度や，大学の学位やトレーニングのコア・カリキュラムを考案した. さらに発展して，園芸学／植物科学，社会科学，園芸療法の実践に特化したコースワークなどの教育と，スーパーバイザー付きインターンシップを組み合わせた専門家登録制度が確立された［Goodyear & Shoemaker, 2012］. このモデルは現在，多くの国でさまざまな形で採用されている. アメリカでは，園芸療法を学ぶ前に大学の学位課程を修了し，園芸療法に特化した大学付属の認定プログラムに入学してプログラムの実践と管理のためのスキルを身につけるのが一般的である［Horticultural Therapy Institute, 2020］.

　園芸療法プログラムは，病院，精神科クリニック，リハビリテーションセンター，職業訓練センター，学校，刑務所，高齢者向け住宅ケアコミュニティ，ホスピス，農場（地方と都市の両方），在宅ケア，公共の庭園，ウェルネスセンター，ヘルスケア支援のための庭園など，さまざまな場所で実施されている. 実践の場と対象者は多様化し続けており，たいていは意欲的な個人が新設または既存の医療・福祉組織と協力して始めている［Malone & Haller, 2019］.

▶ 実践のためのディスカッション

　園芸療法は，認知的，身体的，心理的，および／または社会的利益を促進するための介入方法として，ガーデニングや植物に関連する活動を活用する［Malone & Haller, 2019; Relf, 1981］. 対象となる成果の例としては，事故や病気からの回復，健康の改善や維持，職業スキルの開発，課題への適応的アプローチ，前向きなメンタルヘルス，コーピングスキルの習得，対人関係の改善，ストレスの軽減，体力やスタミナの向上，目的意識の改善，全体的なウェルネスや生活の質の改善などが挙げられる.

　一般的に，園芸療法の中心となる次の4つの要素がある. ①クライエント

へのサービス提供，②植物の積極的な栽培活動，③明確な目標と目的，④訓練を受けた園芸療法士 [Haller, 2017]．ほとんどの場合，クライエントは何らかの治療を必要とする診断を受けている．ここでいう「治療」とは，臨床的なアプローチによるサービスや，地域密着型や職業的なプログラムも含む広い意味で使われている．また，クライエントが診断を受けておらず治療を受けていない場合でも，園芸療法を用いたウェルネスプログラムに参加することを自ら選択する場合もある．

　園芸療法では，植物の栽培に焦点を当てた介入や治療法が行われ，屋内外のさまざまな活動が含まれる．この点が，本書で紹介する他のアウトドアセラピーと異なる重要な要素である．第 9 章で取り上げた馬・動物介在療法と同様に，園芸療法では他の生物を積極的に世話することがセラピーの本質的な部分であり，この作業が動機づけや魅力的な側面として大きな役割を果たしている [Lewis, 1996]．園芸療法のプログラムでは，参加者は自分が目指す目的と目標を明確にする．これらは文書化され，進捗状況が追跡・記録され，達成度と成果が示される．訓練を受けた園芸療法士は，臨床的・園芸的なスキルと知識を持ち，プログラム参加者の前向きな変化を最大限に引き出す効果的なプログラムを開発する能力を持ち合わせている．

■ 学際的な分野

　園芸療法は学際的な分野であり，セラピー，園芸，園芸療法の分野で必要とされるスキルと知識を含んでいる [Kuhnert, Shoemaker, & Mattson, 1982; Starling et al., 2014]．セラピーのスキルには，治療計画，カウンセリング，介入，コミュニケーション，対象者の知識，動機づけのテクニックなどがある．園芸のスキルとして重要なのは，安全で適切な植物素材の選択，利用しやすい庭や活動空間の活用などである．園芸療法士はプログラムの設計，セッションの計画，作業の修正と調整，および現場の管理に重点を置く．

■ 治療過程と治療チーム

　治療計画と実施は，すべてのセラピーにおいて標準的なプロセスを用い，アセスメント，目標の特定，介入計画，介入，文書化，終結が含まれる [Haller, 2017]．園芸療法士はアセスメントに多方面からのアプローチを適用し，事前情報，自己記述式アンケート，園芸療法の活動中のクライエントの観察などを

さまざまに組み合わせる．目標は測定可能な目的として明記され，園芸やガーデニングを含む介入は，その目的に対応するように設計される［Haller, 2017］．介入自体には，定められた目標に取り組み，目標を達成するために必要なセラピー手法と組み合わせた実践的な園芸が必要である．治療目的に関連した経過と行動は専門的に文書化され，クライエントに伝えられる．治療は，ケアからの離脱，プログラムの完了，または他の要因によって終了する．多くの場合，治療チームはこのプロセスの重要な一部であり，クライエントとその家族だけでなく，さまざまな専門家が含まれることがある．

■ストレングス・ベースド（強みに根ざす）

　園芸療法は柔軟性のある方法である．認知的，身体的，心理的，社会的な制限や困難があっても，ほぼすべての人が園芸の何らかの側面に関わることができる．知的障がいのあるクライエントが，適切なトレーニング，一貫性，そして場合によって絵による手掛かりや作業手順があれば，自立して苗木を移植できるかもしれない．メンタルヘルスが損なわれているクライエントが，セラピーとは思えないほど集中して庭仕事に取り組めるかもしれない．あるいは，問題行動を起こしているクライエントが，ガーデニングをすることで新たな行動や人間関係を学びながら，癒やしを得られるかもしれない．このような成果を得るために，園芸療法士はそれぞれのクライエントが持っている強みに注目し，個人のリソースを発見する手助けをする．ガーデナー（庭で過ごすクライエント）は，気が散っていても仕事に集中できたり，植物と触れ合うことで喜びを感じる安全な場所を見つけたり，庭での時間を振り返ることで自分の強さや回復力を発見できたりする．

■儀式，介入，技術

　園芸療法の方法は，ガーデニングやそれに関連する活動に積極的に参加することに基づいている．通常，クライエントは達成可能な目標に向かう方法として，何らかの植物の繁殖や世話に携わる．プログラムには，植物の栽培に関連したさまざまな活動も含まれる．たとえば，セッションの中で，グループはディスカッション，グループサポートのエクササイズ，計画づくり，庭の探索と観察，または収穫物の活用（食べる，料理，フラワーデザイン，収穫物の販売など）に参加できる．園芸療法で提供される多様なプログラムの種類は，当然のこと

ながら，特定の集団，環境，望む結果に合わせたユニークで多様なプログラム
につながる．

　園芸療法士は，明確で一貫性のある指示を提供するための根拠として，また
個人およびグループに対してタスク，空間，条件，複雑さ，および指導方法を
修正・適応するためのツールとして，作業分析を日常的に使用している．
「task（作業）」という用語は，必ずしも仕事の態度やアプローチと結びついて
いるわけではなく，メンタルヘルス，レジャー，またはプログラムの種類に適
したその他の目的のための活動として表現される場合がある．セラピストは，
参加者のスキルや治療目的に基づいて修正や適応を行う．適応には幼児に安全
な道具を使う，矯正施設や精神病院などの保護施設で使用できる材料から鋭利
なものを取り除く，文章や絵による段階的な指示を取り入れる，気が散らない
静かな場所で作業する，持久力を高めるために立った状態でガーデニングをす
る，社会性のある行動を促すために協力しながら作業をするなど，すべての参
加を可能とするために task（作業）をよりアクセスしやすくすることが含まれ
る．

　あらゆる種類のプログラムにおいて，園芸療法士の重要なスキルは，クライ
エントのやる気を引き出すことである．植物を使った作業には自然に参加意欲
をかき立てる要素が内在する．庭は絶えず成長し変化し，季節を反映し，生命
に焦点を当て，育む機会を提供し，美しさと食物が得られる．庭の創造と手入
れに参加するクライエント・ガーデナーには，本質的な報酬があふれている．
また，目標や目的の策定や明文化においてクライエントに直接関わることで，
それに向かって努力する意欲やコミットメントも自然に生まれる［Haller, 2017］.
とはいえ，時にはセラピストによる植物への情熱や関心によって，活動を「運
び」参加を「促す」必要がある．たとえば，クライエントが抑うつ状態であっ
たり，注意力を低下させる薬を服用していたり，記憶喪失や認知症があったり，
社会的スキルや自信が不足していたり，身体的な痛みがあったりして，それら
が参加することに影響する場合がある．園芸の多様な可能性についての確かな
知識と，クライエントとのつながりや理解を深めることが，セラピストに参加
意欲を高める多くの選択肢を与えてくれる．

▶ 理論・研究・有効性

■哲学的基盤

　園芸療法の有効性の理論的な根拠は，その実践が多様であるのと同様にさまざまであるが，いくつかの原則は共通している．園芸療法は，人と植物の相互作用を普遍的に提供し，その相互作用から得られる恩恵を利用する．人間は自然環境の中で進化してきた種であり，自然とのつながりが健康とウェルビーイングに不可欠であることを示す証拠が増えている［Kellert & Wilson, 1993］．バイオフィリア仮説によると，人間は自然界に対して生まれながらの親和性を持っており，そこから切り離されると危機にさらされるという．庭は野生の自然環境から切り離されており人間の影響を確実に受けているが，自然は常に存在している．悪天候や医療上の理由のために屋内で行われるセラピーセッションでも，植物と密接に触れることで，植物の持つ多感覚的な特質，季節への反応，自然な生活リズムの体感を通したつながりがもたらされる．

　プログラムに沿って設計された屋外空間は，食物を栽培するための小さなエリアから，苗床生産のための大規模な施設，穏やかで癒やしの環境を重視した庭園までさまざまなものがある［Gallis, 2013］．安全・安心，ユニバーサルデザイン，身体的・精神的な快適さ，前向きな気晴らし，自然との触れ合いの機会などの要素を取り入れた景観デザインは，ヘルスケア環境にある利用者がその空間にアクセスし，自然とのつながりを通して，ストレスの軽減を実感できる．Roger Ulrich［1997］のサポーティブ・ガーデン理論は，ヘルスケア環境におけるストレス軽減の可能性について述べており，利用者がコントロールできるという感覚，社会的支援を促す共同交流のための空間，ベッドから起き出して動くためのインスピレーション，植物が豊富な庭での自然の気晴らしを多く提供することを推奨している．

　Rachel and Stephen Kaplan によって提唱された注意回復理論では，注意には2つのタイプがあるとされている［Kaplan & Kaplan, 1989］．複雑な作業や困難な作業でよく見られるような「意図的注意」は，精神的・肉体的疲労を引き起こし，イライラ・判断力の低下・集中力の欠如・幸せ感の欠如，コーピング困難などの悪影響を及ぼす．一方，「自動的注意」は，精神的な疲労を回復させるもので，庭園を含む自然環境の中で体験できる．回復は，人がある環境の中

で 4 つの要素を経験したときに起こる．それは，その瞬間の意図に適合した魅力の源を提供するのに十分な範囲を持つ，離れているという感覚である[1]．

　脳の神経可塑性は，園芸療法の実践，特にトラウマを経験した人への働きかけに活かされている．クライエントが植物の世話をするとき，身体的な体験が起こる．自己の治療的活用と活動の慎重な選択を巧みに適用するセラピストのサポートを組み合わせることで，信頼と新しい神経経路の発達が促される [La-Rocque, 2019].

　園芸療法は一対一で行うこともあるが，グループで行うことが多い．グループワークは目標達成を促し，社会的スキルに取り組む機会を与え，他人を助けたり植物の世話をしたりする利他性を育み，グループのメンバーから希望の感覚を得るなど，個人に多くの利益をもたらす [Yalom, 1995].

■アウトカム研究

　園芸療法の研究では，心理的，身体的，社会的，認知的，そして全体的なウェルビーイングなど，さまざまな領域でプログラム参加者に肯定的な変化が見られることが指摘されている．Wichrowski et al. [2004] は，アメリカの心臓リハビリテーションプログラムにおいて，園芸療法セッション後に気分状態が有意に改善し，心拍数も低下したと報告しており，冠動脈性心疾患の患者のストレス軽減に有用である可能性を示している．韓国では，園芸療法プログラムによって，慢性的な統合失調症の患者の対人感受性，抑うつ，不安，参加，自己概念の改善が報告されている [Son et al., 2004]．園芸に関する社会奉仕活動を行った保護観察中の犯罪者は，園芸以外の社会奉仕活動を行った場合と比較して，自尊心，園芸に関する知識，環境意識が有意に向上した．さらに重要なことは，別の園芸介入に参加した者は，再犯率が低かったことである [Hale et al., 2005]．アルツハイマー病患者の認知機能の低下防止における園芸療法の役割について，機能障がいの検査，医療記録，食事，看護，セラピューティッククレクリエーションのスタッフからの報告などのデータを集めて研究した．結果，園芸療法を受けた人々は，記憶力，注意力，ウェルビーイングをよりよく保っていた [D'Andrea, Batavia, & Sasson, 2007]．構造化された園芸活動に参加した台湾の小学生は，自己概念と自己満足感の向上，およびコントロールと達成感の向上などの人間関係スキルを獲得した [Chen et al., 2014]．また，セッションによって感情をコントロールできるようになり，活動を共有することで友達

ができ，より幸せな気分になれるとも報告されている．

　意味を見出すことは，癒しや回復のプロセスの重要な部分であり，抑うつを和らげ，ストレスを軽減し，より全体的なウェルビーイングを高める可能性がある［Haller & Kennedy, 2019］．植物の世話をする機会があるとクライエントは往々にして目的意識，新しい使命感，ベッドから起き上がる理由，将来への期待，必要とされていることから生じる意欲を感じていると語る．

　ガーデナーは，庭での作業中にフローを経験することが多い．フローとは，活動に没頭するあまり，自意識や心配事が消え，時間が経つのを忘れる状態である［Csikszentmihalyi, 1990］．特に，セラピーのニーズやガーデナーの技術レベルに合った活動を慎重に行えば，グループであってもフローが起こる可能性がある．園芸にはさまざまな活動やクライエントへのアプローチの仕方があるので，熟練したセラピストは深い満足感と心の底からの動機付けをもたらすフロー体験を促すことができる．

▶ 事 例 紹 介

　以下の4つのケースは，プロの園芸療法士によって寄稿されたもので，本章で説明した多様な応用例とプログラムの種類を説明している．

■トラウマを抱えた人のための入院精神医療（Green Mann, HTR）

　精神保健支援住宅に住むある女性は，ソーシャルワーカーから週1回の一対一の園芸療法のセッションに参加するよう紹介された．彼女は，物静かで観察力があり穏やかな性格で，他の居住者とはほとんど交流がなかった．彼女は社会的不安を経験し，特に男性の居住者のそばで不安を感じていた．ストレス反応として，他者から引きこもることがみられた．彼女のカルテを確認し，スタッフと会話した結果，彼女の自己と安全に関する中核的な概念に影響を与えた複雑な幼少期のトラウマ歴が明らかになり，それが大人になってからも続く機能障がいにつながっていた．彼女は庭の水やりに興味を示し，毎日かなりの時間を屋外で過ごしていたが，集団の中に入るのは苦手なままであった．彼女の当初の目標は，園芸療法のセッションに定期的に参加すること，第二言語として英語を練習すること，そして社会的な交流を増やすことであった．

　種まき，植え付け，収穫などの園芸作業を，クライエントの行動を鏡のよう

に映しながら 2 人並んで瞑想のように行うことで，信頼関係が自然に生じていった．セラピストと一対一で庭にいることで，彼女はリラックスし，新しい言語や作業を覚えることに集中することができた．他の入居者が彼女の作業に加わろうとしたり見ようとしたりすることで，彼女は不安感が高まる可能性があったが，それに対してセラピストが気を配っていることに彼女は気付いた．セラピストは毎回のセッションを記録し，スタッフと連絡を取り合いながら一週間を通して彼女の交流を広げた．

　庭で一緒に過ごすうちに，英語を話すことに自信がつき，好奇心や物事をうまくやりたいという気持ちが芽生え，特定のガーデニング作業に熱中するようになった．彼女は自分の作業を他のスタッフに説明し，美化プロジェクトについて褒められ，野菜を分け合い，家族やスタッフに贈り物をして，新しいことを学んだり，何か「良いこと」があることに感謝したりした．スタッフは，彼女の笑顔が増えていることに気づいた．彼女は週一回の園芸療法のグループセッションにも時々参加するようになった．最近，彼女は両手を大きく広げて立ち，「今，私の人生はこれまでで最高です」と笑顔で話してくれた．

■障がいを持つ青年のための職業プログラム （John Murphy, HTR）

　園芸療法の職業的応用として，Bullington Gardens は地元の公立学校と提携し，BOOST（Bullington Onsite Occupational Student Training）を提供している．このプログラムは，多様な障がいを持つ高校生のための職業訓練コースと連動している．生徒たちは 4 年間，基本的な職業スキルを身につけ，自立心を養うことに重点を置きながら，職業体験を通して指導を受ける．2 年生は毎週 Bullington Gardens に通い，マルチング，草刈り，温室での鉢植え，芝刈りなど，庭園での日常業務に従事する．このプログラムでは準備すること，仕事を継続すること，協力すること，楽しくなくても努力すること，良い仕事をすることなど，職業に就く前のスキルを重視する．また，生徒たちが気持ちよくさまざまな仕事を成功させることで自信も養われる．

　BOOST プログラムの見どころは，毎年行われる 4 校対抗のガーデンコンテストである．生徒たちは決められた予算内で庭を設計し，育て，施工する．このコンテストには，読み書きや計算に支障をきたす読み書き障がいの生徒も参加した．教師によると，前年度の彼女は自分に自信が持てず授業に積極的に参加できなかったという．しかし，彼女は学校の庭をデザインするという創造性

において成功を収め，リーダーとして頭角を現した．彼女は明確なビジョンを持って他の4人の生徒を指揮し，その実現に向けて自信を深め，最終的には100人以上の来場者に庭園を披露した．彼女は発言力が増し，自信を持って話すようになり，新しいスキルを身につけ，仕事をこなすことや顧客対応において優れた能力を発揮した．

■農場を拠点とした職業訓練プログラム（John Fields）

　このクライエントは34歳，言葉を発しない男性で，自閉スペクトラム症，間欠性爆発性症，軽度／中等度の知的障がい，注意欠如多動症（ADHD）と診断されている．彼は，毎日のスケジュールに意味のある活動，構造，予測可能性がないと，物や自分自身，他人に対して身体的に攻撃的になる既往歴がある．

　前向きで魅力的な日課を提供し，行動管理を目的とした有意義な活動や将来の就職に向けた職業訓練の取り組みを支援するために，綿密に管理された農場環境で目標志向の農業をベースにした園芸療法の活動を開始した．これらの介入は6カ月の教育期間中に徐々に導入された．この過程では，進捗状況の詳細な記録が作成された．セッションは最大15分の構造化された活動から始まり，プログラムの目標達成に向けて，クライエントの忍耐力に応じて増やしていった．

　クライエントには期待される活動を確実に理解するための言語的・視覚的なコミュニケーションが提供され，また，一対一の人員配置と，園芸に関するさまざまな業務の段階的なトレーニングが行われた．種まき，水やり，移植，施肥，除草，野菜の収穫など，園芸や温室での作業を教えるために，手の上にスタッフの手を添えながらの支援，言葉や視覚による促し，サポートスタッフの模範演技が活用された．6カ月間の終了時には，クライエントは120分の連続作業に耐えられるようになり，目立った行動の暴走もみられなくなり，菜園や植物の世話に関する知識も向上した．園芸療法により，彼は正式な職業リハビリテーションの評価と訓練を受ける資格が得られ，最終的には農場アシスタントとして施設に雇用されるようになった．

■高齢者のデイケアにおける治療的プログラム（Pamela Catlin, HTR）

　このクライエントは脳血管障がいで言語と認知の障がい，視覚障がい，運動障がいを経験した6カ月後に，成人デイセンターで治療に重点をおいた園芸療

法プログラムに参加し始めた．園芸療法プログラムの一環として，彼は定期的に屋内外のユニバーサルデザインのセラピーガーデンに参加していた．ある日，彼が車いすから腰の高さまである花壇の前に立つのを園芸療法士が観察した．スタッフの介助によるトイレを除いて，彼がデイセンターで自発的にこのような動きを始めたのは，これが初めてのケースだった．この行動と車椅子から少しでも立ってみたいという本人の希望から，彼の園芸療法の目標は次のようになった．「センターの庭にいる間，安全に立ってストレッチができるようになりたい」．それ以来，庭にいるときは，安全のためにスタッフが「彼を見守る」状態で，植え付けや水やり，耕作を行うために，レイズド・ガーデン・ベッド（腰をかがめなくても作業できる立方体のベッドのような形状に高く土を盛った耕作する場所）のところに立つようになった．日常生活では引き続き車いすを必要としたが，庭で過ごす短い時間ではあるが座ることから一時的にでも解放され，体力がつき，バランスが良くなり，座位から立位への安全な移行の仕方を学び，立つことと自然との触れ合いから自尊心を高め，いつも満面の笑みを浮かべていた．

▶ おわりに（ディスカッション）

■傾　向

　発展途上の専門職として，園芸療法はその範囲，アプローチ，実践を定義し続けている [Haller et al., 2019]．園芸をセラピーと人的サービスに利用するための継続的な流れとして，臨床的なものからホリスティック（全人的）なものまで，また施設に密着したものから地域に根ざしたものまで，さまざまな形で適用されている．サービスを受ける人々の種類も同じように多様で，医療診断を受けていない人々を含むより幅広いクライエントを対象としたサービスもある．たとえば，ストレスを抱えている大学生や社会人，野外での活動が限られ栄養状態の良くない子どもや青年，孤立しがちな高齢者，その他，セラピーとは感じさせない大地に根ざしたセラピーから恩恵を受けるさまざまな人々を対象としている．多様化に伴い，この分野のリーダーたちは，どのようなアプローチが園芸療法の呼称に該当するのか，そのパラメーターを特定することに取り組んできた．

　2019年，世界保健機関（WHO）は，世界の健康に対する大きな脅威として非

感染性疾患を挙げた．不健康な食生活と運動不足は，この脅威を引き起こす主要なリスク要因の2つであり，メンタルヘルスも悪化させる要因となっている．参加者が積極的にガーデニングで運動し，健康的な食べ物を育てて消費し，それらの行動をメンタルヘルスとウェルビーイングに結びつける園芸療法プログラムによって，先の要因には部分的に対処できる．フードガーデンを耕し，それをあらゆる種類の治療プログラムに組み込むことへの関心が高まっている．ストレスの軽減もまた，普遍的に応用できる分野である．職業訓練プログラムにおいても，セラピストは庭での作業や環境を利用してストレスを軽減し，前向きな結果をもたらしている．人間と自然のつながりの重要性が認識されるようになり，どの地域にも庭が普及していることから，園芸療法は応用範囲が広がり，人間の健康に大きな影響を与える機会が増えている．

■実務家への示唆と今後の研究課題

庭を体験することの利点について多くの研究がなされているが，園芸療法士は，実際に園芸体験に参加した人たちの肯定的な変化を定期的に観察している．

能動的な園芸と受動的に植物に接することの結果に焦点を当てたより多くの研究が必要であり，また園芸療法におけるさまざまな治療アプローチの相対的な利点を考慮した研究も必要である．定量的研究の限界は，プログラムのサンプル数が少ないことと，各プログラムが提供するクライエントや場所，そしてプログラムの目的に合わせて独自に調整されているためプログラムの間の一貫性がほとんどないことである．今後さらに研究が進み，科学界や医療界で肯定的な結果が認識されることが期待される．

訳 注

1）傍点は訳者が付記．注意回復理論における4つの要素である「適合（Compatible）」・「魅了（Fascination）」・「広がり（Extent）」・「逃避（Being away）」に対応．注意回復理論とは，自然の中で過ごすと，注意力が回復し，より集中できるようになるという理論．1980年代にミシガン大学の Rachel and Stephen Kaplan によって提唱された．

参 考 文 献

Chen, M. L., Lou, S. J., Tsai, W. F., & Tsai, C. C. [2014] "A study of the impact of horticultural activities on primary school children's sell-concept, well-being and effectiveness," *Journal of Baltic Science Education*, 13(5), 637-649.

Csikszentmihalyi, M. [1990] *Flow: The psychology of optimal experience.* New York, NY: Harper & Row.

D'Andrea, S. J., Batavia, M., & Sasson, N. [2007] "Effect of horticultural therapy on preventing the decline of mental abilities of patients with Alzheimer's Type Dementia," *Journal of Therapeutic Horticulture* 18, 8-17.

Davis, S. [1998] "The development of the profession of horticultural therapy," in S. Simson & M. Straus (Eds.), *Horticulture as therapy: Principles and practice,* Binghamton, NY: Haworth Press, pp. 3-20.

Friends Hospital [2019] History of Friends Hospital, Philadelphia, PA. Retrieved March 5, 2019 from https://friendshospital.com/about-us/ourtimeline/

Gallis, C. [2013] *Green care: For human therapy, social innovation, rural economy, and education,* New York, NY: Nova Science Publishers.

Goodyear, N. & Shoemaker, C. [2012] "The state of horticultural therapy around the world," *Acta Horticulturae,* 954, 159-189.

Hale, B., Marlowe, G., Mattson, R. H., Nicholson, J. D., & Dempsey, C. A. [2005] "A horticultural therapy probation program: Community supervised offenders," *Journal of Therapeutic Horticulture,* 16, 38-49.

Haller, R. [2017] "Goals and treatment planning," in R. Haller & C. Capra (Eds.), *Horticulture methods: Connecting people and plants in health care, human services, and therapeutic programs* (2nd ed.), Boca Raton, FL: CRC Press, Taylor and Francis Group, pp. 27-36.

Haller, R. L. & Kennedy, K. L. [2019] "Horticultural therapy, related people-plant programs, and other therapeutic disciplines," in R. L. Haller, K. L. Kennedy, & C. L. Capra (Eds.), *The profession and practice of horticultural therapy,* Boca Raton, FL: CRC Press, Taylor and Francis Group, pp. 23-44.

Haller, R. L., Kennedy, K. L., & Carpa, C. L. (Eds.) [2019] *The profession and practice of horticulture therapy,* Taylor & Francis Group.

Horticultural Therapy Institute [2020] Horticultural therapy certificate program. Retrieved June 10, 2020 from https://www.htinstitute.org/certificate-program/

Kaplan, R. & Kaplan, S. [1989] *The experience of nature: A psychological perspective,* Cambridge, MA: Cambridge University Press.

Kellert, S. & Wilson, E. O. [1993] *The biophilia hypothesis,* Washington, DC: Island Press.

Kuhnert, K., Shoemaker, J., & Mattson, R. [1982] "Job analysis of the horticultural therapy profession," in J. Shoemaker & R. Mattson (Eds.), *Defining horticulture as a therapeutic modality,* Manhattan, KS: Kansas State University, pp. 17-38.

LaRocque, C. [2019] "Program example: The interface between horticultural therapy, trauma treatment, and somatic-oriented mental health therapy," in R. L. Haller, K. L. Kennedy, & C. L. Capra (Eds.), *The profession and practice of horticultural therapy*, Boca Raton, FL: CRC Press, Taylor and Francis Group, p. 132.

Lewis, C. [1976] Fourth annual meeting of the national council of therapy and rehabilitation through horticulture, September 6, Philadelphia, PA.

Lewis, C. A. [1996] *Green nature/human nature: The meaning of plants in our lives*, University of Illinois Press.

Malone, K. & Haller, R. [2019] "Development of the profession," in R. L. Haller, K. L. Kennedy, & C. L. Capra (Eds.), *The profession and practice of horticultural therapy*, Boca Raton, FL: CRC Press, Taylor and Francis Group, pp. 23-44.

Odom, R. [1973] "Horticulture therapy: A new education program," *Hort Science*, 8(6), 458 -460.

Oxford Dictionary [2019] Horticulture. Retrieved June 10, 2020 from https://www.lexico. com/en/definition/horticulture

Relf, D. [1981] "Dynamics of horticultural therapy," *Rehabilitation Literature*, 42, 147-150.

Son, K. C., Um, S. J., Kim, S. Y., Song, J. E., & Kwack, H. R. [2004] "Effect of horticultural therapy on the changes of self-esteem and sociality of individuals with chronic schizophrenia," *Acta Horticulturae*, 639, 185-191.

Starling, L., Waliczek, T., Haller, R., Brown, B., Malone, R., & Mitrione, S. [2014] "Job task analysis survey for the horticultural therapy profession," *Horticulture Technology*, 24(6), 645-654.

Ulrich, R. S. [1997] "A theory of supportive design for healthcare facilities," *Journal of Healthcare Design: Proceedings from the Symposium on Healthcare Design*, 9, 3.

Wichrowski, M., Whiteson, J., Haas, F., Mola, A., & Rey, M. [2004] "The effects of horticultural therapy on mood and heart rate in patients participating in an inpatient cardiopulmonary rehabilitation program," *Journal of Cardiopulmonary Rehabilitation*, 25(5), 270-274.

World Health Organization. [2019] Ten threats to global health. Retrieved June 10, 2020 from https://www.who.int/emergencies/ten-threats-to-global-health-in-2019

Yalom, I. [1995] *Theory and practice of group psychotherapy*, New York, NY: Harper Press.

第 11 章

自然と感覚統合と小児作業療法

Kaya Lyons

▶ はじめに

　私たちは毎日，安全，生存，達成，成長，完遂を感じるための活動や仕事に
参加している．一部の人にとっては，発達の遅れ，ケガ，トラウマ，および／
または事故や病気のために，これが困難になることがある [Case-Smith & Bryan,
1999]．これらの障害により，人々が重要な日常業務を完了し，有意義な活動
に参加することが妨げられると，安心感とエンパワメントの感覚が損なわれる．
このような段階では，作業療法士の援助が推奨される場合がある．

　作業療法のルーツは，人間が日常生活に参加できる機能的な能力を持ち，自
己への価値感（自尊心）を育み維持できるように支援することにある [Kielhof-
ner, 2009]．作業療法は，「作業遂行を通じて健康とウェルビーイングを促進す
ることに関係する，クライエント中心の健康専門職である．作業療法の主な目
標は，人々が日常生活の活動に参加できるようにすること」である [World
Federation of Occupational Therapists Council, 2019, para. 1]．

　作業療法の実践は極めて多様であり，生涯全般にわたって人々をサポートし
ている．アプローチがさまざまであっても，全人的アプローチという重要な概
念は，作業療法実践を通して一貫している．この全人的アプローチは，個人の
関係性（愛着，友人関係，家族ネットワーク，専門的支援），環境（物理的，感情的，文
化的，社会経済的），さらに機能（精神的・身体的能力）を考慮した基礎的スキルに
支えられる [World Federation of Occupational Therapists Council, 2019, para. 1]．

　個人とその家族は，介入プロセスにおいて不可欠である．彼らは，個人の
ニーズと願望にとって有意義でユニークな目標の確立を支援する．文化的な信
念や価値観も，クライエント中心の目標に反映される [Whiteford & Wright St-
Clair, 2002]．個人の目標は，道具を使ってガーデニングをする，着替えをする，
字を書く，学校に行く，睡眠をとる，お店を歩いて移動する，公共交通機関を

利用する，などである．

　作業療法の分野には多様性があるため，さまざまな分野（ケガのリハビリテーション，子どもの発達問題など）を専門とするセラピストが存在する．本章では，冒険や野外の設定を取り入れながら，トラウマ・インフォームド・アプローチで感覚統合を専門とする小児作業療法士の枠組みに焦点を当てる［May-Benson, 2016］．

　感覚統合の課題は，障がいやトラウマを持つ多くの人に影響を与える［Baranek, et al., 2006; Ben-Sasson et al., 2007］．感覚統合とは，自分の身体や環境からの感覚を整理し，環境の中で身体を効果的に使うことを可能にする神経学的プロセスである［Ayres & Robbins, 2018］．トラウマは，感覚統合を中断させたり，あるいは無秩序にさせたりすることがある．現在，トラウマは，機能や精神的，身体的，感情的，またはスピリチュアルなウェルビーイングに悪影響をもたらす単一または継続的な体験と定義されている［Substance Abuse and Mental Health Services Administration, 2018］．

　感覚統合とトラウマを考慮した対応でクライエントをサポートする場合，自然との関わりは検討に値する．自然の中で野外にいることは，すべての感覚系にわたって豊かな感覚体験をもたらす［Ramshini et al., 2018］．さらに，多くの文化的・精神的儀式は自然と深く関わっており，個人の精神的・感情的・身体的ニーズをサポートするための介入戦略を考える際，自然は有益である［Li et al., 2019］．この点の詳細については，第5章と第13章を参照されたい．ここに，作業療法士が自然の中で感覚統合のアプローチを提供するための豊かな土壌がある．

▶ 感覚的な処理

　人間には8つの主要感覚があり，5つの感覚は環境に関する情報（触覚，嗅覚，視覚，聴覚，味覚）を，残りの3つの感覚は身体に関する情報（固有感覚，前庭感覚，内受容感覚）を提供する［Star Institute for Sensory Processing Disorder, 2018］．環境の中で安全を感じることは，外界の感覚の処理と組織化に由来する．自分の身体に安心を感じることは，内的感覚の処理と組織化から生まれる．個人に内的感覚と外的感覚を統合するためのプラットフォームを提供するのは，環境と身体という2つの関係である．感覚処理が適応的であれば，私たちは自分の

中に安心感を持ち，環境の中で探索し，学習することができる．

　感覚処理は，脳の下部の原始的な領域（脳幹と大脳辺縁系）で行われる［Bundy, et al., 2002］．処理は，認知を伴わず，非常に速く行われる．脳は1/1000秒ごとに新しい感覚入力を受け取り，その入力を統合し，適応的な反応を組織化し続けている．感覚的な処理が認知的な思考を伴わずに行われるのは不思議なことではない．もし，私たちがそれを意識したら，圧倒されたり，疲れたり，あるいはシャットダウンを引き起こすかもしれない．

　人間は，原始的な脳でそのような処理が行われ，優先的に生き残るようにできている．そのため，感覚的な処理によって認識された個人の脅威の知覚が，その反応を決定する［van der Kolk, 2014］．脅威を認識した場合，個人は生き残るための手段として，考えるよりも先に行動するようになる．大きな音を感じたときや，時には，その音が何であったかを確認するために振り向く前に，その場から逃げ出すことがある．

　感覚的な処理は，原始脳の中で感情的な記憶や反応と統合され，何を感じるかだけでなく，どのように反応するかに影響を与える［Davidson & Begley, 2012］．また，時間の経過とともに，個人の感情のコントロールや自己の認識にも影響を与えることがある［Davidson & Begley, 2012］．

　感覚処理に問題がある場合，環境や自分の身体に対する認識が状況と一致しないことがしばしば起こる．そのような人は生活の社会的，感情的，学習的な面で困難を抱えることがある［Star Institute for Sensory Processing Disorder, 2018］．たとえば，感覚処理に困難がある人は，友情の形成と維持，感情の共有と解釈が難しく，不器用で衝動性があり，自尊心が低く，不安を呈し，攻撃的またはその他の行動反応を示す場合がある．感覚処理の問題は，単独で起こることもあれば，その他の症状（自閉スペクトラム症，注意欠如症など）に関連して起こることもあり，また，愛着や幼少期のトラウマに反応して起こることもある［van der Kolk, 2014］．このように生活に大きな影響を与えるような悩みを持つ人々にとって，感覚統合的アプローチは有益かもしれない［Bundy et al., 2002］．

▶ トラウマ

　トラウマは個人の身体にさらなるストレスを与え，身体と心の生理的な変化を引き起こす［van der Kolk, 2014］．人の安全や安心が脅かされると，人は生存

本能が働き，日常の活動でも活発に動き続けることができる．そのため，日常生活における感覚入力に対する反応は，成長やつながりよりも，安全や防御の必要性の認識に基づいて行われるようになる．このような状況では，トラウマに配慮した感覚統合的なアプローチを実施する価値があるかもしれない．

　トラウマ・インフォームド・アプローチのセラピーは，トラウマの影響に対応する強みに基づく枠組みとともに活用することができる［Bateman, Henderson, & Kezelman, 2013］．強みに基づく視点は，病理に焦点を当てるのではなく，発達，成長，コーピングスキルを支える強みを認識し活用することで，個人を力づけることにある［Bateman et al., 2013］．また，このトラウマ・インフォームド・アプローチでは，クライエントとセラピスト双方の生理的，感情的，心理的安全の重要性を強調し，コントロールとエンパワメントの感覚を再構築することを支援する．

▶ 実践のためのディスカッション

　感覚統合介入の核となる原理は，個人が感覚入力を統合する適応的な反応を自発的に形成するような方法で，特定の感覚入力を提供することである［Ayres & Robbins, 2018］．感覚入力に対する個人の反応を考慮し，原始脳内の個人の神経学的処理に関する仮説を立てる，ボトムアップ型のアプローチである．感覚統合的アプローチを活用するセラピストは，個人の行動を反応として特定し理解することを目指す．たとえば，報酬や罰によって望ましくない行動を治療したり止めたりするのではなく，セラピストは個人の内的資源をサポートし構築するテクニックを実施する［Greenspan & Salmon, 1995］．

　感覚統合の介入は，一般的に感覚ジムクリニック，学校，または家庭環境で，個人またはグループに対して行われる［Zimmer & Desch, 2012］．これらの環境では，ゲームや活動が特定の感覚刺激を提供し，それが感情的な反応や思考，そして注意深く行うべき作業と結びついている．活動は個々のニーズに合わせて設計されており，目標に向かって進むものである．セラピストは個人のペースに合わせて有意義な活動をサポートする［Ayres & Robbins, 2018］．

　治療的活動は，スキルを個人の日常生活の活動に汎化できるように，神経系を調整することを目的としている．治療的手法には，スイング，バランスボード／クライミングウォール，視覚ターゲット，セラピーボール，バット，ター

ゲット，セラバンド，エクササイズボール，加重ベスト，加重ブランケット，傾斜台，感覚調整音楽，ポジショニング，ディーププレッシャーブラシ，呼吸トレーニング用おもちゃ，因果関係リソース，障害物コースなどの問題解決活動などの使用がある．アクティビティは，個人の強みをサポートしながら刺激を与え，秩序を保ち，機能を向上させるための新たなスキルを身につけるために，適度なチャレンジが必要である．セラピーは，子どもにとっては遊びを通じて目的を持った活動として役立ち，子どもと大人の両方にとっては有意義な仕事や余暇，セルフケア，休息の一環として取り入れられる ［Wilkinson et al., 2019］．

▶ 感覚統合と自然環境

　臨床推論は，各個人およびその治療が行われる環境において，最も効果的な治療介入と技術を探求することが求められる ［Bennett & Bennett, 2001］．神経系が脅威を感じることなく落ち着き，個人がつながりを感じられる環境が理想的である．それは，クライエントが安全で安心できる場所であり，セラピストと環境が感情的なつながりと自信をサポートできる場所である．ここで，感覚統合療法，トラウマに配慮したアプローチ，そして自然環境の融合について理解を深めていく．

　環境との相互作用は，脳を発達させるのに有効である．経験と探索を通じて，機会が与えられれば，脳は自ら組織化する ［Ayres & Robbins, 2018］．このようなアプローチの理論的枠組みが環境と統合されていることを考えると，アプローチの一部として野外を利用する機会は膨大にある．しかし現時点では，そのようなアプローチの統合，具体的な意図を持って実践されることはあまりない．感覚統合療法に自然を利用する価値は大きく，さらなる探求が必要である ［Harper, Rose, & Segal, 2019］．

　自然の特性を考慮すると，感覚統合療法の機会は無限にある．自然は，そのバランスのとれた性質から，神経系を落ち着かせることが多い感覚入力を探索する機会が豊富であるため，個人の探索と学習を促す．自然は，リスク，挑戦，成功，探求，問題解決，新しいスキルの達成の機会が豊富に供給される場所である．隠された空間を探索したり，岩を登ったり，砕ける波で遊んだり，動物を追跡したり，太陽を読んだり，葉，樹皮，土のさまざまな質感を感じたりす

るチャンスがある．これらの活動を通じて，人は感情を感じたり，他人とつながったりすることができる．これらの要素は，健康とウェルビーイングの根底にある［van der Kolk, 2014］．

▶ 理論・研究・有効性

　アドベンチャーセラピーは，第7章で述べたように，一般的に「認知，感情，行動レベルでクライエントに運動学的に働きかける，しばしば自然の環境で行われるアドベンチャー体験を処方的に用いること」［Gass, Gillis, & Russell, 2012, p. 1］と定義されている．アドベンチャー活動の感覚的，感情的，認知的な要素を考慮すると，トラウマに配慮した感覚的統合的なアプローチを始めることができる．

　このような統合的アプローチはまだ始まったばかりであり，研究における実証的な根拠も乏しいが，私の実践経験では有意義な変化を示している．たとえば，セラピーの成果には次のようなものがある．

　　・家族で自転車に乗ったり，毎日のように外出したりするときに，子どもが感情を爆発させずにすむようになる．
　　・学校のキャンプに参加し，ずっとそこにいることができる．
　　・子どもが学校に戻る．
　　・子どもが友達関係を築き，友達と遊ぶ．
　　・子どもが泳いだり，歩いたり，ブランコしたりできるようになる．
　　・家族が一緒に夕食をとったり，家族旅行に出かけたりできるようになる．
　　・ティーンエイジャーが自尊心を示す．

　介入が機能に与える影響を見ると，現在の文献では，感覚の処理と統合の困難と，睡眠，着替え，食事，遊びへの参加，余暇や学校関連の活動への参加といった「基本的日常生活動作」や「手段的日常生活動作」の遂行を支持している［Chien et al., 2016; Kuhaneck & Britner, 2013; Mazurek & Petroski, 2015］．また，Ayres'の感覚統合療法が機能的スキルと目標達成を向上させる効果を有するという証拠もある［Schaaf et al., 2015; Schaaf et al., 2017］．

　研究によると，感覚統合療法は，個人の目標の成功的達成，ウェルビーイングの向上，日常業務への参加意欲の向上，行動反応の減少，感情，運動，遊び，

睡眠の発達の改善に寄与するとされている [Cohn, Miller, & Tickle-Degnen, 2000 ; Cohn, 2001 ; Pfeiffer, May-Benson, & Bodison, 2018]．しかし，感覚統合やトラウマに配慮したアプローチによる治療効果を得るための自然の利用については，研究が限られている．

　小児期のトラウマ回復のための介入は，まだ始まったばかりである．最近の神経生物学的研究では，複雑な小児期のトラウマ体験が，自己調節や覚醒をサポートする神経解剖学的な脳構造に関連していることが示唆されている [LeBel & Champagne, 2010 ; van der Kolk, 2014]．これまで多くの介入は，メンタルヘルス，感覚統合，身体に分けて行われてきた．しかし，最近では，発達を支援するために，メンタルヘルスのアプローチへ身体を統合する方向にシフトしている [Ogden, Minton, & Pain, 2006]．個人の感覚処理と，感情や行動に関わるトラウマ反応との間には，統合的な治療アプローチを支える多くの重複があることが明らかになりつつある．

　さらに，理論家たちは，自己治癒力について探求してきた（第 2 章参照）．本物であること，そして共有することは，成長を達成するための信頼に基づいた作業同盟の確立をサポートすると考えられている [Dewane, 2006 ; Edwards & Bess, 1998 ; Shulman, 2008]．

　研究が進むにつれて，現在のセラピーは，変化を評価するために測定可能な結果を含む体系的な方法を取り入れることが重要になっている．また，変化に対して十分に敏感で，そのような目的のために設計された結果測定も同様に重要である．作業療法が目標に焦点を当て，クライエント中心であることをふまえ，目標測定尺度は，社会的相互作用，行動反応，セルフケア，読む，書く，眠る，食べるなどの個人の日常パフォーマンスの肯定的な変化を特定するために一般的に使用されてきた．例として Goal Attainment Scale（目標達成尺度）[Smith, 1976] および Canadian Occupational Performance Measure（カナダの職業パフォーマンス測定）[2019] などがあげられる．

　個人だけでなく，感覚統合の統合的な枠組みや，野外でのトラウマに配慮したアプローチの取り方など，さらに研究を進めることがセラピーの指針や個人へのサポートを継続する上で有益であると考えられる．そのためには，より大規模な測定で特定のグループに対する介入の忠実性と有効性を慎重に検討する必要がある．

▶ 事 例 紹 介

　ベックは，里親のもとで暮らす11歳の少女である．幼少期の彼女は，薬物やアルコールを乱用する母親と父親のもとで暮らしていた．里親の環境は，一貫性があり，愛情があり，しっかりとした境界線と期待をもって支援をしている．ベックは非常に運動能力が高く才能のある少女で，状況をコントロールしようとし，しばしばリーダー的な役割を担っている．食事は好きなものを数種類に制限しており，便通は不規則である．日常生活では自分はいつも「元気」であり，家庭環境以外の日常生活も効率よくこなすことができると認識している．

　しかし，家庭という安全な環境では，状況をコントロールしようとするため他の視点に耳を傾ける柔軟性が低下し，従順さが欠如し，感情的な反応（怒鳴る，ドアを叩く，指示に従わない）が強まる．このような反応について議論されると，ベックは自分の感情を明確にすることができず，代わりに自分は「大丈夫」であることを示すために会話を打ち切ってしまうようになる．ベックの感情の幅は非常に狭く思考は直線的で，彼女の相互作用には喜びや遊び心が少なくなっている．創造的で探索的なタスクに参加するよう誘われても，ベックは探索の旅と柔軟性を楽しむのではなく，論理的で構造化されたタスクの完了に逆戻りする．

　さらに，ベックの衝動のコントロールは，興奮や怒りなどの感情を引き起こす体験や，携帯電話の使用など動きが多いタスクの際にうまくできなくなる．衝動コントロールの欠如が家庭でのルールに従わないことにつながると，彼女の行動はエスカレートしていく．このような反応は日常茶飯事で，登校の準備，友人関係の構築と維持，宿題の完了，食事の時間，周囲の人々との交流に影響を及ぼしている．

　セラピストとして，私たちはベックの初期のトラウマと，それが彼女の愛着と反応に与えた可能性のある影響を解明し始めた．私たちは，幼児期の主な養育者からの反応の欠如が，感情の抑制と，論理的に考えて課題をコントロールする生存反応につながったという仮説を立てている．

　幼児期には，原始脳は，感覚的・感情的なつながりや，主たる養育者との体験を通して，愛着や安心感を育む．ベックにとってこれが利用できなかったと

き，彼女の生存戦略は，これらの領域をシャットダウンして感覚や感情の強度を下げ，代わりに論理，計画，順序を利用して機能を獲得し，自分のニーズを満たすことにあったと考えられる．これらの反応は，発達初期の直接的な状況では有益（適応的）で生存に重要であるが，ベックの現在の生活では，これら反応は不適応となっている．

　長期的には，左脳に過度な負担をかけ，右脳の活性化を低下させるような戦略をとっている．その結果，思考の明瞭度が低下し，ストレスが溜まり，休息や消化の面で課題が生じる可能性が高い．さらに，生存のために感覚や感情の処理を減らす戦略は，ベックの社会的なつながりの能力にも悪影響を及ぼす．重要な人間関係の形成と維持は，触覚や感情の共有といったプロセスや，本物のつながりに依存している．人間には，社会的つながり，身体的健康，ウェルビーイング，幸福との間に関連性があることが知られている [Davidson & Begley, 2012]．

　ベックにとって，自然の中での感覚統合療法は，関係性，感覚，感情を通じて，身体，心，精神をつなぐものである．これは，安心のプラットフォームであり，彼女の経験の中で探求し，構築し，意味を形成する場所となる．自然の中でつながるということだけが目的ではない．それぞれの感覚とつながり，その経験を感情に結びつけ，その経験を真摯に他者と共有することなのだ．森の中を歩くことは，ベックが見るもの，嗅ぐもの，聞くもの，感じるもの，味わうものを探求することになる．ベックは何に注目し，何に興味を持つのだろうか．ベックは，呼吸，心拍，全体的な感覚について，自分の体で何に気づいているのか，彼女の体に緊張した部分や，リラックスしたり，暖かく感じたり，涼しくなったりする部分はあるのか，それはどのように変化するのか．

　感覚統合とともに，感覚的および感情的な経験を真に共有し，つながることによって，右脳同士のつながりが強化される [Schore, 2009]．森の中を歩きながら，ユーカリの葉を折ったときの香り，ゴムの木から滴る赤い樹液の光景，急な坂道を上るときの心臓の鼓動，ペースアップしたときの息苦しさなど，今この瞬間を共有することに大きな価値がある．無意識のうちに起こっているプロセスに意識を向けることで，私たちの内面と外面が意識化される．これらの感覚に気づき，一時停止して処理し，その変化に意識を向ける．どのような感覚が心地よかったのか，楽しかったのか，嫌だったのか，気づかなかったのか，振り返ってみる．比較や判断をせず，好奇心をもって個々の感覚を共有する．

　今，この瞬間の感覚入力と感情体験を結びつけることで，私たちは潜在的な能力を開発することができる．このリソースは，ベックが日々の体験の中で活用し，感情を感じ取るためのポジティブな記憶のプラットフォームとなる．安全や安心という新しい神経学的なつながりを構築する．その結果，対処療法的な反応が，シャットダウンや抑制から感じ取ることへと変化していく．ベックは心拍数が上がっていることに気づけるようになった．自分の呼吸に意識を向けることができる．暖かい毛布にくるまると，気持ちが落ち着くことを自覚している．ベックは粘土で創作するのが好きで，感情を解放する方法として使っている．ベックはこのような環境の中で学習への意欲を高め，家庭での要求を満たし，友人関係を築くことができた．

　自然な環境で治療的な感覚体験をすることで，ポジティブな感情反応を引き起こし，心を落ち着かせる機会が提供される．しかし，現代の日常生活に対する要求は，自己の感覚から意識を遠ざけ，テクノロジーに基づく過剰な刺激に向かわせる傾向がある．このような環境でのセラピーは，感覚的なインプットを感じ取る機会を制限する可能性がある．自然環境に身を置くことは，原始的な脳を組織化する適応的な神経回路を刺激し，強化する機会を豊富に提供することができる．

▶ ま と め

　作業療法の実践には，個々のクライエントの年齢，診断，セラピストが介入を導くために使用するフレームワークなどを考慮すると，幅広い多様性がある．

　感覚統合の理解が進むにつれて，自閉スペクトラム症や幼少期のトラウマを持つ人など，さまざまな人が感覚に困難を抱えていると認識されるようになり，彼らの記憶を処理することができるようになってきている．現在，治療分野の垣根を越えて，多くの一流の専門家が，健康やウェルビーイングに影響を与える記憶を，心だけでなく人間の身体がどのように保存しているかについて，その知識と研究を共有している．これらの記憶は，人の姿勢，動き，反応，探索，学習，感じ方に影響を与える．このような理解のもと，より多くのセラピストが，個人の身体，心，精神のさらなる発達をサポートするために，感覚統合を伴うサービスを共有し提供している．

　仕事，学習，社会とのつながりのためのテクノロジーの進化と利用は，さら

なる課題をもたらしている．このような社会の変化は，個人の感覚器官に大きなストレスを与える．また，テクノロジーは，感覚を統合する活動や自然をベースとした活動から，個人を遠ざけてしまう．ここに，これからの最大の課題がある．社会が必要とするサービスを提供するために，充分な数のセラピストがいるのだろうか．また，必要としている人たちに，そのような介入の利点を提唱するための質の高い研究が十分になされるのだろうか．そのような活動に参加しないことへの影響が，予防を支援するコミュニティ・地域社会の問題意識として，しっかりと引き寄せられるのだろうか．保険会社や政府機関は，このようなアプローチの進展を支援するのだろうか．

　知識が増え，変化している今，実践者が互いに共有し，支え合い，枠組みを広げ，研究を完成させ，発表し続けることが重要である．本来，感覚統合型作業療法は高度に専門化された分野である．この分野への参入を希望するすべての人を受け入れることが重要である一方，この分野の完全性，そして私たちが奉仕する人々の安全と利益のために，実践者が資格を持ちベストプラクティスを遵守するための，サポートとトレーニングへのアクセスを提供することが非常に重要である．

参 考 文 献

Ayres, A. J. & Robbins, J. [2018] *Sensory integration and the child*, Los Angeles, CA: Western Psychological Services.

Baranek, G. T., David, F. J., Poe, M. D., Stone, W. L., & Watson, L. R. [2006] "Sensory experience questionnaire: Discriminating sensory features in young children with autism, developmental delays, and typical development," *Journal of Child Psychology and Psychiatry,* 47, 591-601.

Bateman, J., Henderson, C., & Kezelman, C. [2013] *Trauma-informed care and practice: Towards a cultural shift in policy reform across mental health and human services in Australia. A national strategic direction.* Position paper and recommendations of the National Trauma-Informed Care and Practice Advisory Working Group. Lilyfield, Australia: Mental Health Co-ordinating Council.

Bennett, S., & Bennett, J. W. [2001] "The process of evidence-based practice in occupational therapy: Informing clinical decisions," *Australian Occupational Therapy Journal,* 47(4), 171-180.

Ben-Sasson, A., Cermak, S. A., Orsmond, G. I., Tager-Flusberg, H., Carter, A. S., Kadlec, M. B., & Dunn, W. [2007] "Extreme sensory modulation be-haviours in toddlers with autism spectrum disorders," *American Journal of Occupational Therapy,* 61, 584-592.

Bundy, A. C., Lane, S., Murray, E. A., & Fisher, A. G. [2002] *Sensory integra-tion: Theory and practice,* Philadelphia, PA: F. A. Davis.

Case-Smith, J. & Bryan, T. [1999] "The effects of occupational therapy with sen-sory inte-gration emphasis on preschool-age children with autism," *American Journal of Occupa-tional Therapy,* 53(5), 489-497.

Chien, C.-W., Rodger, S., Copley, J., Branjerdporn, G., & Taggart, C. [2016] "Sensory pro-cessing and its relationship with children's daily life participation," *Physical & Occupa-tional Therapy in Paediatrics,* 36(1), 73-87.

Cohn, E., Miller, L. J., & Tickle-Degnen, L. [2000] "Parental hopes for therapy outcomes: Children with sensory modulation disorders," *American Journal of Occupational Therapy,* 54, 36-43.

Cohn, E. S. [2001] "Parent perspectives of occupational therapy using a sen-sory integration approach," *American Journal of Occupational Therapy,* 55, 285-294.

第 12 章
サーフセラピー

Jess Ponting

▶ は じ め に（導入と背景）

　サーフィンは，数千年前にさかのぼる長い文化的歴史を持つ先住民族のスポーツである．

　サーフィンは，文化的・社会的生活に不可欠なハワイ諸島で植民地時代以前に全盛期を迎えたが，紀元前300年頃には，ペルーのインカ帝国時代以前のチャンチャン漁村においても，束ねた葦カヌーでサーフィンが行われていた [Warshaw, 2004]．同様に，大西洋沿岸の西アフリカ地域 [Dawson, 2018; Pearson, 1979]，パプアニューギニア [O'Brien & Ponting, 2013]，フィジー [Ponting & O'Brien, 2013]，ポリネシアの島々 [Crawford & Wright, 1994; Lanagan, 2002] でも，植民地以前のサーフィンの伝統が受け継がれていた．

　1777年，James Cook 船長とその乗組員は，小型帆船で，カヌーに乗ったタヒチ人の波乗りを観察し，船日誌に「この男が海によって速く滑らかに動かされている間，最高の喜びを感じていると結論づけずにはいられなかった」[Warshaw, 2004, p. xi] と記した．1820年にアメリカのカルヴァン派宣教師がハワイに到着し，入植者勢力からサーフィンは強く否定された．そして，入植による感染症によってハワイ先住民の人口が95％も減少したが，サーフィンは存続したのだ [Walker, 2011]．アメリカの小説家 Jack London と Mark Twain は，20世紀最初の10年間，息を呑むような熱意をもってサーフィンについて書き記した．それと並行し，新興の実業家たちはサーフィンをハワイの観光地マーケティングのイメージとして，また南カリフォルニアの沿岸部の不動産や鉄道開発のフックとして活用し始めた [Ponting, 2017]．1912年，Duke Kohanamoku（ハワイ先住民のオリンピック水泳チャンピオン）がオーストラリアの文化にサーフィンを普及した．ハリウッド主導の10代サーファーの魅力が西洋世界を席巻したのは，1950年代後半だった．それから10年の間に，サーフメ

ディアとサーフアパレル産業が出現し，1980年代には世界的に広がり，21世紀の変わり目には10億ドル産業となった［Ponting, 2017 ; Warshaw, 2004］．今日では，106カ国がInternational Surfing Association（国際サーフィン連盟）に加盟し，世界的スポーツになった（国際サーフィン協会監督のもと，2020年日本でサーフィンは正式種目としてオリンピックにデビューする予定である）．世界中で約3500万人がサーフィンをしており［O'Brien & Eddie, 2013］，年間30%の割合で増加している［World Surf League（WSL）, n. d.］．世界のサーフィン産業は，年間700億ドルから1300億ドルの価値があると推定されている［O'Brien & Eddie, 2013］．

　Surfer's Healing（サーファーズ・ヒーリング）は，IsraelとDanielle Paskowitz夫妻が，自閉スペクトラム症と診断された息子のIsaiahにサーフィンがもたらす癒やし効果を偶然発見し，南カリフォルニアで1996年に設立した［Surfers Healing, n. d.］．これに続き，1998年にサンタクルーズを拠点とする団体Ride a Waveが設立された［Ride a Wave, n. d.］．2017年に設立された，International Surf Therapy Organization（国際サーフセラピー機構）［2019］は，サーフセラピーを「社会，行動，健康，経済，その他の課題の予防と治療における治療手段としてのサーフィンや水辺での遊びを，エビデンスに基づき，臨床的に導き，安全に提供すること」(n. p.) と定義している．このセラピーには，ネイチャーベースドセラピーやアウトドアセラピーとは異なる点がいくつかある．たとえば，クライエントは強烈な感覚を体験し，常に動き，変化しているダイナミックな野外環境に身をおくことになる．そのため，常に身体的な反応が必要となる．サーフセラピーは，波間に静かな内省と絆を得る瞬間と，太陽が生み出すエネルギーの波に乗るスリルや喜びを与えてくれる．

　サーフセラピーは，自閉スペクトラム症の子どもたちへの介入という歴史的ルーツを超え［Cavanaugh & Rademacher, 2014 ; Stuhl & Porter, 2015］，自閉スペクトラム症以外の障がいのある子どもたち［Armitano et al., 2015 ; Clapham et al., 2014 ; Moore, Clapham, & Deeney, 2018］，滞在型治療施設の青年［Gaspar de Matos et al., 2017］，リスクのある若者［Colpus & Taylor, 2014 ; Godfrey, Devine-Wright, & Taylor, 2015 ; Hignett et al., 2017］，依存症に苦しむ人々［Harris, 2015］，末期疾患［Nichols, 2014］，退役軍人［Caddick et al., 2015a ; Crawford, 2016 ; Fleischmann et al., 2011 ; Rogers, Mallinson, & Peppers, 2014］など対象が広がっている．さらに，1日だけのイベント，週に1回を何週にもわたり行うプログラム，週に数日を何週にもわたり行うプログラム，毎日サーフィンを行う，数日または1週間のサーフキャンプ，

週に 1 回を何年にもわたって行う長期プログラムなど，さまざまな治療的な方法がある．

▶ 実践のためのディスカッション

■ 障がい児（自閉スペクトラム症）

　Stuhl and Porter [2015] は，2 日間のキャンプから 6 週間と 8 週間のプログラムまで，自閉スペクトラム症の子どもを対象とした 3 つの別々のプログラムを検討し，すべての研究が参加者にもたらす肯定的な結果に基づき，サーフセラピーを強く支持していることがわかった．3 つのプログラムの結果から，障がい児，特に自閉スペクトラム症児を対象としたプログラムに取り入れるべき以下の要素を明らかにした．

① サーフィンを補完するための社会的，協調的，動的，感覚的な活動
② 家族も巻き込んだ総合的な体験
③ 参加者間，参加者の家族間のコミュニティ（共生力）を育む
④ 参加者それぞれの学習スタイルを学び，活用する
⑤ 参加者とスタッフの比率を 1：1 以上にする
⑥ サーフィンとサーフィン以外の活動での具体的な社会的スキル指導
⑦ 社会的学習を他の生活環境に取り入れる
　例：学校，将来のキャンプ，将来のメンターまたはボランティアとしての役割
⑧ 参加者が不安や失敗を恐れず自由に探求できるようにする．[Stuhl & Porter, 2015, p. 254]

■ 退役軍人

　上記の構成要素は，障がいのある子どもたちの実践に最大限の効果をもたらすために統合することができるが，負傷した退役軍人の実践に直接適用することはできない．退役軍人のコミュニティにおけるベストプラクティスに包摂されるものを抽出しようとした研究は，今のところない．このコミュニティでの実践がどのようなものかを理解するために，筆者は負傷した退役軍人のために最も長く運営されているサーフクリニックの共同設立者にインタビューを行っ

た（インタビューは https://csr.sdsu.edu/）.

　Nico Marcolongo は, アメリカ海兵隊の少佐として 2 度のイラク遠征を体験した退役軍人であり, Naval Medical Center San Diego Surf Clinic（海軍医療センター・サンディエゴ・サーフクリニック）を共同設立した. 10年以上にわたって, サーフクリニックは, 目に見える, あるいは見えない戦闘の傷に苦しむ退役軍人や現役軍人のために毎週セッションを実施している. サーフクリニックは, Marcolongo 少佐が San Diego Navel Medical Center（サンディエゴ海軍医療センター）の個々の退役軍人と連絡を取り合い, 彼がライフガードを雇って, 身体に複数個所の損傷（切断）を負った退役軍人のサーフィン体験をファシリテートしたことから始まった. その効果はすぐに明らかになり, このプログラムは国防総省公認のリハビリテーション・クリニックに成長した.

　負傷した退役軍人にとって, 市民社会への再統合は大きな課題である[Dustin et al., 2016]. サーフクリニックでは, 大勢の退役軍人が公共の場に集まり, 負傷してからおそらく初めて, 公共の場で快適に過ごせるようになる. サーフィンを始める準備ができたと感じるまでには, ビーチに何度か足を運び, うまく波に乗るまでにはさらに何度かかかるが, このプロセスの各段階は, 彼らにますます力を与え, 自分の人生に対するコントロール感の回復を意味する. サーフセラピーは, 最初は新しい義肢に苦労していた両膝上切断者に特に有効であることが証明されている. Marcolongo 少佐［私信, 2015］は以下のように記している.

　　　水中でサーフィンをしているとき, 彼らは優位に立つことができる. 重心
　　　が低いので, ボードの上に飛び乗ることができ, すぐに乗りこなすことが
　　　できる. それがとても爽快なのだ. そして, その魅力に取りつかれる. 手
　　　足がなくても, 水中でその機動力を発揮することができる. 海は, 多くの
　　　傷を和らげてくれる素晴らしい場所だ.

　Marcolongo は, この方法とこの集団における実証的根拠の有効性に寄与する重要な以下の要素を明らかにした.

　①波間に浮かんでいる時間は, 軍人が海の落ち着きと癒やしの力を感じ,
　　野生動物とのふれあい（イルカ, アザラシ, ペリカンなど）を体験し, 自分
　　の身に起こったことを振り返る時間を持つことができる.

② 波乗りのアドレナリンラッシュは，時に破壊的な行動につながる退役軍人の興奮とアドレナリンの欲求を満たすのに役立つ [Caddick et al., 2015b]．

③ 荒れた海がもたらす危険を克服するためには，海の予測不可能性に冷静に身を委ねることを学ぶ必要がある．Marcolongo によると，予測不可能な挑戦に直面して冷静になることを学ぶことは，癒やしにつながり，身体的・心理的な課題を抱えて市民社会への再統合に壁のある人たちのより良い結果につながる．

④ サーフクリニックで波に乗るという行為は個人的な挑戦である一方，サーフクリニック・グループでサーフィンに行くというプロセスは非常に社交的である．コンディションや波の選択について軍人同士は常に談笑している．このような話し合いが，チーム内の信頼関係を構築している．現役の軍人は，チーム全体を助けるために個々の仕事を遂行することでチームとして働いているため，個人とチームのダイナミズムは身近で心強い．参加者は自分自身や身体的・心理的な傷を超えて考えることができ，それが癒やしにつながる．

▶ 理論・研究・有効性

　自然の中での体験，特に自然の中での身体活動が，さまざまな集団の参加者に治療的効果をもたらすことを示す研究は十分に行われている [Coon et al., 2011; Dustin et al., 2016]．沿岸環境は，「ブルースペース」[White et al., 2010]，「ブルージム」[Depledge & Bird, 2009]，「ブルーマインド」[Nichols, 2014] など，水の周りや中にいることがウェルビーイングにプラスの影響を与えることを表す用語を生み出した研究者から特に注目されている．Nichols [2014] は，沿岸や海洋環境への曝露だけでなく，特にサーフィンの神経科学を具体的に探求している．

　サーファーたちは長い間，サーフィンから体験する個人的な利益を指摘しており，学者たちもさまざまな観点からこれを探求し始めている．たとえば，Steven Butts [2001] は，サーフィンが「心理的な欲求を満たし，心を澄ませ，精神を浄化するもの」であることを発見した (p. 1)．また，サーフィンは「ハ

イリスクなレジャー」として位置づけられている [Stranger, 1999, 2011]. 伝統的に, ハイリスクなレジャーは, 急速な社会変化と並行して行われる場合に, カタルシスを引き起こすことができるものとして称賛されてきた [Giddens, 1991]. たとえば, Pearson [1979] は, サーフィンを, 時代遅れのモダニズム的期待に息苦しさを感じていた第二次世界大戦後の若者たちのアイデンティティ構築のための代替アンカーとみなした. 対照的に, Stranger [1999, 2011] は, スリルとリスクという感覚的な身体性を伴う体験に価値を見出した. 同様に, Farmer [1992] は, リスクを取ることで生まれるスリルは, しばしば「ストーク」として表現され, サーフィンをする動機づけの最も重要な要因であると結論づけた.

　宗教学の教授である Bron Taylor [2007] は, サーフィンを次のように考えている.

　　　身体的, 心理的, スピリチュアルな恩恵をもたらす深く意味のある実践……特定の感覚的な実践がその神聖な中心を構成する宗教的形態であり, その体験は, 自然を, 力強く変化する, 癒やし, 神聖なものと信じるに至る道すじで構成されている. (p. 923)

　Anderson [2013] は, サーフィンは「超越的なものを体験する手段」(p. 954) を表わし, サーフスペースはスピリチュアルな空間であり, リミナル（中間的・移行的な）な空間でもあると示唆した. サーフゾーンのリミナリティ（移境態）[1] とは, 「単なる遊び場ではなく, 精神の聖堂として認識することができ, 身体的的・精神的ウェルビーイングと並んで, 人間の幸せのための重要な資源として機能する」(p. 967) ことを意味している. Nerothin [2018] は, 波乗りの時間と, 波乗りの間の時間は, サーフィンがウェルビーイングに与える全体的な影響を補完する, 全く異なる体験であることを発見した. 波乗りはスリリングでフロー体験を助長し, リスクと報酬のバランスを伴うが, その間のインターバルは, はるかに内省的で回復的な期間である. まったく異なるものの, どちらも日常の雑事から注意をそらすことができ, 身体的健康, 精神的体力, 感情的ウェルビーイングの面で短期的なウェルネスの強化につながる [Nerothin, 2018]. ほとんどのサーファーが本質的に理解しているこれらの利点は, 明らかに治療的介入に適している.

■退役軍人

　サーフセラピーに特化したアウトカム研究は，少ないながらも増えてきている．Rogers et al. [2014] は，戦闘後のクリニックで，参加者が毎週1日サーフィンをする5週間のプログラムに従事した退役軍人 (14人) を対象にプレ・ポストテスト調査を実施した．この研究では，心的外傷後ストレス障害とうつ病の測定に関して有意な改善が見られ，サーフセラピーは障がいに苦しむ退役軍人の有用な介入として機能すると結論づけられた．Crawford [2016] は，1週間の宿泊キャンプ (同じホテルに滞在し，1週間のうち毎日3～4時間サーフィンをする) に参加した退役軍人 (95人) を対象に定量的な反復測定研究を行い，自己効力感，心的外傷後ストレス障害，抑うつ状態の軽減の領域で実質的にポジティブな変化があったと報告した．しかし，その影響が30日後以降も続くかどうかについては，さらなる研究が必要であった．Fleischmann et al. [2011] は，サーフセラピーが「水治療法，筋力トレーニング，バランスリハビリテーション，集団療法」の要素を取り入れることにより，痛み，前庭障害，認知症状など複数の問題に同時に対処することを発見した [Fleischmann et al., 2011, p. 27]．

　Caddick et al. [2015a] は，イギリスにおける週2回の18回のキャンプと3週間の宿泊プログラムの間に，退役軍人 (15人) のインタビューと参与観察に基づく定性的なナラティブアプローチ調査を実施した．彼らは，参加者は参加中に心的外傷後ストレス障害の症状からほぼ完全に休息 (レスパイト) を体験したことを発見した．この休息は，退役軍人が現在に集中し，振り返りも楽しみにできる楽しい体験をすることで，障がいの症状である「サイクル」を中断させ，全体的なウェルビーイングの向上につながったとされる．また，他の退役軍人との関係を促進し，心的外傷後ストレス障害の特徴である孤独や社会的孤立に立ち向かう手助けになったとされている．

■障がい・スペシャルニーズのある子ども

　もう1つの研究の流れは，障がいやスペシャルニーズのある子どもたちを対象とした方法についてである．これらの研究結果には，かなりの重複がある．たとえば，Moore et al. [2018] は，週2回の1時間のサーフセッションからなる8週間のサマープログラムに参加した8歳から19歳の障がいや行動上の課題を持つ子ども (13人) の親にインタビュー調査を実施した．保護者は，ネガ

ティブな行動（攻撃性など）の調節として，ウェットスーツの締め付けや砕ける波の感触などの感覚入力による利点とともに，バランス，筋緊張，スタミナが向上したと報告した．さらに，保護者からは，態度，見通し，自信の向上，社会的スキルや包摂力の向上が報告された．これらの利点は，子どもたちの生活の他の多くの面に影響することも報告された．Armitano et al. [2015] は，障がい（主に自閉スペクトラム症とダウン症）のある子どもたちに毎週サーフィンセッションを行う8週間のサーフセラピー介入の身体的利点のみを調査し，上半身の強度，体幹強度，心肺持久力の測定可能な向上を示した．また，参加者の自信の増加，社会的発達の獲得，不安の減少が観察されたことも記している．

　Devine-Wright and Godfrey [2018] は，メンタルヘルス上のニーズを持つ若者対象の介入（年6週間）について縦断的研究を行った．参加者は，週1回2時間のサーフィンレッスンを6週間受講した．2013年から毎年実施されているこのプログラムは，プログラム以外のサーフィンの追加レッスンや，翌年のプログラムでのボランティア活動の機会を通して，参加者の関与を維持する機会を提供してきた．5年間のデータ分析から，参加者は自信，心身の健康，ウェルビーイングの向上を体験し，それが長期にわたり持続していることがわかった．同様に，Hignett et al. [2017] は，行動上の問題の結果，学校から排除された，または排除される恐れのある12～16歳の子どもを対象に，毎週サーフィンのレッスンを行う12週間のプログラムの有効性を調査した．結果として，自尊心，仲間同士の前向きな社会的関係，向社会的行動とともに，参加者の体力が向上したと結論づけている．同様の結果は，ポルトガルのリスボンにて，週2回，8セッションのプログラムにわたって，児童養護施設の青少年を対象とした研究でも報告された [Gaspar de Matos et al., 2017]．

■サーフセラピーの主要な構成要素

　既存の文献は，サーフセラピーの効果が本物であるという研究者のコンセンサスを支持している．さらに，その効果は，異なる集団や様式間でも大きく重複しているようだ．Godfrey et al. [2015] は，これまでに実施されたすべての研究（Godfreyらの研究後に発表されたものを含む）に共通する，サーフセラピーの主要な構成要素のいくつかを概説している．それらは以下のとおりである．

　(a) 海は回復のための環境である．(b) 参加者は自然との精神的なつながりを感じる．(c) サーフィンは学習を促進し，レジリエンスを開発する非常に感

覚的な体験である．(d) 参加者は包摂を感じる．(e) 認められサポートされることで，ポジティブな自己概念と自尊心を築く．(f) 参加者と，参加者および指導者間の関わりにより信頼が構築される．

▶ 事 例 紹 介

　次の事例は，自閉スペクトラム症，ダウン症，言語障がい，発作性障がいなどの子どもたちを対象とした多くのサーフセラピー組織の活動を報告している．これらの団体では，サーフセラピストとクライエントが大きな「タンデム」と呼ばれる2人乗りのサーフボードに一緒に乗り，海での体験がない人でも波に乗るスリルをすばやく簡単に味わえる方法を採用している．Best Day Foundation（ベストデイ財団）は，これをさらに一歩進めて「Surf Chair 2000（サーフチェア2000）」を開発した．これは，フォーミュラ1のカーボンファイバーレーシングカーの座席を改造し，非常に大きなカスタムサーフボードにボルトで取り付けたもので，サーフセラピストが座席の後ろに立ち，立つことができないクライエントをサポートすることができる［Best Day Foundation, n. d.-a, n. d.-b］．

　体験内容や目的は団体によって異なるが，ほとんどの場合，A Walk on Water と同様に，ウェブサイト上の FAQ ページで，クライエント（彼らはアスリートと呼んでいる）に体験内容を次のように説明している．

　　　到着した瞬間から，ボランティアがあなたをお迎えし，ビーチグッズの運搬，チェックインと免責事項への署名の確認，スペシャルギフトの提供，一日の流れの説明，アスリートのウェットスーツと浮力装置の装着などあなたのご家族のお手伝いをします．アスリートが順番を待つ間の付き添い，サーフセラピストの紹介，海での注意事項の説明，複数の波に乗る機会の提供，グループトロフィー授与式での達成お祝い，健康的なスナック・ランチ・ドリンクの提供，ハイタッチ，笑顔，ポジティブな雰囲気をたくさん提供します．［AWOW, n. d.］

　ほとんどの団体では，サーフセラピストとクライエントが海に出る前に一緒に時間を過ごし，快適さと親しみのレベルを高める重要性を強調している．海に入ったら，まず波の向こう側に座って自然を体感し，うねりの穏やかなリズムとウェットスーツの暖かい全身感覚を体験する．クライエントがその場で落

ち着きを感じると，サーフセラピストは30〜60分のサーフセッションを行い，コンディションによっては10本ほどの波に乗る．

　サーフィンは本来，危険を伴う．障がいのある子どもたちにサーフセラピーを提供することは，さらに多くのリスクが考えられるため，多くの組織は，クライエントが水に入っている間，常に1人のサーフセラピストがいることを条件としている．そして，セラピーが行われている水中には，スタッフやボランティアが常駐し，支援が必要なクライエントに数秒で駆けつけることができる体制をとっている．最後に，スタッフやボランティアがビーチ沿いに配置され，クライエントを注意深く観察し，必要に応じて支援を提供する［Lambert, 2019］．

　多くのサーフセラピー団体は，クライエントを祝福し，日常生活では不足しがちな雰囲気を作り出すために，特別な努力を行っている．このお祝いは，ビーチに設置された公共放送システムでのアナウンス，表彰式やトロフィー授与式，サーフセラピー体験を祝う写真や動画撮影が行われ，クライエントにとって大切なアイテムになることがある．Jones［2017］に引用されている，「スペシャルサーファー」プログラムに参加しているある親は，定期的なサーフセラピーの重要性と，それが家族に対して授けてくれる記念品について，次のように報告している．

　　　学校の写真はないです．撮ってもらうほど長く学校にいないからです．だから我が家には5歳のサーファー・ベンがいます．6歳のサーファー・ベン，7歳のサーファー・ベン．毎年，我が家には彼がサーフィンをしている写真と，彼が成功した写真がいっぱいです．これは私が行くことのないクリスマスコンサート，リトルリーグの練習，学校で作って家に送ることのない母の日のクラフト，に値するのです．これらは，すべての親が毎日体験することで，私が体験できないことなのです．（n. p.）

　サーフセラピー団体は，クライエントの親が認識するサービスの価値を報告しており，これらの報告は，有効性に関する調査結果を反映している．サーフセラピーのセッションで，サーフセラピスト，参加者，そして彼らのコミュニティが完全に受け入れられるという感覚は，家族によって非常に明確に評価されている．たとえば，ベストデイ財団のサーフセラピーに参加する子どもの親は，次のように報告している．

　　ベストデイは，娘にとって本当に人生を変える体験になりました.「私
　は何でもできる」という姿勢を身につけ，人生観が変わりました. また，
　自信がつき，自尊心も高まりました. ベストデイは娘に居場所を与え，必
　要とされ，愛されていることを実感させてくれます. スタッフは彼女を覚
　えていて，彼女がそこにいることを喜び，幸せそうに迎えてくれますが，
　これは他の場所ではあまり得られないことです.（n. p.）

　穏やかさと自信に関連するポジティブな影響も，多少つながりがあり，少な
くとも一時的には，サーフセラピー・セッションを超えた生活に波及するよう
だ. A Walk on Water プログラムの親は，息子のサーフィン体験の後，態度
は落ち着き，睡眠がとれるようになったという大きな変化が1週間続いたと報
告している.

　　セッション後，息子が感じた穏やかさと平穏によって，その後の1週間
　ずっと素晴らしいスクールバスの乗り方と学校生活を送ったと，先生とバ
　ススタッフから報告がありました. 彼の身体は落ち着き，顔は笑顔そして，
　すべてのサーファーとの一日を楽しんだかどうか尋ねたときに，彼の熱心
　なうなずきと YES がすべてをもの語っており，言うまでもなく，その夜
　は安らかな睡眠が回復しました [AWOW 2018, n. p.].

▶ お わ り に（ディスカッション）

　サーフセラピーは増加傾向にある. 組織の数も地域も増えている. Interna-
tional Surf Therapy Organization（国際サーフセラピー機構）[2019] には，13カ国
で活動している31の団体がリストアップされている. これは，国際サーフセ
ラピー機構が新しい組織であるため，世界をまとめるリストには程遠い. しか
し，この分野に対する学術的な関心は高まっており，政府が資金提供する有効
性調査が進行中であり [Michalewicz-Kragh, 2019]，政府が許可し資金提供する介
入が，アメリカとイギリスの多様な集団を対象にすでに行われている. アダプ
ティブ・サーフィン運動も勢いを増しており，World Adaptive Championships
（世界アダプティブ選手権大会）が年々着実に成長している.
　サーフセラピーの成長と並行し，サーフパーク産業も台頭してきた. サーフ

パークは，サーフィンのための高品質の波を作り出す人為的な機械システムを備えた大きなプールやラグーンである［Roberts & Ponting, 2018］．サーフセラピーと同様に，サーフパーク産業は新生であるが，急速に勢いを増している．これらの既存施設のほとんどで，サーフセラピー限定のセッションが実施され，それらが成功したことを示唆している．このように，海岸近くに住んでいない人々へのアクセスを広げる可能性があると思われる．

　サーフパークのような厳重にコントロールされた環境では，サーフィン体験のいくつかの要素が失われるが，安全レベルが大幅に向上し，最適なサーフィン環境が保証され，プールへのアクセスが容易になり，プールサイド設備が整い，波に乗る時間が飛躍的に増えるため，参加者はサーフセラピーへアクセスがしやすくなるだろう．

訳　注

1）リミナリティ（移境態）とは，時間・空間における何かと何かの間の境にある（いる）状態を指す．可逆的な移行・移動，人生における発達段階（思春期から青年期）のように非可逆的な移行・移動，の中間状態である（サトウタツヤ［2023］「文化心理学と TEA による経験の理解」『第 6 回野外教育学会研究集会講演資料』）．

参 考 文 献

Anderson, J. [2013] "Cathedrals of the surf zone: Regulating access to a space of spirituality," *Social & Cultural Geography*, 14(8), 954-972.

Armitano, C., Clapham, E. D., Audette, J., & Lamont, L. [2015] "Benefits of surfing for children with disabilities: A pilot study," *Palaestra*, 29, 31-34.

A Walk on Water (AWOW) [n. d.] What happens at an AWOW event? Retrieved June 10, 2019 from https://awalkonwater.org/faq/

A Walk on Water (AWOW) [2018] Autism utopia. Retrieved June 9, 2019 from https://awalkonwater.org/autism-utopia/

Best Day Foundation. [n. d. [a]] Surf Chair 200. Retrieved from June 10, 2019 https://bestdayfoundation.org/surfchair-2000/

Best Day Foundation. [n. d. [b]] Check out what our fans are saying. Retrieved June 10, 2019 from https://bestdayfoundation.org/

Butts, S. [2001] "Good to the last drop: Understanding surfers' motivations [Electronic Version]," *Sociology of Sport Online*, 4. Retrieved July 18, 2019 from http://physed.otago.ac.nz/sosol

Caddick, N., Phoenix, C., & Smith, B. [2015a] "Collective stories and well-being: Using a dialogical narrative approach to understand peer relationships among combat veterans experiencing post-traumatic stress disorder," *Journal of Health Psychology,* 20(3), 286-299.

Caddick, N., Smith, B., & Phoenix, C. [2015b] "The effects of surfing and the natural environment on the well-being of combat veterans," *Qualitative Health Research,* 25(1), 76-86.

Cavanaugh, L. K. & Rademacher, S. B. [2014] "How a surfing social skills curriculum can impact children with autism spectrum disorders," *Journal of the International Association of Special Education,* 15(1), 27-35.

Clapham, E. D., Armitano, C. N., Lamont, L. S., & Audette, J. G. [2014] "The ocean as a unique therapeutic environment: Developing a surfing program," *Journal of Physical Education, Recreation and Dance,* 85(4), 8-14.

Colpus, S. & Taylor, J. [2014] "Ride every challenge: The impact of surfing on 100 young people facing personal and emotional challenges," *British Journal of Sports Medicine,* 48, 1581-1582.

Coon, J. T., Boddy, K., Stein, K., Whear, R., Barton, J., & Depledge, M. [2011] "Does participating in physical activity in outdoor natural environments have a greater effect on physical and mental wellbeing than physical activity indoors? A systematic review," *Environmental Science and Technology,* 17, 379-388.

Crawford, P. & Wright, R. [1994] "The quest to find the first surfer in the world," *Australian Surfer,* 1, 4-6.

Crawford, R. [2016] *The impact of ocean therapy on veterans with posttraumatic stress disorder* (Unpublished doctoral dissertation), Grand Canyon University, Phoenix, AZ.

Dawson, K. [2018] *Undercurrents of power: Aquatic culture in the African diaspora,* Philadelphia, PA: University of Pennsylvania Press.

Depledge, M. & Bird, W. [2009] "The blue gym: Health and wellbeing from our coasts," *Marine Pollution Bulletin,* 58, 947-948.

Devine-Wright, H. & Godfrey, C. [2018] *Surf therapy: The long-term impact,* Newquay, England: The Wave Project.

Dustin, D. L., Bricker, K., Negley, S., Brownlee, M., Schwab, K. A., & Lundberg, N. (Eds.) [2016] *This land is your land: Toward a better understanding of nature's resiliency-building and restorative power for armed forces,* Urbana, IL: Sagamore Venture Publishing.

Farmer, R. J. [1992] "Surfing: Motivations, values, and culture," *Journal of Sport Behavior,* 15(3), 231-257.

Fleischmann, D., Michalewicz, B., Stedje-Larsen, E., Neff, J., Murphy, J., Browning, K., ..., & Mclay, R. [2011] "Surf medicine: Surfing as a means of therapy for combat-related polygram," *Journal of Prosthetics and Orthotics*, 23(1), 27-29.

Gaspar de Matos, M., Santos, A., Fauvelet, C., Marta, F., Evangelista, E. S., Ferreira, J., & Moita, M. [2017] "Surfing for social integration: Mental health and well-being promotion through surf therapy among institutionalized young people," *HSOA Journal of Community Medicine and Public Health Care*, 4(1), 1-6.

Giddens, A. [1991] *Modernity and self-identity*, Cambridge, MA: Polity.

Godfrey, C., Devine-Wright, H., & Taylor, J. [2015] "The positive impact of structured surfing courses on the wellbeing of vulnerable young people," *Community Practitioner*, 88(1), 26-29.

Harris, K. B. [2015] *Working with addiction through surf therapy: A phenomenological exploration of healing* (Unpublished Master's thesis), Pacifica Graduate Institute, Santa Barbara, CA.

Hignett, A., White, M. P., Pahl, S., Jenkin, R., & Le Froy, M. [2017] "Evaluation of a surfing programme designed to increase personal well-being and connectedness to the natural environment among 'at risk' young people," *Journal of Adventure Education and Outdoor Learning*, 18(1), 53-69.

International Surfing Association (ISA). [2017] ISA adaptive surfing sport classes. Retrieved June 10, 2019 from http://www.isasurf.org/wp-content/uploads/downloads/2017/06/2017-ISA-Adaptive-Surfing-Classification-Updated.pdf

International Surf Therapy Organization (ISTO) [2019] International surf therapy organization: Go far together. Retrieved August 1, 2019 from https://intlsurftherapy.org/

Jones, W. [2017, July 12] Maine's special surfers organization goes all in with 'immersion'. Eastern Surf Magazine. Retrieved June 10, 2019 from https://www.easternsurf.com/news/special-surfers-immersion/

Lambert, C. [2019] *Waves of healing: How surfing changes the lives of children with autism*, Hobart, NY: Hatherleigh Press.

Lanagan, D. [2002] "Surfing in the third millennium: Commodifying the visual argot," *The Australian Journal of Anthropology*, 13(3), 283-291.

Michalewicz-Kragh, B. [2019] *Evaluation of outcomes following surf therapy*, Retrieved June 10, 2019 from https://clinicaltrials.gov/ct2/show/NCT028 57751

Moore, A. M., Clapham, E. D., & Deeney, T. A. [2018] "Parents' perspectives on surf therapy for children with disabilities," *International Journal of Disability, Development and Education*, 65(3), 304-317.

Nerothin, P. H. [2018] *A phenomenological investigation of lifestyle surfers from San Diego* (Unpublished master's thesis), Prescott College, Prescott, AZ.

Nichols, W. J. [2014] *Blue mind: The surprising science that shows how being near, in, on, or under water can make you happier, healthier, more connected, and better at what you do,* New York, NY : Little Brown Spark.

O'Brien, D. & Eddie, I. [2013] *Benchmarking global best practice: Innovation and leadership in surf city tourism and industry development,* Paper presented at the Global Surf Cities Conference, Gold Coast, Australia.

O'Brien, D. & Ponting, J. [2013] "Sustainable surf tourism: A community centered approach in Papua New Guinea," *Journal of Sport Management,* 27, 158-172.

Pearson, K. [1979] *Surfing subcultures of Australia and New Zealand,* St Lucia, Australia : University of Queensland Press.

Ponting, J. & O'Brien, D. [2013] "Liberalizing Nirvana: An analysis of the consequences of common pool resource deregulation for the sustainability of Fiji's surf tourism industry," *Journal of Sustainable Tourism,* 22(3), 384-402.

Ponting, J. [2017] "Simulating Nirvana: Surf parks, surfing spaces, and sustainability," in G. Borne & J. Ponting (Eds.), *Sustainable surfing,* New York, NY : Routledge, pp. 219-237.

Ride a Wave [n. d.] About us. Retrieved from http://www.rideawave.org/about_ride_a_wave.php

Roberts, M. & Ponting, J. [2018] "Waves of simulation: Arguing authenticity in an era of surfing the hyperreal," *International Review for the Sociology of Sport,* 55(2), 1-17.

Rogers, C. M., Mallinson, T., & Peppers, D. [2014] "High-intensity sports for posttraumatic stress disorder and depression: Feasibility study of ocean therapy with veterans of Operation Enduring Freedom and Operation Iraqi Freedom," *The American Journal of Occupational Therapy,* 68(4), 395-404.

Stranger, M. [1999] "The aesthetics of risk: A study of surfing," *International Review for the Sociology of Sport,* 34(3), 256-276.

Stranger, M. [2011] *Surfing life: Surface, substructure and the commodification of the sublime,* Farnham, England : Ashgate.

Stuhl, A. & Porter, H. [2015] "Riding the waves: Therapeutic surfing to improve social skills for children with autism," *Therapeutic Recreation Journal,* 49(3), 253-254.

Surfers Healing. [n. d.] History. Retrieved 2 August, 2019 from https://www.surfershealing.org/history

Taylor, B. [2007] "Surfing into spirituality and a new, aquatic nature religion," *Journal of the American Academy of Religion,* 75(4), 923-951.

Walker, I. H. [2011] *Waves of resistance: Surfing and history in 20th century Hawai'i,* Honolulu, HI : University of Hawaii Press.

Warshaw, M. [2004] *The encyclopedia of surfing,* New York, NY : Penguin Books.

White, M. Smith, A., Humphreys, K., Pahl, S., Snelling, D. & Depledge, M. [2010] "Blue Space : The importance of water for preference, effect, and restorativeness rating of natural and built scenes," *Journal of Environmental Psychology,* 30, 482-493.

World Surf League (WSL) [n. d.] Sponsorship: The World Surf League-A partnership like no other. Retrieved June 10, 2019 from http://www.worldsurfleague.com/pages/sponsorship

第 13 章
森 林 療 法

Won Sop Shin and Juyoung Lee

Shin to bul ee ～ Body and soil are one.（身土不二～身体と土は一体である）

韓国のことわざ

▶ は じ め に（導入と背景）

　森林で過ごす時間がもたらす治療的な効果は，環境衛生的な健康法の1つと考えることができる．現在，研究報告や公的に整備された臨床的実践は，森林が利用者に対し，より効率的で積極的な活動に取り組む機会を提供し，それによって心身の健康や心理的機能を向上させるという事実を裏付けるものとなっている［Hansen, Jones, & Tocchini, 2017: Shin et al., 2010］．新刊本を概観することからも分かるように，森林療法のアプローチは現在，本書で紹介される他のどの方法よりも，主流な文献や健康法のなかで大きな注目を集めている．実際，森林療法（forest therapy），森林浴（forest bathing や shinrin yoku）というキーワードで検索すると，2018年と2019年に発刊されたものだけでも，15以上の新しい原稿が掲載されている．それらは，自然のなかでのマインドフルネスの実践に関して非臨床的に示したシンプルなものから，丁寧に研究された権威ある文書（たとえば Li［2019］など）まで多岐にわたる．本章は，森林療法（韓国では "san-limyok" として知られている）の研究と実践に基づいている．韓国において森林療法は，森林療法の豊かな経験を有する代表的な研究者であり，韓国山林庁（Korean Forest Service）の元長官（筆頭著者）でもある本章の著者らの観点から集中的に発展・研究が進められてきた．

　都市部に住む人々は，人間が築いてきた生活空間の急速な発展と日常生活の多忙さによって，自然環境から断絶されることが増えているのではないだろうか．このような状況は人類に悪影響を及ぼすと考えられている［Nisbet & Zelenski, 2011］．都市環境の変化という点で大気汚染や水質汚濁などの環境問題は，今

や私たちの生活を直接脅かす要因となっている．また都市環境では騒音公害や，夜空が見えなくなるほどの過度な照明など，さまざまな環境ストレスにさらされている．しかし実際，都会で生まれ都会での生活に慣れてしまうと，こうした影響に気づかないかもしれない [Falchi et al., 2011].

　自然環境は，かつての人類にとっての生活の基盤や生産の場であっただけでなく，宗教やシャーマニズム的実践の中心的な特徴であった [Clifford, 2018]. 人類の歴史を考慮すると，我々が経験してきた急速な技術的変化，経済的変化，そして自然環境に関連する社会構造の変化が，我々の不健康さの一因になっている可能性がある [Gluckman, Hanson, & Spencer, 2005]. 森林療法は，たとえば，土の香りや樹木から抽出したエッセンシャルオイルの香りなどによって感覚を刺激することで，人間と自然環境とのつながりを取り戻し，結果として健康効果を得ることを前提としている．

　森林は，心をリフレッシュさせ，精神的な安定と心理的な癒やしをもたらす健康増進の場，治療の場として独自の役割を果たすことができる [Shin et al., 2010]. こうした場のおかげで，現在，自然との繋がりを求める都会に住む人々が自然の価値を感じることができるのである．韓国の熱心な研究者グループと政府関係者の多大な努力により，森林は現在，自然の本質が比較的よく保存され，工業化，都市化によって自然から隔離された生活をする人々が手軽に訪れることができる場所となっている [Korea Forest Welfare Institute, 2018].

■森林療法の対象者

　森林療法は，健康を増進したい人，心身を回復させたい人，休養したい人，あるいは単に生活の質を向上させたい人にとっても最適な場となり得る．Park [2015] は，心理的問題の治療を通じて，森林療法を多くの医学的な課題に対する，幅広く一般的な健康への介入であると考えた．健康な人はレクリエーションのために森林を利用するのが一般的かもしれないが，健康の維持・管理のためにこのような環境を利用する人も，森林療法に適した人々であるだろう．

　病気の発症には至っていないが健康を維持・増進したい人には，薬や正式な医療制度に頼るのではなく，健康を増進する森林療法活動に参加することが推奨されている [Korea Forest Welfare Institute, 2018]. したがって，一般的な森林療法プログラムの目的は，心身の健康を増進すること，あるいは森林環境を活用して人々の健康を改善することと言える [Park, 2015].

　また，心血管疾患，糖尿病，うつ病，または軽度認知障害をかかえる患者が，森林療法を治療の一環として取り入れている例もある [Li, 2019; Park, 2015]．患者が医療機関によって処方された薬を服用しながら，治療効果を高めるために補助的に健康補助食品を摂取するように，森林療法のプログラムへと自主的に参加することは，医療機関で受ける治療効果を高める補助となるのである．

■森林療法をめぐる主要な動き

　古くから，木材は森林から得られる原料であり，森林の経済的価値を代表するものであった．歴史的にみると人類は，木材を燃料や建築資材，薪として，あるいは道具や輸送手段の製造に利用してきた．伝統的な時代には，森林は原材料の倉庫のようなものだったといえる．

　現在，韓国の大部分は都市社会である．自然との断絶に抗うために，多くの人々が森林環境を求め，予防そして治療という両者の健康効果をもたらす森林活動に参加している [Kaplan, 1995]．多くの研究によって，森林体験活動あるいは森林の風景を眺めることがストレスを軽減し，よりポジティブな気分や感情を促進し，病気からの回復を促進する可能性があるという実証的な根拠が提示されている [Shin, 1993, 2007; Shin & Kim, 2007; Shin & Oh, 1996]．

　韓国では「癒やしの森（healing forests）」の制度化のため，2010年に韓国森林文化レクリエーション法（Korean Forestry Culture and Recreation Act）が改正された．この改正により「癒やしの森」の定義が新たに定められ，設置の基準や手順，森林環境や施設の開発と整備の法的根拠が整備された．また森林療法の効果的な活用に向けて，森林療法の概念，森林療法の指導者制度，森林療法の指導者養成機関の指定などが見直された．

　さらに2014年，韓国森林文化レクリエーション法が改正され，それまで既存の「癒やしの森」に限定されていた森林療法指導者の活動範囲が，自然休養林，森林浴公園，森林散策路（forest paths）などに拡大された．また法改正により，森林インタープリターや幼児の森林インストラクターなどの森林教育の専門家が，免許取得後3年の経験を経て森林療法インストラクターの免許を取得できるようになった．加えて，都市部の「癒やしの森」の最少面積基準が最低30万 m^2 から15万 m^2 へと緩和されたことで，都市部における「癒やしの森」の開発が促進され，森林療法サービスの拡充が可能となった．

　森林療法の開発の方向性を体系的に示すために，韓国山林庁（Korean Forest

Service）は専門家やコンサルタントの多様な意見を集約し，2012年に「森林療法の活性化を通じた国民の健康増進」（National Health Promotion through the Activation of Forest Therapy）という政策ビジョンを設定している．そして「森林療法インフラの構築と拡大」のための具体的な課題からなる「森林療法活性化推進計画」（Forest Therapy Activation Promotion Plan）が策定されている［Korea Forest Welfare Institute, 2016］．

▶ 実践のためのディスカッション

　現代的な都市生活は，人類に過度な緊張状態をもたらす可能性がある．そのため人々は，本来の感覚を取り戻すために森の中で過ごすという考え方を受け入れやすいのかもしれない．森林で感じる安らぎは我々の免疫力を高め，我々の身体を病気に対してより高い抵抗力をもった，病気から回復しやすい身体にしてくれる［Hartig et al., 2014］．風景，匂い，そして音に代表される森林の環境要素は人間の五感を刺激し，人が森林の自然環境に共鳴しやすくする．五感への刺激に加え，フィトンチッド，陰イオン，光環境なども森林療法の要素である［Li, 2019］．

　緑色や森林の風景は，目の疲れを癒やし，心の安定をもたらす［Akers et al., 2012］．また，自然の多様な色彩や風景は心身の疲労を癒やし，ストレスホルモンであるコルチゾールの分泌を抑制する効果があることが知られている．これは，自律神経系のなかでも交感神経系を抑制し，副交感神経系を活性化することで，情緒的・身体的な安定をもたらすのである．そのため脳の状態が安定し，心地よさを感じた時に発生するアルファ（α）波が森林環境では大幅に増加する可能性があるといわれている［Lee et al., 2009］．

　またフィトンチッドとは，植物を意味する語である"phyton"と，殺し屋を意味する"cide"の複合語である．フィトンチッドは，免疫調節作用，抗菌作用，抗炎症作用，殺虫作用，抗ウイルス作用，鎮痙作用，血糖降下作用，抗がん作用，抗アレルギー作用，殺菌作用があることが知られている［Li et al., 2009］．フィトンチッドは，医薬品，衛生用品，化粧品，微生物分野における食品産業など，さまざまな分野で利用されている．近年フィトンチッドには，香りの形で吸入すると緊張をほぐし，食品添加物として摂取すると体内のストレスホルモンの濃度を低下させる作用があることがわかっている［Li et al.,

2009].

　陰イオンは，森林において二酸化炭素を吸収し，酸素を生成する光合成の過程で大量に生成され，一般的に滝や渓谷にも豊富に存在する．陰イオンは，光合成の過程で生成されるため，森林環境内に豊富に存在するのである．実際，森林環境内に存在する陰イオンの数は$1cm^3$あたり800〜2000個であり，これは都市部の屋内に存在する陰イオンの14〜70倍であるとされている [Wu, et al., 2007]．陰イオンが$1cm^3$あたり1000個以上存在する場合，アルファ（α）波が活性化して緊張をほぐしてくれる．また陰イオンを豊富に含んだ空気は頭痛を和らげ，呼吸器疾患の原因とされる神経ホルモンである遊離ヒスタミンを抑制する可能性がある．

　そして太陽光は，幸福感を感じさせるセロトニンの分泌を活性化し，体内でのビタミンDの合成を可能とする [Lambert et al., 2002]．日照時間が短くなると，人は活力が減退し，心身の無気力や気分の落ち込みにつながる．森林において太陽光は，我々の身体に直接当たることはなく，葉などの森林の構成物に反射し間接的に我々の身体に届くため，紫外線を浴びる量を減らすことができる．

　酸素は人類を含むすべての生物にとって不可欠なものであり，森林は巨大な酸素工場である．一般的に，空気中の酸素濃度は都市部で約21％である．屋内では約2％低く，森林環境では約2％高いとされる [Schreml et al., 2010]．森林に含まれる清らかな酸素は，癌をはじめとするさまざまな疾病の予防や治療，肌の老化防止，脳の活性化などに優れた効果を発揮すると言われている．また鳥のさえずりや水の音，風の音などの森林が奏でる音は，我々の心身を安定させ，乱れたバイオリズムを整え，健康と活力を回復させてくれる自然のリズムである [Thoma et al., 2013]．

　森林療法プログラムは，特定の疾病を持つ患者や健康な一般市民など，「癒やしの森」を訪れるさまざまな人々に適用され，実施されている．森林療法プログラムは，森林療法の資源や森林環境の活用を前提に，心身の健康増進を目的としている．なお，計521件の森林療法プログラムを分析した結果，実施されているプログラムはウォーキング，エクササイズ，瞑想，芸術，遊び，料理，教育，カウンセリング／心理療法，植林などの多くのカテゴリーに分類された [Forest Therapy Research Project Group, 2018].

▶ 理論・研究・有効性

　注意回復理論（Attention Restoration Theory）は，森林などの自然環境に接することで，精神的疲労，より厳密に言えば，意図的注意（directed attention）による疲労が軽減されることを提唱している．これらの効果の説明を試みた理論はKaplan [1995] によって提唱され，意図的注意を長時間継続することは神経回路の疲労につながることが示唆されている．効果的な機能回復を可能にするのは，逃避（being away），広がり（extent），魅了（fascination），適合（compatibility）といった特定の重要な要素を持つ環境であり，これは回復体験につながる精神的プロセスや心理状態を参加者にもたらす森林の重要な特性である [Laumann, Gärling, & Stormark, 2001].

　進化心理学理論（Psycho Evolutionary Theory）は，自然環境がどのようにストレス反応を緩和するかを説明するものである [Ulrich 1983; Ulrich et al., 1991]. この理論は注意回復理論とは異なり，人類の進化の観点から，自然環境が人間に及ぼす肯定的な影響を論じたものである．この理論では，人類は長い年月をかけて自然環境のなかで進化してきたため，都市環境よりも自然環境の方が心理的・生理的に肯定的な反応を示すように適応してきたと考えられている [Gluckman, Hanson, & Spencer, 2005]. これまで自然環境は，人類が生き延びるための食料や住居を提供してきた．その結果，自然に対して肯定的な感情を抱くようになったのだとされている．つまり，自然環境を好み，好意的な反応を示すことは，人類の生存と繁栄にとって有利であるため，自然環境に関心を向ける遺伝的傾向が現れたのである [Ulrich et al., 1991].

　また Ulrich et al. [1991] は，自然環境に関連した進化心理学的観点からストレス回復理論を提唱している．ストレス回復理論では，人間のポジティブな機能を維持するためには自然環境が重要であるとし，ストレスからの回復において自然の要素がいかに重要な役割を果たすかを論じている．Ulrich [1993] は，人間の身体はストレス下におかれたときに，生理的な影響を調節し，ストレス反応に対処するためのエネルギーを蓄えることで，ポジティブ感情を生み出そうとする生理的応答をおのずと開始すると述べている．進化心理学の観点からみると，この理論は自然が人類の生存に必要な要素を提供し，また自然は人間が自然環境に適応することを助けることを示している．つまり，自然が人類の

生存に必要な根源的な機能を提供するとき，自然に対する肯定的な反応が起こるのである．

■アウトカム研究

1980年以降，さまざまな環境要素による影響に関する研究が行われてきたが，2000年代半ばから，森林が直接人間にもたらす健康効果に関する研究が本格的に行われるようになった．多様な森林環境に対する人体の生理的・心理的反応の測定などの取り組みを通じて，森林療法の健康効果は客観的に検証できるようになり，研究結果はエビデンスに基づく医療（Evidence-Based Medicine）の領域に踏み込んでいる [Hansen, Jones, & Tocchini, 2017; Park et al., 2010]．森林環境が人間の心身に及ぼす影響が客観的かつ実証可能な方法で測定されるようになったことで，森林療法は韓国およびその他の地域で社会的な信頼を獲得し，これらの研究に基づいてその評価を高め続けている．

森林療法の研究は，林学だけでなく，社会学，心理学，健康科学など多様な分野において，森林と人間のウェルビーイングを融合させた新しい学問分野を構築しつつある．森林療法の分野では，こうした多様な分野横断型の研究が行われ，森林や自然環境が人間に及ぼす心理的，生理的，身体的な影響について，明確なイメージが形成され始めている．

■森林療法の心理的・精神的効果に関する研究

森林の癒やし効果を活用したプログラムの効果に関する研究は，主に心理学や精神医学の分野で行われている．森林療法プログラムの対象者や実施方法はさまざまであるが，ほとんどの研究では，森林療法プログラムの効果が肯定的に報告されており，森林療法プログラムが自己概念や肯定的な人間関係の促進を含む個人的成長という面で，実質的に大きな可能性を秘めていることを示している．

Miyazaki, Motohashi, and Kobayashi [1992] は，人工的な空調の効いた部屋に比べ，森林環境では抑うつ，不安，敵意などのネガティブな感情が減少し，ポジティブな感情が増加することを明らかにしている．Song et al. [2009] は，シングルマザーを対象とした森林療法プログラムにおいて，抑うつ症状が大きく減少し，自尊心が有意に改善したことを報告している．また Lee and Jeong [2011] は，慢性統合失調症患者に森林体験プログラムを8週間実施し，その

治療的効果を確認したところ，抑うつ症状の全てが有意に改善し，否定的思考への積極的対処，感情の表出といったポジティブな効果が確認された．You et al. [2014] は，森林浴を活用したメンタルヘルスプログラムが，成人女性の抑うつ症状の解消を促進し，心理的ウェルビーイングを改善する効果があることを明らかにした．さらに Shin et al. [2015] は，仕事のストレスが減少すること，緊張—不安，抑うつ，怒り，困難，疲労などの気分状態の要素が有意に減少し，活力が有意に増加することを示している．Park et al. [2017] は，森林浴を活用したメンタルヘルスプログラムにより，教員のストレス反応指数や身体的症状，抑うつ症状，怒り症状などの下位項目の指数が低下し，ネガティブな感情を和らげる効果があることを確認した．そして Lee et al. [2018] は，それらのプログラムがストレスの緩和，ポジティブ感情の増進，感情労働者のネガティブ感情の解消に効果的であったと報告している．

■森林療法の生理学的効果に関する研究

生理的変化は，森林利用が健康状態に及ぼす影響の重要な指標である．より一般的に言えば，生理学的な変化の影響は，身体的あるいは心理的なウェルビーイングに直接関連する要因であり，心拍数，血圧，脳波の変化は，人間の心理的または身体的な健康を直接予測することができる変数であると考えられている．

森林が健康増進や癒やしに与える効果に関する科学的な実証調査では，健康な成人男性を対象に，都市環境と森林環境にそれぞれ数日間滞在させ，その後，血液検査と尿検査を実施したものがある [Li et al., 2008]．その結果，NK 細胞（癌細胞を攻撃し，免疫機能を発揮する白血球）が有意に活性化し，尿中のアドレナリン（ストレス指標）の濃度が有意に低下したことが示されている．さらに，都市部で過ごした対照群はいずれの効果もみられなかったことに対し，これらの効果は森林体験後 7 日間維持された．

森林浴の生理的効果を調べるために行われた韓国の研究 [Park et al., 2010] では，研究対象者に森林と都市の景観を15分間鑑賞してもらい，生理学的指標として対象者の心拍変動と血圧を測定した．その結果，都会の風景を眺めているときと比較し，森林の風景を眺めているときには収縮期血圧と脈拍数が有意に低いことが明らかとなった．また，心拍変動は森林景観を眺めている時の方が有意に高い結果となった．Lee et al. [2009] は森林の視覚的環境が人体の心

理・生理に及ぼす影響を明らかにするために，都市，森林，森林内の水辺環境の視覚的環境を提示し，アルファ（α）波，Perceived Restorativeness Scale,[2) Positive and Negative Affect Schedule scale[3) を用いて生理的・心理的変化を測定した．その結果，自然環境は都市環境よりも肯定的に評価され，自然環境の中でも，森林のみが存在する視覚環境よりも，森林と水が共存する視覚環境の方がポジティブに評価されることが明らかになった．また，Kim and Park [2016] により，森林療法の運動プログラム後にアルファ（α）波とベータ（β）波が増加し，脳の健康が改善されたことが報告されている．

■森林療法の身体的健康効果に関する研究

Choi et al. [2016] は，森林療法の運動効果を調査した研究の中で，森林での運動は屋内での運動と比較し，善玉コレステロール（HDLコレステロール）の増加や中性脂肪の抑制に効果的であり，また，SOD（スーパーオキシドディスムターゼ）や血中メラトニン濃度の上昇に影響を与えたことを示している．またLee and Shin [2015] によれば，森林における歩行瞑想は，中高年女性の緊張，抑うつ，混乱の状態を緩和し，さらに，感情に関する自己認識を高め，他者から批判されている感覚を減少させるとされている．また，Choi, Shin, and Yeoun [2014] は，高齢者が森林での歩行運動後，脚力，腰の柔軟性，敏捷性／動的バランス，心肺持久力，歩行リズム，歩行速度，歩行安定性においてより有意な改善がみられたことを報告している．さらに，Lee, Yeoun, and Choi [2016] が実施した高齢女性を対象とした森林での運動研究では，膝関節の筋力，筋持久力，腰椎と転子部位の骨密度に有意な改善効果が認められた．Kwon and Choi [2016] は，事例研究と先行研究の分析を通じて，高齢者向けの森林を活用した福祉サービスの実現に向けた指針を提示している．

▶ 事 例 紹 介 ——国営「癒やしの森」事業

韓国では，所得水準の向上や急速な都市化による生活環境の変化，医療費負担の増加，環境要因による疾患の増加，環境ストレスの増加などを背景に，2005年以降，健康増進と生活の質向上に向けた取り組みが活発化しており，中でも森林療法が関心を集めている．森林療法の推進計画が検討され，2007年には，国立山林科学院（Korea Forest Research Institute）の監修により韓国山林

庁（Korea Forest Service）が取り組みを開始させた．2018年現在，全国に51カ所の「癒やしの森」があり（執筆時で22カ所が運営中であり，29カ所が建設中である），これまで100万人以上が訪れ，全訪問者の約8.7％が多様な「癒やしの森プログラム」に参加している．森林福祉事業の実務を担当する公的機関である韓国山林福祉振興院（Korea Forest Welfare Institute）は，森林療法のプログラム活動の充実および参加率向上を目的として，森林内に健康増進センターを設置している．

国立山林治癒院複合施設（The National Forest Healing Complex）（以下，複合施設）は，豊かな森林資源を活用し，人々の健康増進と生活の質の向上を図るために作られた，研究開発・教育のための長期滞在型の森林療養の拠点施設である．この複合施設は韓国北東部に位置し，総面積2889ヘクタールの山岳保護区域内にある．6年間にわたるプロジェクトとして国家予算から1億3000万ドル以上が投じられ，2015年に建設が完了している．標高は400〜1000 m と幅広く，山岳地形，微気象，植生構成も多様で，さまざまな森林療養体験をすることができる．この地域は長い間保護されてきたことから，森林は良好な生育状態が維持され，多様な動植物の生態系が保たれている．

複合施設は，大きく分けて中央エリアと森林エリアの2つに分かれている．中心エリアには，健康増進センター，ビジターセンター，水治療法センター，瞑想センター，講堂，いくつかのタイプのヒーリング・ガーデン，短期・長期滞在用のロッジ，レストラン，小さな図書館，散歩道，小さな水辺など，さまざまな施設がある．森林エリアは瞑想，運動，景観鑑賞のためのいくつかのスペースと，ウォーキング，スポーツ，登山，歴史・文化体験のために整備された全長60 km に及ぶさまざまなタイプのトレイルで構成されている．それぞれの施設は，誰もが利用しやすいユニバーサルデザインが採用されており，車いす使用者やベビーカー利用者，身体障がい者にも利用しやすいよう，緩やかな傾斜の2 km の木道が整備されている．

このプロジェクトの計画段階では，主に高血圧，糖尿病，うつ病，アトピー性皮膚炎，ADHD などの慢性疾患，環境疾患，生活習慣病を抱える人々を対象としていた．さらに，ストレス解消や健康的な暮らしを必要としている，より一般的な人々も複合施設の対象者として挙げられていた．認定森林治療インストラクターが提供するエビデンスに基づいた治療プログラムは，多様な人々に質の高い体験を提供するために開発されたものである．屋内外での運動を含

む個別の治療プログラムを必要とする人には，運動の専門家が運動プログラムを処方する．また，プール，スパ，サウナを備えた水治療法センターでは，理学療法，ケガのリハビリ，運動療法，機能訓練を必要とする人のための水治療法プログラムも提供している．そしてすべての利用者には，カロリー摂取を減らし，減量を促進するための健康的な食事が提供される．またこの複合施設は，医学，心理学，カウンセリング，経営学，観光学，マーケティングなどの分野の学術的・実践的専門家と協力し，森林治療インストラクターに継続的な専門教育を提供するという重要な役割を果たすことも期待されている．

　森林での五感を通した体験は，森を歩くことによる刺激を通じて鈍った感覚を取り戻し，心身のリラクゼーションを体験するプログラムである．五感を通した体験には，視覚，聴覚，嗅覚，味覚，触覚が含まれる．視覚体験では，森の中をただ歩きながら，近い場所や遠い場所に目を向け，特に惹かれるものを見つけ，なぜ惹かれたのかを考える時間を持つ．聴覚体験では，鳥のさえずり，水や風の音など，さまざまな森の音を聞き，日常の音と森の音の違いについて意見を出し合う．そして嗅覚体験は，森の香りを直接感じる活動である．

　森の中での瞑想は，参加者を落ち着いた状態にいざなうこと，ストレスを解消すること，自分自身を見つめ直すことに役立つ．参加者は森の中で五感を働かせながら，ただ息を吸い，吐くことに集中する．またベアフットウォーキング（裸足での歩行）も森林活動の一例である．この活動は，本来の感覚を取り戻し，ストレスを和らげ，心身をリラックスさせることに役立つ．参加者は森の散策路を選び，靴を脱いで裸足でゆっくりと歩く．裸足で歩くことは，体のバランスを整え，筋肉を鍛え，血行を促進し，姿勢を正し，腰痛を和らげ，血圧を下げる効果があることが知られている．ただし，ベアフットウォーキングは慣れるまで時間がかかるのでゆっくりと行うこと，運動機能に問題を抱えている人やその他の持病がある人は事前に医師に相談し，できる範囲で参加することなどの注意事項がある．

▶ お わ り に（ディスカッション）

　世界的にみて，森林政策はパラダイムシフトに直面している．さまざまな環境問題が顕在化するなか，人間の持続可能性という点で，森林を見る視点を変えていかなければならない．工業化や都市化という絶え間ない変化の中で，社

会は技術社会，情報社会へと急速に移行している．この変化は環境に対する私たちの見方を変えることにつながり，森林分野における今後の政策選択に新たな視点が必要であることを意味している．

　韓国における森林療法の実績と発展に基づき，我々は森林を従来の林産物の生産や環境保全の枠組みを超えた福祉資源として評価することを提案する．するとまず，森林と人間の関係が再構築される．森林保全は人間の福祉につながり，森林をよりよく保全・育成することでより質の高い福祉的利益が得られるという好循環構造を生み出すことができる．消耗物資の再分配によってサービスが提供されるような社会福祉に比べ，森林福祉の場合は，適切に育成された自然によってサービスが提供される．そのため，国の財政への負担が少なく，社会階層や年齢，性別に関係なく，誰もがその恩恵を享受することができ，個人の生活の質や幸福度を向上させることができる．

　近代医学の祖とも呼ばれるヒポクラテスは「人体の自然治癒力や免疫力を高めることは，医学の基本である」と述べた．森林の健康機能は人間の免疫力を高め，病を予防するだけでなく，病を治す助けにもなる．世界でも多くの人々が住む都市には，健康を脅かす数多くの要因（公害，騒音，人工光など）があり，私たちの感覚を鈍らせ，病にかかりやすくしている．さらに，現代人が抱える深刻なストレスは，さまざまな精神的，身体的疾患を引き起こす可能性がある．森林は環境汚染から我々を守り，都市生活によって鈍った感覚を活性化させ，健康を回復させてくれる．さらに，森林の重要な健康増進機能は，我々が経験するストレスを緩和し軽減することである．

　森林は私たちのアイデンティティを明確にすることができる不可欠な資源であり，森林は私たちに，経済的資源を超えた人生の本質と意味を与えてくれる．現代の都市空間に住む人々は，我々の心身が求める森林とほぼ完全に切り離されている．だからこそ森が必要なのだ．森林にときどき出かけることで，我々は自然との関係の中で人間らしく生きることができる．我々の本能や潜在的な能力は森によって活性化され，それによって，より健康で，より幸せで，自己実現した生き方ができるようになるのだ．

訳　注

1）原文では「心拍変動（heart rate variability）」と記述されているが，次に続く文脈から誤字であると考えられるため，Park et al. [2010] を確認のうえ翻訳の際に「脈拍数

(pulse rate)」に修正した.

2) Perceived Restorativeness Scale は Kaplan [1995] の注意回復理論を基に Hartig et al. [1997] により開発された尺度で,環境がもつ回復的特性を評価するものである.芝田,畑,三輪 [2008] により日本語版の作成や妥当性の検討が進められている (Hartig, T., Korpela, K., Evans, G. W., & Gärling, T. [1997] A measure of restorative quality in environments," *Scandinavian Housing and Planning Research*, 14(4), 175-194. https://doi.org/10.1080/02815739708730435) (芝田征司,畑倫子,三輪佳子 [2008]「日本語版 Perceived Restorativeness Scale (PRS) の作成とその妥当性の検討」『人間・環境学会誌』11(1), 1-10).

3) Positive and Negative Affect Schedule scale は Watson, Clark and Tellegen [1988] によって開発された,人間の感情や気分をポジティブ感情の側面とネガティブ感情の側面から測定する尺度である.日本語版は佐藤&安田 [2001] や川人ら [2012] により検討されている (Watson, D., Clark, L. A., & Tellegen, A. [1988] "Development and validation of brief measures of positive and negative affect: the PANAS scales," *Journal of personality and social psychology*, 54(6), 1063) (佐藤徳,安田朝子 [2001]「日本語版 PANAS の作成」『性格心理学研究』9(2), 138-139) (川人潤子ら [2012]「日本語版 The Positive and Negative Affect Schedule (PANAS) 20項目の信頼性と妥当性の検討」『広島大学心理学研究』11, 225-240).

参 考 文 献

Akers, A., Barton, J., Cossey, R., Gainsford, P., Griffin, M., & Micklewright, D. [2012] "Visual color perception in green exercise: Positive effects on mood and perceived exertion," *Environmental Science & Technology*, 46(16), 8661-8666.

Choi, J. H., Ryu, K. H., Kim, T. S., Shin, C. S., Yeoun, P. S., & Kim, H. J. [2016] "Effects of 12-week forest exercise on blood lipids, SOD, and melatonin in the middle-aged women," *The Journal of Korean Institute of Forest Recreation*, 20(4), 81-90.

Choi, J. H., Shin, C. S., & Yeoun, P. S. [2014] "Effects of forest-walking exercise on functional fitness and gait pattern in the elderly," *Journal of Korean Forest Society*, 103(3), 503-509.

Clifford, M. A. [2018] *Your guide to forest bathing: Experience the healing power of nature*, Newburyport, MA: Conari Press.

Falchi, F., Cinzano, P., Elvidge, C. D., Keith, D. M., & Haim, A. [2011] "Limiting the impact of light pollution on human health, environment and stellar visibility," *Journal of Environmental Managemen*, 92(10), 2714-2722.

Forest Therapy Research Project Group [2018] *Understanding of forest therapy*, Seoul, Korea.

Gluckman, P. D., Hanson, M. A., & Spencer, H. G. [2005] "Predictive adaptive responses and human evolution," *Trends in Ecology & Evolution,* 20(10), 527-533.

Hansen, M. M., Jones, R., & Tocchini, K. [2017] "Shinrin-yoku (forest bathing) and nature therapy: A state-of-the-art review," *International Journal of Environmental Research and Public Health,* 14(8), 851.

Hartig, T., Mitchell, R., De Vries, S., & Frumkin, H. [2014] "Nature and health," *Annual Review of Public Health,* 35, 207-228.

Kaplan, S. [1995] "The restorative benefits of nature: Toward an integrative framework," *Journal of Environmental Psychology,* 15, 169-182.

Kim, B. G. & Park, I. S. [2016] "The effects of forest therapy on brain waves," *Korea Entertainment Industry Association,* 211-214.

Korea Forest Welfare Institute [2016] *The last decade of forest therapy,* Daejeon, Korea.

Korea Forest Welfare Institute [2018] *Introduction of forest-welfare,* Daejeon, Korea.

Kwon, G. C. & Choi, J. S. [2016] "Forest healing program development for realization of forest welfare service for the elderly on the aging society," *Journal of The Korean Society of Beauty and Arts,* 17(1), 249-263.

Lambert, G. W., Reid, C., Kaye, D. M., Jennings, G. L., & Esler, M. D. [2002] "Effect of sunlight and season on serotonin turnover in the brain," *The Lancet,* 360(9348), 1840-1842.

Laumann, K., Gärling, T., & Stormark, K. M. [2001] "Rating scale measures of restorative components of environment," *Journal of Environmental Psychology,* 21(1), 31-44.

Lee, G. M. & Jeong, Y. C. [2011] "Effects of the forest healing program on schizophrenia," *Korean Forest Society,* 467-469.

Lee, J. H., Shin, W. S., Yeoun, P. S., & Yoo, R. H. [2009] "The influence of forest scenes on psychophysiolosical responses," *Journal of Korean Forestry Society,* 98(1), 88-93.

Lee, J. S., Yeoun, P. S., & Choi, J. H. [2016] "Effects of forest walking exercise on isokinetic muscular strength, muscular endurance, and bone mineral density in the elderly women," *The Journal of Korean Institute of Forest Recreation,* 20(1), 1-9.

Lee, J. W., Yeoun, P. S., Park, S. H., & Gang, J. W. [2018] "Effects of forest therapy programs on the stress and emotional change of emotional labor workers," *The Journal of Korean Institute of Forest Recreation,* 22(3), 15-22.

Lee, Y. J. & Shin, C. S. [2015] "Effects of forest walking meditation on mood states and self-awareness in middle-aged women," *The Journal of Korean Institute of Forest Recreation,* 19(3), 19-25.

Li, Q. [2019] *Forest bathing: How trees can help you find health and happiness,* New York, NY: Viking.

Li, Q., Morimoto, K., Kobayashi, M., Inagaki, H., Katsumata, M., Hirata, Y., ..., & Kawada, T. [2008] "Visiting a forest, but not a city, increases human natural killer activity and expression of anti-cancer proteins," *International Journal of Immunopathology and Pharmacology*, 21(1), 117-127.

Li, Q., Kobayashi, M., Wakayama, Y., Inagaki, H., Katsumata, M., Hirata, Y., ... & Ohira, T. [2009] "Effect of phytoncide from trees on human natural killer cell function," *International Journal of Immunopathology and Pharmacology*, 22(4), 951-959.

Miyazaki, Y., Motohashi, Y., & Kobayashi, S. [1992] "A change of mood caused by the inhalation of oil refining. Effects of daylighting, workability, sensory tests and psychological condition evaluation," *Wood Research Society*, 38(10), 903-908.

Nisbet, E. K. & Zelenski, J. M. [2011] "Underestimating nearby nature: Affective forecasting errors obscure the happy path to sustainability," *Psychological Science*, 22(9), 1101-1106.

Park, B. J. [2015] *Understanding natural resources (Forest therapy)*, Seoul, Korea KNOU PRESS.

Park, B. J., Kasetani, T., Morikawa, T., Tsunetsugu, Y., Kagawa, T., & Miyazaki, Y. [2010] "The physiological effects of Shinrin-yoku (taking in the forest atmosphere or forest bathing): Evidence from field experiments in 24 forests across Japan," *Environmental Health and Preventative Medicine*, 15(1), 18-26.

Park, S. H., Yeon, P. S., Hong, C. W., Yeo, E. H., Han, S. M., Lee, H. Y., ... & Kim, Y. H. [2017] "A study on the effect of the forest healing programs on teachers' stress and PANAS," *Korean Journal of Environment and Ecology*, 31(6), 606-614.

Schreml, S., Szeimies, R. M., Prantl, L., Karrer, S., Landthaler, M., & Babilas, P. [2010] "Oxygen in acute and chronic wound healing," *British Journal of Dermatology*, 163(2), 257-268.

Shin, C. S., Yeoun, P. S., Kim, Y. G., Eum, J. O., Yim, Y. R., Yoon, S. B., ..., & Lee, S. H. [2015] "The influence of a forest healing program on public servants in charge of social welfare and mental health care worker's job stress and the profile of mood states," *Journal of the Korean Forestry Society*, 104(2), 294-299.

Shin, W. S. [1993] "The understanding of forest campers' attitudes and their self-actualization (in Korean)," *Journal of Korean Forest Society*, 82, 107-121.

Shin, W. S. [2007] "The influence of forest view through a window on job satisfaction and job stress," *Scandanavian Journal of Forest Research*, 22, 248-253.

Shin, W. S. & Kim, S. K. [2007] "The influence of forest experience on alcoholics' depression levels (in Korean)," *Journal of Korean Forest Society*, 96, 203-207.

Shin, W. S. & Oh, H. K. [1996] "The influence of forest program on depression levels (in Korean)," *Journal of Korean Forest Society*, 85, 586-595.

Shin, W. S., Yeoun, P. S., Yoo, R. W., & Shin, C. S. [2010] "Forest experience and psychological health benefits: The state of the art and future prospect in Korea," *Environmental*

Health and Preventive Medicine, 15(1), 38.

Song, J. H., Shin, W. S., Yeoun, P. S., Choi, M. D. [2009] "The influence of forest thera-
peutic program on unmarried mother's depression and self-esteem," *Journal of the Kore-
an Forestry Society,* 98(1), 82-87.

Thoma, M. V., La Marca, R., Brönnimann, R., Finkel, L., Ehlert, U., & Nater, U. M. [2013]
"The effect of music on the human stress response," *PloS One,* 8(8), e70156.

Ulrich, R. S. [1983] "Aesthetic and affective response to natural environments," in I. Altman
& J. F. Wohlwill (Eds.), *Human behavior and the environment,* New York, NY: Plenum
Press, pp. 85-125.

Ulrich, R. S. [1993] "Biophilia, biophobia, and natural landscapes," in S. R. Kellert & E. O.
Wilson (Eds.), *The biophilia hypothesis,* Washington, DC: Island Press/Shearwater.

Ulrich, R. S., Robert, F. S., Barbara, D. L., Evelyn, F., Mark, A. M., & Michael, Z. [1991]
"Stress recovery during exposure to natural and urban environments," *Journal of Envi-
ronmental Psychology,* 11(3), 201-230.

You, Y. S., Kim, H. C., Lee, C. J., Jang, N. C., & Son, B. K. [2014] "A study of effects of
forest therapy-based mental health program on depression and psychological stability,"
The Journal of Korean Society for School & Community Health Education, 15(3), 55-65.

Wu, Z., Wang, C., Xu, J., & Hu, L. X. [2007] "Air-borne anions and particulate matter in
six urban green spaces during the summer," *Journal-Tsinghua University,* 47(12), 2153.

第III部　批判的視点と結論

第14章
アウトドアセラピー実践の批判的視点

Denise Mitten

　本書で紹介されているように，アウトドアセラピーの種類と多様性は増え続けている．本章の目的は，アウトドアセラピーの実施を支える理論と実践に関するいくつかの基本的な仮定を批判的に検討することである．そのために，アウトドアセラピーのルーツ，偏った言葉，野外や自然との関係について語られてきた物語や歴史について調べる．ほとんどのセラピーは恩恵（善を行うこと）と非有害（害を与えないこと）という行為を前提にしている．しかし，ときに支援者は，人々や特定の集団にとって有害な思い込みや信念，偏見を内面化することがある．実際，ファシリテーターが善意を前提とし，自分の行動や振る舞いが不快や有害であると認識していない場合もある [Ansara & Hegarty, 2014]．私の目標は，読者がアウトドアセラピー・プログラムや実践を設計，構築，評価する際に使用するツールやコンセプトを提供し，実践のための将来の会話や学習に役立てることである．

▶ 著者の視点

　私はアメリカ在住の女性で，健康とウェルビーイングを促進し，生態心理学，サスティナビリティ教育，野外／冒険教育，リーダーシップ教育に携わっている．私は，人間と人間以上の世界に対する奉仕，ケアの倫理，社会正義を特に大切にしている．私はフェミニスト／エコフェミニストであり，また学者であり実践者でもある．私と自然界との関係は，幼少期を野外で過ごし，生態学と森林学を学んだことに大きく影響されている．システムと複雑性の理論 [Meadows, 2008] は1970年代の森林教育の一部で，階層的な見方よりも生態学的な見方で世界と人間関係をみるのに役立っている．さらに，保護者教育，補完代替医療，カウンセリング，野外リーダーシップトレーニングを受け，生活や指導に活きる学際的視点を開発した．私は，自然環境つまり人間を超越した世界が私の師（メンター）であると考える．自然（宇宙にまで拡大）の治癒力は，多くの医療従

事者，都市や地域計画者，学校関係者，保護者そして野外教育者にさえ見落と
され，過小評価されてきたと思っている [Itin & Mitten, 2009 ; Mitten, 2004]．私
やほかの研究者は，アドベンチャーセラピーやそのほかのアウトドアセラピー
を含む野外冒険プログラムの介入後に参加者やクライエントが体験する包括的
な変化の主な要因は，自然環境の中にいること，自然環境とともにあることの
影響ではないかと提案してきた [Bardwell, 1992 ; Beringer & Martin, 2003 ; Mitten,
1994]，つまり，「する」ことより，「ある」ことにもっと関心を持つことだ
[Mitten, 2004]．

▶ 批判的視点（クリティカル・シンキング）

　私が批判的に考えるのは，遺産が過去からの知恵を授けてくれる一方で，多
様な人々が行う体験，研究，直感的な作業から恩恵を受ける実践を開発するた
めに，脱ぎ捨てなければならない束縛ともなり得るからである [Fisher, 2019 ;
Harper, Gabrielsen, & Carpenter, 2018 ; Itin & Mitten, 2009 ; Mitten, 1994 ; Nicolls & Gray,
2009 ; Warren et al., 2014 ; Yamada & San Antonio, 2009]．公正な批評を通じて，実践
家や研究者は，アウトドアセラピーの長所だけでなく，根強く残っているかも
しれない有害な実践についても，より深く認識し評価することができる [Paul
& Elder, 2016]．

　ある対象やプロセスを深く見つめる批判的視点は，ある意味終わりのない問
いかけのアプローチを用い，うまく使えば，継続的に理解を深め，自己中心主
義や社会中心主義を克服する方向に導く [Paul & Elder, 2016]．批判的アプロー
チには，公正であろうとする意図に基づき，思考の質を評価する私たちの信念
をどのように解体するかが含まれる．そのため，批判的視点は，人々が自らの
先入観や偏見，バイアスに気づくことをサポートする．私が批判的に考えると
きの目標は，好奇心と目的意識をもって疑問を持つことである．

■「ベストプラクティス」を考える

　「ベストプラクティス」の概念は，1927年に初めて記録され，研究と体験に
よって最適な結果をもたらすことが示された手順 [Merriam Webster, 2019] と定
義されている．アウトドアセラピーを実践している人々は，十分な意図を持っ
ているため，クライエントを効果的に支援する実践方法を特定しようとする動

きがある．ベストプラクティスは，多くの人が何気なく，どのような方法や技術を採用すべきかを特定するために使う言葉である．しかし，ベストプラクティスは批判的思考を停滞させ，人々が革新をやめるような影響を与える可能性があるのだ．もし私たちがベストなものを持っているのなら，それ以上のものは存在しないだろう．もしこれがベストプラクティスだと決めたのなら，なぜそれを批評するのだろうか．ベストプラクティスは，しばしば最も効率的で慎重な方法として表現される．そのように考えると，もしベストプラクティスがあるとすれば，それは，正しいかどうかに関わらず，1つのサイズにすべてが適合し，人々を本質化することを暗示しているのかもしれない．

　ベストプラクティスという概念は，デカルト的思考を象徴している．そこでは，一連の研究の積み重ねによって，すべての集団や状況に対して有効な，真実や最善の方法，正しい方法を見出すことができるとされている [Bowers, 2007]．これは，その研究の方向性が，研究者，スポンサー機関，研究資金提供者の政治的，社会的，経済的な動機と関心に影響されていること，を認識していないと問題である [Harding, 2015]．支配的な集団（社会的，経済的，人種的など）の枠組みの中で生み出された研究は，その後，誰もが従うべき社会政策やベストプラクティスを形成する．多様な集団を使って研究を行うことを求めることもできるが，それではデカルト的思考の限定された方法論とバイアスの前提という問題に対処できない [Harding, 2015]．デカルト的思考が厄介なのは，「文化的ヘゲモニー」（日常的な実践や共有された信念を通じて形成された文化的視点は，支配的集団に有利に偏り，複雑な支配システムの基盤となる）を強化し，考えの不連続性 [Bowers, 2007] や文化の不連続性（2つ以上の文化間の整合性の欠如）[Cholewa & West-Olatunji, 2008；Ogbu, 1982] を認識しないことである．支配的な集団の文化的ヘゲモニーは，部分的にはベストプラクティスを支持することによって維持されている．アウトドアセラピーでは，支配的な文化は出版へのアクセスが多く [Martin, Maney, & Mitten, 2018]，ベストプラクティスの作成，明示，維持につながりやすい．

　例として，多くのアウトドアセラピーでよく行われるのが，「コンフォートゾーン」から出るように，あるいはコンフォートゾーンを広げるよう頼んだり，指示することである．指導者は，たとえ婉曲的にいうとしても，無意識に，その人が快適であることを前提にしているのだ．Boilen [2018] は，意図的に不慣れな小旅行に参加することの心理的，関係的な意味を探った．参加者は文字

どおり，慣れ親しんだ領域から一歩外に出て，慣れない状況に身を置き，新しい慣れない行動に挑戦する機会を持つ．この場合，参加者は慣れ親しんだ場所から離れるのであって，快適な場所から離れるのではない．心的外傷後ストレス障がいのある退役軍人，路上で生活する若者，刑務所にいる人，あるいは不安を抱える高校生に，コンフォートゾーンから出るように求めるのは，失礼なことかもしれないし，善意ではあっても，おそらく指導者の特権的な立場からくるものだろう．コンフォートゾーンの概念は，おそらく野外や冒険教育の初期に，若者は軟弱になりすぎているので，もっとタフにならなければいけないという考えから生まれたものだろう．

■「チャレンジ・バイ・チョイス」を考える

ベストプラクティスとされ，多くのアウトドアセラピー・プログラムで一般的に使用されているもう1つの実践は，「チャレンジ・バイ・チョイス」と呼ばれる概念である．チャレンジ・バイ・チョイスの効果については，十分に研究されていない．Tyson and Asmus [2008] は，チャレンジ・バイ・チョイスのパラダイムは，個人のエンパワメント体験の中心である本物の選択を提供しないかもしれないと主張し，以下3つの懸念を指摘している．

① ファシリテーターやプログラムの根底にある価値観が，特定の選択肢しか報われない文化を作りあげることが多い．
② 支援者は自らの役割を，個人を望ましい結果に向かわせることと考えがちで，選択肢が妥協される．
③ 野外プログラム参加者の多くが，健全な選択をするための支援や教育を受けられない可能性がある．

Haras, Bunting, and Witt [2006] は，ロープスコースのプログラムについて，「最適な参加を促す」モデルについて述べている．このモデルをチャレンジ・バイ・チョイスと比較したところ，最適な参加のアプローチは，より低いレベルの不安，より高いレベルの選択肢の認識，および同程度の有意義な関わりを引き出すことがわかった．参加者の選択と意思決定の共有の支援は，チャレンジ・バイ・チョイスを使わなくても，以下のプログラム要素を実施することで可能となる [Mitten, 1985].

① 参加者に選択肢を提供する

② 柔軟なスケジュールを設定する

③ 自分のタイミングでの参加を認める

④ 押しつけるのではなく，励ます

⑤ 情報に基づいた選択をするための情報を参加者に与える

⑥ 個人が自分で定義し選択することを意図的に支援するなど

■アウトドアセラピーのルーツについてどのようなストーリーが語られているか？

　ウェブ検索すると，現在主流のアウトドアセラピーの歴史は，非常に多くの点で一致しているようだ．ほとんどの場合，1800年代，アメリカでの結核患者のためのテントキャンプが起源とされており，アウトドアセラピーが新しい概念ではないことが強調されている．1900年代初頭の治療キャンプ運動や体験教育についても語られている．最も頻繁に名前が挙がる2人の人物は（そしてしばしば2人だけしか言及されない人物は），教育者の John Dewey と Kurt Hahn である．これらの選択的なストーリーは，この分野の歴史を主にアメリカやヨーロッパの男性中心的なものにし，キャンプや冒険のムーブメントを通して枠組みを作り，これらの分野から実践における多くの仮定を取り込んでいる．一部の理論家や研究者は，アウトドアセラピーの歴史を広げようとし［たとえば，Cole, Erdman, & Rothblum 1994; Gray & Mitten, 2018; Mitten et al., 2018; Richards, 2003］，実践者に，その特定の様式についての歴史を批判的に検討するよう促している．

　何事も，正しい歴史が1つであることは稀だ．多くの場合，関わった人々や起こった出来事など，正確な事実が存在する．しかし，通常は，表されているよりも多くの人が関わり，多くの出来事が起こっている．しかし，ある一部の出来事や人物が多くの物語で繰り返されると，それが歴史となり，実務に影響を与えるようになる．たとえば，冒険教育の遠征モデルは Kurt Hahn が開発したと一般に考えられているが，地理学者である Marina Ewald が中心となって Outward Bound（アウトワード・バウンド）の遠征モデルの開発に貢献している［Veevers & Allison, 2011］．Ewald は，1925年にフィンランドとアイスランドへの同校初のセーリング遠征を開始した．カリキュラムの中で遠征を提唱した

結果，Hahn は遠征をアウトワード・バウンドに組み入れた．Hahn がドイツを去った後，Ewald はさらに50年間，ザーレム校を指揮したのである．

　多くの場合，こうした歴史は文章化され，実践は伝統と呼ばれる．たとえば，「伝統的にアウトドアセラピーは，チャレンジ・バイ・チョイスを使ってきた」というように．伝統的という言葉を使うと，吟味された，あるいは確立されたものに聞こえる．適切な質問は，その実践がどのような研究に基づいているか，どのような人々に適切か，どのような目的のために行うのかを示すために行うものである．最終的には，私が働いている集団，使っているプログラム，そして望まれるクライエントの成果にとって，それは適切な実践なのだろうかと．

■「ストレス」と「リスク」を考える

　ほかの著者は，アウトドアセラピーにおける学習ツールとしてストレスを使用することに疑問を投げかけている [Berman & Davis-Berman, 2005；Mitten, 1986].Jensen and Simovka [2005] は，ストレス下にある学生はつながりを理解する能力が低いこと，そしてストレスを受けると脳は高次の認知機能（たとえば，注意深く批判的に考える）を使わない傾向があることを発見し，学習環境がストレスに依存しないと主張した．別の研究では，乳がんから回復した人が野外の回復活動に参加した場合，ストレスを感じないリラックスした活動に参加すると生活の質が向上することを報告した [Cimprich, 1993].

　本書で紹介されている多くのアウトドアセラピーは，生態心理学や森林療法のようにリスクやストレスをプログラムの主要な構成要素として使っていない．Bardwell [1992] は Outward Bound プログラムをモデルにしたプログラムについて研究報告した際にこのアプローチを強化したが，1つだけはっきりとした違いがあった．このプログラムには，典型的な Outward Bound のコースにあるようなストレスや課題は含まれていなかったのだ．その結果，クライエントの行動や態度に，よりストレスやチャレンジの多いプログラムから報告されたのと同様の全般的な変化が見られたのである．結論として言えることは，ストレス，リスク，チャレンジは，アウトドアセラピーにおけるプログラムの有用性について，より多くの研究が必要であるということだ．

　リスクは複雑で，人によって意味が異なり，何をリスクと感じるかは個人の体験である．リスクは楽しくやりがいのあるものだが，多くの分野でのリスク回避は（不適応レベルではないが）健全なものである（例：ヘビや高所への恐怖）．リ

スクはギャンブルやアドレナリン放出を欲するような中毒性があり，リスクは人によっては力強さや優越感を感じるのに役立つ [Mitten & Whittingham, 2009]．ポジティブに考えれば，リスクのある状況でも，適切なファシリテーションがあれば，参加者は恐怖を理解し，適切に対処する能力を身につけることができ，ストレス下の認知と感情を管理する能力を身につけることができる．

　勇気があることを証明するために意図的にリスクを取ることは，スキル開発を通じて能力を獲得し，リスクを伴う可能性のある冒険に有意義に参加することとは異なる．

　アウトドアセラピーのマーケティング資料の中には，リスクを誇張するものがあるが，これはリスクとリスクを取る行動についての賢明な判断を教えることを阻害する可能性がある「まやかし」である．参加者は，どのようなリスクを取るべきか，誰と取るべきか，いつ取るべきでないか，また，どのような要因の間で判断を下すかについての判断を学ぶ代わりに，リスクを取ること自体が前向きな行動であると学び，リスクを選ばなければ勇気がないと考えてプログラムを去ってしまうかもしれない．あるいは，リスクを取ることで得られると言われた爽快感を受け入れなかったために，プログラムを終えて，アウトドアを生活の一部にしないかもしれない．アウトドアセラピーの実践者は，リスクを取る行為そのものよりも，むしろリスクを取る周りの属性に注意を払うことが求められている．

■エコロジーのために父性史の視点を変える

　狭められ選別された歴史の記憶を変える方法は，家父長制（父方の相続を含む所有権）に関する西洋の伝統に対抗することである．

　創設者，通常は創設の「父」がいると信じる習慣は，包摂性を低下させ，階層性を強化し，主に白人男性の支配とほかの人々の疎外を助長する．たとえば，体験教育，ひいてはいくつかのアウトドアセラピーの文献における正統な系譜は，ソクラテス，プラトン，アリストテレス，ハーン，デューイなど，もっぱら「父親」である [Wurdinger, 1997]．おそらく，親という比喩は，性別の二元論と異性愛化を強め [Mitten, 2013]，その結果，一部のアウトドアセラピーを含む野外教育や環境教育の生物学的決定論を強めることになるため [Russell, Sarick, & Kennelly, 2002]，そろそろ親という比喩を手放す時期である．

　Mitten [2013] はこれらの会話を系譜的なものから生態系的なものに変える

ことを提案し，多くの知的で実用的なニッチ（生態的地位）の人々がそれぞれの
領域での視点からアウトドアセラピーに貢献してきたことを強調した．たとえ
ば，生態系と関係性という異なるパラダイムは，アウトドアセラピーの豊かさ
をさらに明らかにし，より多くの参加と創造性を促進することができる．シス
テムや関係性という観点から考えることで，人々はさまざまな分野に目を向け，
補完的な貢献を見つけ，支配的なパラダイムに疑問を持つことができる．シス
テムという視点は，アウトドアセラピーに関する学術的な議論において，女性
やほかの代表的でないグループの取り組みをより多く取り入れることを可能に
し，人々の価値観を広げる手助けになるかもしれない．

　生態系システムでは，一見小さな貢献が生態系全体を繁栄させるために重要
かもしれない．Piersol and Timmerman [2017] は，より多くの声と多様性を
巻き込み，学問における力を再分配するために，生きたエコフェミニストの政
治を用いることによって，関係のエコロジーというパラダイムを強化した．さ
らに，Tuck, McKenzie, and McCoy [2014] と Root [2010] は，アウトドアセラ
ピーに拡大できる野外教育と環境教育の脱植民地化（植民地主義の力からの癒や
し）の必要性を論じた [Fisher, 2019]．非先住民／入植者の実践者である Jones
and Segal [2018] は，特に「伝統的な先住民の領土で入植者として土地に根ざ
した自然とのつながりによるセラピーワークを行う者への説明責任」を促すた
めに，実践者による深い内省によって固定化された生態心理学を動揺させるこ
とを求めた (p. 1)．そこでは，生態心理学の実践が，入植者の植民地主義を再
生し，強める可能性があることが議論されている．この分野への貢献について
語るとき，生態学的・システム的視点を用いることは，アウトドアセラピーに
おける多様化と白人ヨーロッパ人の実践の脱中心化と思考することに寄与する
ことができる．

　アウトドアセラピーをここ数世紀の間に始まったと考えるのではなく，600
万年前に人類が進化して以来，人間と人間以上の世界との間には相互依存の関
係があり，それが続いてきたと考えることで，実践者はより多くを学ぶことが
できる [Flinders 2003]．ある意味，アウトドアセラピーは人間と人間以上の世
界との健全なつながり，つまり多くの社会で疎遠になりがちではあるが，いま
だに強いつながりを強めることができる方法なのである．

　ファシリテーターとその方法論が野外環境とどのように関わるか，そして支
援者がクライエントにどのように自然との関わりを促すかは，アウトドアセラ

ピーの支援者にとって重要な検討事項である．ある人は，自然は治療のパートナーであるという．また，自然を癒やしや回復のために利用する人もいる．また，自然や宇宙という神聖な女性性（生命エネルギー）や創造物に対して畏敬の念を抱く人もいる．自然環境をめぐる態度や信念は実践に影響を与え，一部の実践は植民地化する価値観に対して弱いかもしれない [Fisher, 2019]．たとえば，言語や実践を通じて，意図的であろうとなかろうと，自然はしばしば次のような特徴を持つ．

- ・人間から切り離された存在として捉えられる
- ・文化から切り離され，文化との二元的な関係にあるとみなされる
- ・商品として，あるいは気分転換のために利用されている
- ・支配され，能力や権力を証明するために使われる
- ・擬人化される

　研究によると，米国では少なくとも女児の38％，男児の24％が18歳になるまでに養育者にあたる人物から性的虐待を受けており，アウトドアセラピー・プログラムでは，虐待サバイバーに指定されていない人でも，女性の3人に1人，男性の7人に1人が虐待を受けたことになる [Smith et al., 2017]．性的虐待のサバイバーにとって，「ハエや蚊，雨や雷，汚れ，暗闇など特定の自然要素との相互作用は，性的虐待の記憶や感情，さらにはパニックを引き起こすことがある」[Mitten & Dutton, 1993, p. 135]．自分の力ではコントロールできない自然現象や，自宅のように自浄作用のない環境で働くことは，多くの人にとって，また特定の人々にとっては困難なことかもしれない．少なくとも1970年代からトラウマ・インフォームド・ケアを取り入れているプログラムもあるが，多くのプログラムで一般的になりつつあり，一義的に定義され実施される可能性が出てきている．実践者の中には，自然の影響は公平に配分されると信じている人もいるかもしれない．しかし，自然を恐れて野外プログラムに参加する人には，すぐに自然に深く浸ることや，個人差を考慮しないプログラミングモデルではなく，やさしく自然を紹介することが必要であることを示しているかもしれない．

　本来，ファシリテートされたグループの中で快適に過ごせるということは，自分らしく安心して過ごせるということであり，（個人のペースに合わせて）新しい役割に挑戦できることでもある．支援者として，私たちは参加者のことをほ

とんど知らないかもしれない．多くの人は，参加者の人種や民族，健常者，年齢，性別などのアイデンティティを視覚的に読み取り，多くの場合，女性か男性かという二元的なレンズを使って参加者のジェンダーアイデンティティを決めている．支援者の中には，クライエントのジェンダーアイデンティティを間違えたり，Ansara and Hegarty [2014] が「シスジェンダリズム」（p. 260）と呼ぶものを犯している可能性がある．このシスジェンダリズムは，二元的でないアイデンティティを消し去る可能性がある．人々は，女性，男性，二元的でないジェンダーアイデンティティのある人，アジェンダー，ジェンダークィア，ジェンダーノンコンフォーミング，トランスジェンダー，インターセックスの人を含むがこれに限定されない，多様な方法でジェンダーを識別し表現できる [Ansara & Hegarty 2014]．インクルーシブな解決策は必ずしも明らかではない．一部の支援者は，クライエントに自分の好きな代名詞を言わせるという実践を行っているが，クライエントによっては，新しい集団の中ですぐにカミングアウトすることに抵抗があり（あるいは疑問を持っており），返答しなければならないことに窮屈さを感じている場合もある．インクルーシブであることは，明確に定義された道筋のないプロセスである．マーケティング資料からプログラムの終了まで，誰がプログラムに歓迎されるのかメッセージが発信される．支援者の体験，教育，そして内省は，参加者が健全な関係を築くための空間とペースを作り出すのに役立つのだ．

▶ 人間と自然の愛着，病理学の再考

　自然の中で過ごす時間だけでなく，アウトドアセラピーを通してどのような自然との関係を築くかが重要なポイントである．人間は建物の環境の中で多くの時間を過ごしているため，物理的に自然環境から離れているかもしれないが，人間は地球の生命システムの一部であり，文字どおり，人間は自然から切り離すことはできない．自然断絶や「自然欠乏」を診断するという考え方は，病態解明や医学的な治療モデルの気配がする [Harper, Rose, & Segal, 2019]．むしろ，多くの人間は愛着が乱れ，自然との関係が疎遠になっている可能性が高い [Mitten, 2017]．

　若者は養育者への愛着が不安定で，その兆候として，衝動制御の欠如，暴力，依存症傾向，不安，うつ病，感情調整の困難などがよく見られる [Fairchild,

2006］．自然への愛着欠如という概念は，西洋文化圏の多くの人々に同様の症状をもたらし，その中にはアウトドアセラピーで癒やしを体験する人々も含まれる．自然との健全な愛着は，安心感，ソーシャルサポートを求める能力（支援のための自然での時間も），ほかの人と感情を共有する能力，信頼関係を結ぶ能力，親密な関係を楽しむ能力など，人間の健全な愛着と同様の方法で人々を助けることができる［D'Amore & Mitten, 2015］．クライエントを診断でみるのではなく，人が自然にどれだけ愛着を持っているか，あるいは切り離されているかを考えることもできるかもしれない．この視点の転換により，クライエントの生活にプラスの効果が生まれ，セラピー以外でも，たとえば，日々のストレスから回復するために地元のビーチや森林を訪れるなど，継続的な資源となる可能性がある［Mitten et al., 2016］．

　支援者が尋ねるのに有用な質問として，私はどのような自然への愛着を持ち，勇気や力をもらっているのだろうか？というものがある．自然を利用したり支配したりする関係（たとえば，資源としての自然や山を征服すること）よりも，相互共生，尊敬，好奇心に基づいた関係の方が，ホリスティックな癒やしに有益かもしれない．実践者がモデルとなって関係性を奨励することで，このような相互関係が育まれ，支配的な関係性が排除される．アウトドアセラピーは，自然との健全な関係を学び，体験するきっかけになる．自然との健康的な関係作りに長けた指導者のもとで行われるアウトドアセラピーは，参加者に豊かで変革的な，パラダイムシフトを起こす体験を提供する可能性を秘めている．

▶ ま と め

　この批判的視点はアウトドアセラピーについてのいくつかの概念と共通の仮定を提供し，実践者が自分自身と自分の仕事に問うべき多くの質問を残している．

- ・アウトドアセラピーでは，一般的に使用される歴史や知識体系を構築するために，どのような物語が使われてきたのだろうか？
- ・そして世の中にはどのような異なる物語があるのだろうか？
- ・私たちはどこで実践しているのか，私たちのサービスやプログラムが提供されている土地に配慮しているのだろうか？

・アウトドアセラピーの「伝統」はよいことをするという仮定に依存しているのか，それとも害を及ぼす可能性があるのか？

言葉は倫理的なクライエントとの関わりを発展させ，実践を促し，結果に大きな影響を与えるものだ.

私たちのサービスやクライエントに対する倫理的・道徳的な視点を維持するための1つの方法は，私たちの理論や実践を絶えず批判的に検討することだ. 明らかに，アウトドアセラピーについて検討する必要のある問題はもっとたくさんある. 本章が，アウトドアセラピー支援者や研究者が，すべてのクライエントにとって肯定的な結果とケアを提供するために，私たちの仕事に批判的な光を当てる一助になればと願っている.

参考文献

Ansara, Y. G. & Hegarty, P. [2014] "Methodologies of misgendering: Recommendations for reducing cisgenderism in psychological research," *Feminism & Psychology,* 24(2), 259-270. doi. 10.1177/0959353514526217

Bardwell, L. [1992] "A bigger piece of the puzzle: The restorative experience and outdoor education," in Henderson (Ed.), *Coalition for education in the outdoors: Research symposium proceeding,* Bradford Woods, IN: Coalition for Education in the Outdoors, pp. 15-20.

Beringer, A. & Martin. P. [2003] "On adventure therapy and the natural worlds: Respecting nature's healing," *Journal of Adventure Education & Outdoor Learning,* 3(1), 29-39.

Berman, D. S. & Davis-Berman, J. [2005] "Positive psychology and outdoor education," *Journal of Experiential Education,* 28(1), 17-24.

Boilen, S. [2018] "The backcountry of the female mind: Young women's voices from the wilderness," in T. Gray & D. Mitten (Eds.), *The Palgrave international handbook of women and outdoor learning,* Cham, Switzerland: Palgrave Macmillan, pp. 449-460.

Bowers, C. A. [2007] "Philosophy, language, and the Titanic mind-set," *Language and Ecology,* 2(2), 1-15.

Cholewa, B. & West-Olatunji, C. [2008] "Exploring the relationship among cultural discontinuity, psychological distress, and academic outcomes with low-income, culturally diverse students," *Professional School Counseling,* 12(1), 2156759X0801200106.

Cimprich, B. [1993] "Development of an intervention to restore attention in cancer patients," *Cancer Nursing,* 16(2), 83-92.

Cole, E., Erdman, E, &. Rothblum, E. (Eds.) [1994] *Wilderness therapy for women: The power of adventure*, Binghamton, NY: Harrington Press.

D'Amore, C. & Mitten, D. [2015] "Nurtured nature: The connection between care for children and care for the environment," in P. L. Thomas, P. Carr, J. Gorlewski, & B. Porfilio (Eds.), *Pedagogies of kindness and respect: On the lives and education of children*, New York, NY: Peter Lang, pp. 111-125.

Fairchild, S. R. [2006] "Understanding attachment: Reliability and validity of selected attachment measures for preschoolers and children," *Child and Adolescent Social Work Journal*, 23(2), 235-261.

Fisher, A. [2019] "Ecopsychology as decolonial praxis," *Ecopsychology*, 11(3), 145-155.

Flinders, C. [2003] *Rebalancing the world: Why women belong and men compete and how to restore the ancient equilibrium*, San Francisco, CA: HarperCollins.

Gray, T. & Mitten, D. (Eds.) [2018] *The Palgrave international handbook of women and outdoor learning*, Cham, Switzerland: Palgrave MacMillan.

Haras, K., Bunting, C., & Witt, P. [2006] "Meaningful involvement opportunities in ropes course programs," *Journal of Leisure Research*, 38(3), 339-363.

Harding, S. [2015] *Objectivity and diversity: Another logic of scientific research*, University of Chicago Press.

Harper, N. J., Gabrielsen, L. E., & Carpenter, C. [2018] "A cross-cultural exploration of 'wild' in wilderness therapy: Canada, Norway and Australia," *Journal of Adventure Education and Outdoor Learning*, 18(2), 148-164.

Harper, N., Rose, K., & Segal, D. [2019] *Nature base therapy: A practitioner's guide to working with children, youth and families*, Gabriola Island, BC: New Society Publishers.

Itin, C. & Mitten, D. [2009] "The nature and meaning of adventure therapy in the international context," in D. Mitten & C. M. Itin (Eds.), *Connecting with the essence of adventure therapy: Proceedings from the 4th international adventure therapy conference (2006)*, Boulder, CO: Association for Experiential Education, pp. 5-12.

Jensen, B. B., & Simovska, V. [2005] "Involving students in learning and health promotion processes: Clarifying why? What? And how?," *Promotion & Education*, 12(3), 150-156.

Jones, A. T. & Segal, D. S. [2018] "Unsettling ecopsychology: Addressing settler colonialism in ecopsychology practice," *Ecopsychology*, 10(3), 127-136.

Martin, S., Maney, S., & Mitten, D. [2018] "Messages about women through representation in adventure education texts and journals," in T. Gray & D. Mitten (Eds.), *The Palgrave international handbook of women and outdoor learning*, Palgrave Macmillan, pp. 293-306.

Meadows, D. H. [2008] *Thinking in systems: A primer*, Hartford, VT: Chelsea Green Publishing.

Merriam Webster Dictionary. [2019] Retrieved June 19, 2019 from https://www.merriam-webster. com/dictionary/best%20practice

Mitten, D. [1985] "A philosophical basis for a women's outdoor adventure program," *Journal of Experiential Education,* 8(2), 20-24.

Mitten, D. [1986] "Stress management and wilderness activities," in M. Gass & L. Buel (Eds.), *Proceedings journal. Moodus,* CT: Association of Experiential Education 14th Annual Conference.

Mitten, D., & Dutton, R. [1993] "Outdoor leadership considerations with women survivors of sexual abuse," *Journal of Experiential Education,* 16(1), 7-13.

Mitten, D. [1994] "Ethical considerations in adventure therapy: A feminist critique," in E. Cole, E. Erdman, & E. Rothblum (Eds.), *Wilderness therapy for women: The power of adventure,* Binghamton, NY: Harrington Press, pp. 55-84.

Mitten, D. [2004] "Adventure therapy as complementary and alternative therapy," in S. Bandoroff & S. Newes (Eds.), *Coming of Age: The evolving field of adventure therapy,* Boulder, CO: Association of Experiential Education, pp. 240-257.

Mitten, D. & Whittingham, M. [2009] "Be safe out there: Critically thinking risk in adventure education," in B. Stremba & C. Bisson (Eds.), *Teaching adventure education theory best practices,* Champaign, IL: Human Kinetics.

Mitten, D. [2013] "Book review: Sourcebook of experiential education: Key thinkers and their contributions," *Journal of Experiential Education,* 36(1), 80-82.

Mitten, D., Overholt, J. R., Haynes, F. I., D'Amore, C. C., & Ady, J. C. [2016] "Hiking. A low-cost, accessible intervention to promote health benefits," *American Journal of Lifestyle Medicine,* 12(4), 302-310.

Mitten, D. [2017] "Connections, compassion, and co-healing: The ecology of relationship," in K. Malone, S. Truong, & T. Gray (Eds.), *Reimagining sustainability in precarious times,* London, England: Springer, pp. 173-186.

Mitten, D., Gray, T., Allen-Craig, S., Loeffler, T. A., & Carpenter, C. [2018] "The invisibility cloak: Women's contributions to outdoor and environmental education," *The Journal of Environmental Education,* 49(4), 318-327.

Nicholls, V. & Gray, T. [2009] "Sense and sensibility: Reality and romanticism in human/ nature relationships," in D. Mitten & C. M. Itin (Eds.), *Connecting with the essence of adventure therapy: Proceedings from the 4th international adventure therapy conference (2006),* Boulder, CO: Association for Experiential Education, pp. 158-168.

Ogbu, J. U. [1982] "Cultural discontinuities and schooling," *Anthropology & Education Quarterly,* 13(4), 290-307.

Paul, R. & Elder, L. [2016] *The miniature guide to critical thinking concepts & tools,* Lanham, MD: Rowman & Littlefield Publishers.

Piersol, L. & Timmerman, N. [2017] "Reimagining environmental education within academia: Storytelling and dialogue as lived ecofeminist politics," *The Journal of Environmental Education*, 48(1), 10-17.

Richards, K. [2003] "Critical feminist reflexive research in adventure therapy and eating disorders: Exposing the narrative(s) of a relational, embodied and gendered self," in B. Humberstone, H. Brown, & K. Richards (Eds.), *Whose Journeys? The Outdoors and Adventure as Social and Cultural Phenomena*, Barrow-in-Furness, England: Fingerprints, pp. 49-74.

Root, E. [2010] "This land is our land? This land is your land: The decolonizing journeys of white outdoor environmental educators," *Canadian Journal of Environmental Education*, 15, 103-119.

Russell, C. L., Sarick, T., & Kennelly, J. [2002] "Queering environmental education," *Canadian Journal of Environmental Education*, 7(1), 54-66.

Smith, S. G., Chen, J., Basile, K. C., Gilbert, L. K., Merrick, M. T., Patel, N., ..., Jain, A. [2017] The National Intimate Partner and Sexual Violence Survey (NISVS): 2010-2012 state report. Retrieved from the Centers for Disease Control and Prevention, National Center for Injury Prevention and Control, https://www.cdc.gov/violenceprevention/pdf/NISVS-StateReportBook.pdf

Tuck, E., McKenzie, M., & McCoy, K. [2014] "Land education: Indigenous, post-colonial, and decolonizing perspectives on place and environmental education research," *Environmental Education Research*, 20(1), 1-23.

Tyson, L. & Asmus, K. [2008] "Deepening the paradigm of choice: Exploring choice and power in experiential education," in K. Warren, D. Mitten, & T. A. Loeffler (Eds.), *Theory and practice of experiential education*, Association for Experiential education.

Veevers, N. & Allison, P. [2011] *Kurt Hahn*, Rotterdam, Netherlands: Sense Publishers.

Warren, K., Roberts, N. S., Breunig, M., & Alvarez, M. A. G. [2014] "Social justice in outdoor experiential education: A state of knowledge review," *Journal of Experiential Education*, 37(1), 89-103.

Wurdinger, S. D. [1997] *Philosophical issues in adventure education*, Dubuque, IA: Kendall Hunt.

Yamada, S. & San Antonio, D. [2009] "Toward a common understanding: A method for organizing terminology in the field of adventure therapy," in D. Mitten & C. M. Itin (Eds.), *Connecting with the essence of adventure therapy: Proceedings from the 4th international adventure therapy conference*, Boulder, CO: Association for Experiential Education, pp. 180-198.

第 15 章
アウトドアセラピーの今後の方向性

Will W. Dobud and Daniel L. Cavanaugh

▶ は じ め に

　過去半世紀の間に，支援の専門家に野外でのセラピーを奨励する文献や研究，その認識が大幅に増加した．Gass, Gillis, and Russell [2012] のアドベンチャーセラピーに関する包括的なテキストや，Harper, Rose, and Segal [2019] のネイチャーベースドセラピーの実践的なテキストは，アウトドアセラピーの信頼性と認知度を高めるための多大な貢献を示す代表作と言えるだろう．さらに，Williams [2017] の *The Nature Fix*（ネイチャーフィックス）や Selhub and Logan [2012] の *Your Brain on Nature*（ユア ブレイン オン ネイチャー）といったわかりやすい書籍は，自然環境で過ごすことの生物学的，心理学的，生理学的なメリットを売り込み，人気を高めている．

　しかしながらこれまで欠けていたのは，本書に収録されているような，多種多様でありながらも明確な関連性を持つアプローチの収集と探求である．ウィルダネスセラピーのようなアウトドアセラピーは，認知行動療法[1]や精神分析療法[2]のような正統な心理療法に対抗するには，あまりに多様で定義が不十分であるとして批判されてきた [Becker & Russell, 2016]．第 7 章で Carpenter and Pryor が言及しているように，アウトドアセラピーによる変化について一貫した理論が欠如しているということは，これらの各アプローチで有効な要素に疑問が呈されているということでもある [Dobud & Harper, 2018]．私たちが実践し提唱しているアウトドアセラピーの歴史と評判に対して，研究の質，倫理的に疑わしい点，専門性の欠如があることは，確実に課題となってきた [Dobud, Cavanaugh, & Harper, 2020; Harper, 2017]．

　本書は，研究者や実践者の世界的な貢献によって執筆されたものである．そしてサーフセラピーから園芸療法，ウィルダネスセラピー，動物介在療法まで，アウトドアセラピーのアプローチの幅の広さを考慮し，その多様な分野の現状

を詳細に概観している．本章の筆者らは学術的な分野でまだ駆け出しではあるものの，本書の各章を検討した結果から重要なテーマのいくつかを紹介し，この分野の今後の方向性について批判的に議論することとしたい．

▶ アウトドアセラピーの概要

　本書の概要を簡単に述べるのは難しい．なぜなら，多くのユニークな視点があり，それらは，本書に情報を提供しているアウトドアセラピーの実践と視点の幅広さを示しているからだ．実際，各章でソーシャルワーク，心理学，カウンセリング，家族療法，作業療法など，さまざまな職業が取り上げられていた．さらに多くの章において，本書へ寄稿されている内容は，彼らの仕事のアプローチの1つに過ぎないことが述べられている．たとえば，スカンジナビアのアプローチにおけるウィルダネスセラピーは，同じ用語を使用されてはいるものの，アメリカのウィルダネスセラピーとは異なる様態で表現されている（第6章参照）．多様性は尊重すべきことではあるが，これは研究者やサービス利用者を混乱させる可能性がある．このような場合，我々はアウトドアセラピーの実践者に対して，自分たちのモデルや価値観を理解し，明確にし，それを広めることを強く求めたい．

　本書の各章を検討するにあたって，我々は利用可能な文献やエビデンスに特に注意を払った．多くの著者は，たとえばネイチャーベースドセラピーが文化的嗜好や場所，集団をいかに超越できるかについて，限界を持っているように，自分たちの知識基盤の限界を指摘している（第8章参照）．このような限界はあるにせよ，セラピーを野外に持ち出すことに関して重要な結論を述べたい．それは効果があるのだ．メタ分析やシステマティックレビュー［Bowen & Neill, 2013など］は，セラピストがクライエントと共に取り組む方法として，これらが効果的であることの相当数のエビデンスを提供している．本書で紹介された内容に基づき，各アウトドアセラピーの実践を支持するエビデンスが充実するにつれて，アウトドアセラピーのさらなる可能性を期待することができる．とはいえ，後述する通り，クライエントの声の欠如や予防的プログラムなど，今後検討する価値のある分野も存在する．

▶ クライエントの声

　精神分析療法のような多くの従来の対話型セラピーと比較すると，アウトドアセラピーの文献は10年ごとに成長し発展しているようである［Harper, 2017］.さまざまなアウトドアアプローチの推進者たちは，これらのアプローチが実際に機能するという強力な実証的証拠を示すために，たゆまぬ努力を続けてきた.何千人もの参加者を含む大規模なメタ分析では，アウトドアセラピーの効果が実証されている［Annerstedt & Währborg, 2011; Bettmann et al., 2016; Bowen & Neill,2013; Gillis et al., 2016］しかし，アウトドアセラピーの文献でまだほとんど見られないのは，アウトドアセラピーに参加することはどのような意味をもつのか，というクライエントの視点についての徹底的な質的探求である.

　最近の Google Scholar 検索では，「アドベンチャーセラピー」，「ネイチャーベースドセラピー」，「アウトドアセラピー」といった用語と，「クライエントの声」，「参加者の声」，「クライエントの視点」，「参加者の視点」といった用語を組み合わせた検索結果は，いずれも10件以下であった.対照的に，「クライエントの視点」と「心理療法」を組み合わせた検索結果は2300件であった.Bell［2015］などの研究者は，若者の声をメンタルヘルスや心理療法の研究に取り入れる必要性を述べている.アウトドアセラピーもこの呼びかけに耳を傾け，研究やプログラム開発にクライエントの声を取り入れる方法を模索し始める時期に来ているのではないか.

　クライエントの声や視点を含む研究は全体的には不足しているが，いくつかは出てきている.これらの研究は，私たちが将来，クライエントの声を含む研究を作成するための，模範として利用することができるだろう.Harper, Mott,and Obee［2019］による先駆的な研究は，カナダのアウトドアセラピー・プログラムに参加した138人の若者の視点を調査したもので，健康状態の改善，自己概念の変化，スキルの発達，社会的力動，野外の環境，そして若者が変化のきっかけとして認識したことについて記述している.Dobud［2020］は，アドベンチャーセラピー・プログラムに参加した世界中の若者たちにインタビューと参与観察を行った.この若者たちは，さまざまな体験について語り，彼らの中には，ウィルダネスセラピーにおける困難な体験，さらにはトラウマ的な体験について語った者もいた.また，野外での技術の習得や自己発見，アウトド

アセラピーの場における有益な治療的関係についていくつかの考えを詳細に述べるなど，肯定的な体験を報告する者もいた．

　本書の著者の多くは，アウトドアセラピーに参加することの身体的，感情的，心理的な利点について述べているが，彼らの事例紹介では，クライエントがセラピーに参加するきっかけ，セラピストの対人関係スキル，そしてセラピーの目的についての合意形成を含むセラピストとクライエントとの関係の質が，いかにセラピーの成功に不可欠であったかを強調している．今後の定性的研究では，アウトドアセラピーにおいて何が回復の助けになったか，あるいは妨げになったかについてクライエントの視点を探ったり，介入後の効果を強化するために役立ったことについて明らかにしたりする必要があるだろう．

▶ 予 防

　野外での予防的介入プログラムは，本書全体に欠けている部分である．私たちは本書のレビューにおいて，予防的アプローチとしての仕事について簡単に言及している箇所をいくつか確認した．たとえば第 6 章では，Fernee and Gabrielsen が，学校環境における予防的施策としてウィルダネスセラピーを利用することに言及している．また第13章では，Shin and Lee が森林療法を予防的アプローチとして提供する方法を紹介し，第12章では，Ponting が International Surf Therapy Organization（国際サーフセラピー機構）[2019] のサーフセラピーの定義において，「社会的，行動的，健康的，経済的，その他の課題の予防と治療におけるセラピューティックな方法」(n. p.)，と述べている．特に本章の第 2 著者が予防に関心を持ち，予防に焦点を当てた研究 [Riebschleger et al., 2019；Riebschleger et al., 2018] とアドベンチャーセラピーの研究 [Dobud et al., 2020] の 2 つの国際共同研究に参加していることから，ここでは予防に焦点を当てたアウトドアセラピーの可能性について議論したい．

　現代の若者は，精神疾患，薬物乱用，いじめ，刑事司法上の問題，行動上の課題，自殺や自傷行為など，に関連する行動上の健康リスクの増加に直面している [Burke et al., 2011；Hawton, Saunders, & O'Connor, 2012；Merikangas & McClair, 2012；Modecki et al., 2014；Steel et al., 2014]．逆境的小児期体験と呼ばれるトラウマ的な出来事を経験した若者は，将来の精神疾患や糖尿病や心臓病などの身体的疾患のリスクが高まる [Dube et al., 2002；Monnat & Chandler, 2015；Schilling, Aseltine, & Gore, 2007]．これらのリスクは，大規模な環境悪化と地球温暖化に直面する世界で生活するという困難さによってさらに悪化し，さらなる行動上の課題につながる可能性がある [Scull, 2008]．このような困難な時代だからこそ，人生の後半に新たな治療を必要としないように，予防的なプログラムを提供する必要があるのだ．

効果的な予防介入には，さまざまな心理教育，ソーシャルサポート，コミュニティ支援，コーピングスキル開発プログラムなどが含まれる [Masten, 2014; Kutcher, Bagnell, & Wei, 2015]．さらに，研究者たちは，自然環境での時間が回復力を促進し，精神疾患を予防する可能性があることを学んできた [Annerstedt & Währborg, 2011]．この分野の一部では，アドベンチャーセラピーやその他のアウトドアセラピーの介入技術を使用して，自然環境で過ごすことの利点と予防プログラムを組み合わせ，現代の若者が直面する行動上の健康リスクの増加に対抗する取り組みが始まっている [Beightol et al., 2012; Carter, Straits, & Hall, 2007; Ritchie et al., 2014]．

アドベンチャーベースの予防プログラムとしてよく知られている例に，Project Venture と Santa Fe Mountain Center の 2 つがある．これらのプログラムは，アメリカでエビデンスに基づく実践例として，National Registry of Evidence-Based Programs and Practices（エビデンスに基づくプログラムと実践の全国登録簿）によって認められたものだ [Carter et al., 2007; Beightol et al., 2012]．Project Venture のプログラムでは，マウンテンバイク，カヤック，キャンプなどのアクティビティをアメリカの先住民の青少年に提供している．野外での冒険活動と先住民の伝統的な慣習や知恵を組み合わせ，プログラムに参加する若者たちのレジリエンスを育成している．Santa Fe Mountain Center の「思いやりのあるコミュニティでの冒険」プログラムでは，伝統的な予防プログラムをロープスコースなどのアクティビティと融合させ，学齢期の青少年たちのレジリエンスと人間関係スキルを育成している．他にも，Chicago Voyagers の都市部の低所得層地域の青少年を対象とした活動や，タスマニアとニュージーランドの旧 Project Hahn の一次予防プログラム，カナダの先住民の青少年を対象とした Wikwemikong Outdoor Adventure Leadership Experience（ウィクミコン アウトドア アドベンチャー リーダーシップ エクスペリエンス）など，予防プログラムを提供している例は世界中にある [Lan, Sveen, & Davidson, 2004; Ritchie et al., 2014] これらのプログラムは，アウトドアセラピーが単に行動上の健康問題を

治療するだけでなく，問題が始まる前に予防するためにどのように利用できるかを示す模範である．

　継続的なケアに焦点を当てることや，行動リスクに対する他のメンタルヘルス・アプローチの中でアウトドアセラピーがどのように位置づけられるかという点は，重要な議題である．多くの著者は，従来のセラピーで効果が得られなかった場合，野外でのセラピーが有効であることを示唆している．より極端なことを言えば，ウィルダネスセラピー［たとえば，Bettman et al., 2013］の一般的な滞在型プログラムは，何度も治療が失敗した経験のある若者を対象とする傾向がある．このような野外でのアプローチが，最後の手段としてだけでなく，行動上の問題を抱える人々のための主流のアプローチになるにはどうすればよいのかという課題が残るのだ．最後に私たちは，第13章で Won Sop Shin and Juyoung Lee が示した主張と献身，そして森林療法とその効果を韓国連邦政府に認めてもらうための議論に刺激を受けた．アウトドアセラピーを主流の選択肢として位置づけるには，韓国の事例と同じような粘り強さが必要だろう．

▶ エビデンスを受け入れる──今後の研究への示唆

　本書を通して紹介されたアウトカム研究は，「野外でのセラピーは効果がある」という重要な発見を実証している．アドベンチャーセラピー［Bowen & Neill, 2013］であれ，ウィルダネスセラピー［Harper, 2017］であれ，サーフセラピー［Michalewicz-Kragh, 2019］であれ，これらの多様なアプローチを支持するアウトカム研究の範囲は広い．そこで，私たちは本節において，アウトドアセラピーの実践者がエビデンスを受け入れ，それを実践に役立て，さらに自らエビデンスを構築するための行動へ移るように呼びかけたい．

　セラピーのさまざまなモデル，クライエントの経験，セラピストの発達に関連する悩ましい所見がある．Smith and Glass［1977］によって心理療法の最初のメタ分析が行われて以来，ある療法が他の療法よりも効果的であることを示唆するような結果は確認されていない．過去半世紀において，この知見は心理療法で最も再現性の高い知見の1つとなり，「心理療法は効果があり，よく効く」というエビデンスに次ぐものとなっている［Miller et al., 2013］．本書に挙げたものを含め，現在では600種類以上のセラピーがあるが，どれが他よりも優れていると示唆するエビデンスはないのだ［Meichenbaum & Lilienfeld, 2018］．さ

らに，利用可能なエビデンスではなく，セラピストの個人的な価値観に基づいて，クライエントにアプローチするための療法を選択する傾向がある [Caldwell, 2015]．たとえば私たちも，個人的な野外での経験から，野外の環境で他者を助けたいと思うようになったと言えるだろう．とはいえ，このようなセラピーモデルの過密化を理由としてそのさまざまなモデルから距離を置き，カウンセリングルームの内外での個々のセラピストのパフォーマンスにのみ注目するような方向性には，研究者たちは懸念を示している [Dobud & Harper, 2018; Miller et al., 2013; Wampold & Imel, 2015]．私たちは，今後の研究と実践のための議題を提案するために，アウトドアセラピーの外から，これらの厄介でありながら示唆に富む研究のいくつかを以下に紹介する．

　Hannan et al. [2005] は，クライエントの中断やアウトカム測定における悪化を，ある大学のクリニックのセラピストが正確に予測できるかを調査する研究を行った．セラピストたちは，心理療法サービスから利益を得られなかったと報告した40人のクライエントのうち，39人を特定できなかった．さらに，セラピストの能力開発に関する最大かつ最長の研究では，平均して，セラピスト個人のアウトカムは経験とともに低下すると結論づけている [Goldberg et al., 2016]．つまり，継続的な専門能力開発が義務付けられ，費用のかかる週末のワークショップやカンファレンス，あるいは継続的なグループや臨床スーパービジョンが行われているにもかかわらず，時間の経過とともにクライエントとのパフォーマンスが向上するセラピストの割合が少ないということである [Chow et al., 2015]．セラピーを野外に持ち出すことは目新しいことではないが，私たちは，世界中の心理療法の実践で起こっている同じような落とし穴について，この分野としていかに回避すればよいのかを学ぶことができる [Caldwell, 2015]．それは，多様で体験的な分野であるアウトドアセラピーにおいて，利用可能な最新のエビデンスに基づいて私たちの活動を実施し，情報を提供する責任を果たすことから始まる．Bowen and Neill [2013] は，アドベンチャーセラピー・プログラムの1％未満しか何らかのプログラム評価を受けていないという仮説を立て，エビデンスに基づいた実践の必要性を強調した．

　すべてではないにせよ，心理療法の専門職のほとんどで，クライエントと接する際に利用可能な最善の研究を活用することが実践者に求められている [Caldwell, 2015]．アメリカのソーシャルワーカーとして，私たちは National Association of Social Workers（国立ソーシャルワーカー協会）[2017] の倫理綱領の

基準4.01(c)を遵守しており，その中では「ソーシャルワーカーは，ソーシャルワークとその倫理に関して，承認された知識（経験に基づいた知識を含む）を実践知の基礎とすべきである」(n. p.) ということが強調されている．オーストラリアのカウンセラーやセラピストであれば，所属する職能団体はエビデンスに基づいた実践を公約し，すべての会員が「エビデンス情報に基づく実践を優先し」，「適切な標準化されたアウトカム指標を使用し……サービスの有効性に関する体系的なフィードバックを受け，実践を改善するためにこのフィードバックを体系的に使用する」ことを示している [PACFA, 2013, para. 4]．本書は国際的な学識者によって書かれているため，読者は自分の専門職としての（そして自分の地域の）実践ガイドラインや倫理規定を調べて，前述のような記載を確認すると良いだろう．私たちはまた，あらゆる理論的指向性を持つ実践家に対し，日常的なアウトカムモニタリングを実践の基本的な要素として受け入れるだけでなく，独自のエビデンスを構築するために使用することを強く勧める [Dobud, 2017；Miller et al., 2013]．

　経過モニタリングは1960年代にはすでに行われていたが，日常的なアウトカムモニタリングは Howard et al. [1996] によって最初に提唱され，臨床家と研究者のグループが各セラピーセッションの前にアウトカムデータを系統的に収集し始めた．Lambert et al. [2001] は，アウトカムモニタリングの影響に注目し，クライエントのセラピーにおける前進や停滞についてアウトカムデータを実践者と共有したところ，クライエントの改善は2倍になり，悪化は33％減少し，クライエントが参加するセッションの総数が少なくなったことを明らかにした．

　現在では，セラピーにおける日常的なアウトカムモニタリングの実施を肯定するエビデンスとなるような，いくつかのメタ分析と10以上の無作為化臨床試験が存在する [Miller et al., 2015；Miller & Schuckard, 2014]．アウトドアセラピーの実践者が，心理療法のアウトカムを改善するために利用可能な最善のエビデンスを採用し，クライエントに何が役立つのかについて最善のエビデンスを実践していると主張するために，アウトカムモニタリングを使用できるのだ．ある意味で，私たちはこれまでもエビデンスを採用してきた．たとえば，第1章と第3章で紹介した生態心理学的基盤は，他の流派のセラピーには欠けているものと考えられ，ウェルビーイングに対する深い理解を提供している．利用可能な最善のエビデンスの範囲の中に私たちの実践を位置づけることは，この

分野のセラピーを改善するための実践をデザインし，それを取り入れる方向に導く助けとなる．

　アウトドアセラピーを伝えるために，隣接する分野の知識が頻繁に使用されており，本書でも多くの研究が引用されている．たとえば，野外で過ごす時間や自然とのつながりが，健康やウェルビーイングに大きな恩恵をもたらすことを示唆するエビデンスは数多く存在している．しかし残念ながら，野外の環境で行われるセラピーがより良い結果をもたらすことを示唆するエビデンスは乏しく，直接比較試験では，どちらの環境で行われるセラピーも定量的には同等の結果が得られている [Dobud & Harper, 2018]．利用可能なエビデンスを受け入れそれを実践に取り入れることは，多くの専門的な実践基準の中心であるだけでなく，セラピストがクライエントのアウトカムを改善するための計画を立てる際にも役立つものであり，ほとんどのセラピストが望んでいることである [Miller et al., 2015]．私たちは，アウトドアセラピーが正真正銘の心理療法としてさらに認知されるためには，現在のエビデンスを受け入れ，利用可能な最善の知識ベースを構築することが必要であると考えている．すなわち，治療上の協力関係とアウトカム，用量による効果，セラピストによる効果，中断率，悪化などを調査することが求められているのだ．

　本節の結論として重要なことを付け加えたい．ここまでの議論に実証主義的な側面があることは認めるが，私たちは 1 つの知のあり方を主張しているわけではない．この執筆段階で，私たちは学術的なキャリアの浅い 2 人の質的研究者でありながら，アウトカムを改善するために利用可能な最善のエビデンスの導入を求めている．ポストモダニズムの考えが普及し，解決志向ブリーフセラピー[3]やナラティブセラピー[4]のようなセラピーのモデルを生み出し，アウトドアセラピーに影響を与えている [Knowles, 2013; Natynczuk, 2016]．とはいえ，ポストモダンのアプローチを採用することは，心理療法における科学的な追求を完全に否定するのではなく，実践を支える根拠となるさまざまな知の方法を受け入れることを実践者に知らせることになるのだ．

　アウトカムモニタリングの可能性と，時間の経過と共にアウトカムを改善するためのフィードバックに基づいた治療のようなアプローチの効果を考慮すること [Miller et al., 2015] は，アウトドアセラピーの実践者がエビデンスを受け入れるために何ができるかを示す好例であると考える．利用可能なエビデンスを取り入れるとともに，次節では本書の締めくくりとして，倫理について簡単

に再考する.

▶ 倫理的配慮

　本書の多くの章では，倫理について議論されている．たとえば，第9章の Heather White and Kay Scott は，クライエントに対する倫理観だけでなく，セラピー実践に迎え入れる動物についても議論を展開している．セラピーを野外で行う際の倫理的配慮については，これまでの文献でも議論されており，さらなる検討が必要であることが示唆されている [Harper, Rose, & Segal 2019; Hooley, 2016]．第14章では，Denise Mitten が，私たちの分野で長年使われている言葉について重要な考察を提示し，コンフォートゾーン，チャレンジ・バイ・チョイス，そして彼女が父性的なサービス提供モデルと表現したものについての懸念を表明した．Mitten はまた，非常に長い間多くのアウトドアセラピーを導いてきたヨーロッパ中心的で家父長制的な支配的パラダイムを乗り越えるよう求め，この分野に多様な視点を取り入れようとしている.

　私たちは，対話を広げるために，倫理的配慮についての Mitten の提案を土台とする．また，アウトドアセラピストが，クライエントの身体的・心理的安全や専門的な教育・トレーニングについて，より焦点を置き，監視の基準を高めることを奨励する．本書で紹介されている実践の中には，従来の対話型セラピーが行われているような場所から遠く離れた場所で行われるものもある．また，人が多くいるビーチで若者のクライエントとサーフィンをしたり，都市の中の公園をウォーキングしたりするなど，人口の多い地域で行われるものもある．それぞれの環境において，倫理的な実践はオフィスベースのセラピーとは異なっているだろう.

　ほぼ全ての個人セラピーは，閉ざされたドアの向こうで行われているが，野外でのセラピーは，監視やスーパービジョンの課題があるため，さらなる配慮が必要である．このような環境では，実践者は都市環境のクリニックで実践しているのと同じ倫理基準は使用できない．なぜなら，アメリカの滞在型治療やウィルダネスセラピーでは，規制や監視の欠如によって，若いクライエントが死亡したり，主要なセラピーの職能団体と対立するような行為が行われたりしているケースが見受けられるからである [Becker, 2010]．クライエントの安全性を向上させるために監視を強化する方法の一例として，アメリカのユタ州で

は，ウィルダネスで行われるセラピープログラムに対して，強力な安全規制を設けている．この一連の規制は，必要な遠征計画，個人装備の義務付け，医療ケアのプロトコル，日誌，などのリストを通して，基本的な安全を提供するものである．スタッフは，学歴，経験，年齢（最年少で18歳），緊急時対応トレーニング，およびボランティアを含む組織のあらゆるレベルの従業員に対するその他の基準について，最低条件を満たす必要がある．またクライエントにも，青少年向けのアウトドアプログラム参加にあたって，事前に健康診断を受け，プログラム中の標準的な栄養と水分補給を保証されることが義務付けられている．プログラムを規制するユタ州のこのような徹底した広範な法律は，現在規制されていない地域でアウトドアセラピーを提供する人たちの範例として活用できるだろう．

　もちろん，すべてのアウトドアセラピー・プログラムが人里離れた場所で行われるわけではない．本書の寄稿の中にも，人口密集地やその近郊で行われるアウトドアセラピーについて説明したものがある．このようなアプローチでは，クライエントの守秘義務をどのように守るか，スーパーバイザーの監督とサポート，クライエントと実践者の安全保護など，同様に倫理的な課題が発生する可能性がある．このような場所では，アウトドアセラピーの実施が他人に見られてしまう可能性がある．クライエントの守秘義務は，ここでの重要な倫理的問題である．セラピストは，コミュニティから観察される可能性がある環境でクライエントと一緒にいるだけで，クライエントの守秘義務に違反する可能性があることを認識しなければならない．特に，クライエントがコミュニティの多くのメンバーを知っているような小規模な集団ではなおさらである．この場合，セラピストは，プライバシーを守りながらアウトドアセラピーを提供できる場所を見つけるよう特別な注意を払い，セラピーが他人に見られてしまう可能性についてクライエントとよく話し合い，それに応じて対処法を計画すべきである．

　セラピストには，クライエントの危機やその他の問題がアウトドアセラピーのセッション中に発生した場合など，スーパーバイザーやチームからのサポートが必要なときがある．このような場合，スーパーバイザーやチームのサポートから遠く離れた野外でセラピーを行うことは困難となる可能性がある．そのため，セラピストとスーパーバイザーは，アウトドアセラピーを行う際の，スーパーバイザーのコンサルテーションや危機管理に関するプロトコルを確立

する必要があるのだ.

　教育とトレーニングもまた, アウトドアセラピーが倫理基準の向上に努める
ことができる分野である. 効果的なアウトドアセラピーのサービスを提供する
ための適切な教育やトレーニングを受けていない人を雇用した場合, 非倫理的
な実践が行われる可能性がある. アドベンチャーセラピスト, ネイチャーベー
スドセラピスト, ウィルダネスセラピストといった用語は, 実践者に専門的な
学位を要求するような用語ではないことが多い. しかし, アウトドアセラピー
に要求されるスキルとして, セラピーのスキルと野外での安全スキルの両方に
ついて正式な教育を受けていることを必要とすることが多く, ただ, これらの
スキルが同じ大学の教育プログラムで提供されることはめったにない. また,
アウトドアセラピーサービスを提供する人々は, 医学や援助職, 教育, その他
の社会サービスなど, 幅広い専門的背景を持っている. トレーニングのレベル
や必要条件は, プログラムによって大きく異なる. あるプログラムでは, 高校
を卒業したばかりでアドベンチャー系の資格を持つ人を「セラピューティッ
ク」なガイドとして使うこともあれば, 別のプログラムでは, 大学院の学位を
持ち, 広範な心理療法のトレーニングを受けたことを必要とするものもある.

　トレーニングに関する包括的な推奨基準を全面的に実施するには, アウトド
アセラピーの分野は範囲が広すぎる. 私たちが推奨するのは, 各アウトドアセ
ラピー団体が地元の専門委員会や団体と相談し, 専門的なセラピーのスキルと,
その団体が提供するアクティビティに適したアウトドアスキルの両方を含む,
独自の教育基準を採用することだ. これらの基準には, 地元の法律や専門委員
会が推奨するものを反映させるべきである.

▶ ま と め

　研究や技術の進歩についていこうとしない専門家集団は, おそらく消滅する
運命にあるだろう. 本書では, 都市化と技術化がもたらす否定的な影響につい
て述べてきたが, セラピーを野外で行うことを擁護する者として, 私たちはそ
れらに適応し続ける必要性も認めている. このエキサイティングな分野を専門
的かつ倫理的な方法で未来へと前進させるために, 私たちそして同業者たちは
理論や実践を変化させる責任も持っているのだ.

訳 注

1）認知行動療法：行動科学の諸理論や行動変容の諸技法をもちいて，心理的な問題を解決するとともに，その人の目指したい生活にむけて必要な行動が選択できるように支援する心理療法である（野島一彦監修［2022］『臨床心理学中辞典』遠見書房）.

2）精神分析療法：精神科医 Freud が提唱し，後継者が発展させてきたもので，無意識の存在を前提として心理現象や精神障がいを理解する．その治療において，無意識，夢，防衛，抵抗，転移，などに注目することが特徴である（野島一彦監修［2022］『臨床心理学中辞典』遠見書房）.

3）解決志向ブリーフセラピー：主訴となる問題の解決ではなく，問題が生じていない例外をさまざまな質問技法を用いて探し，そのパターンを拡張していくことを試みる．クライエントの持つ資源（リソース）に焦点を当てた，未来志向の立場をとる（野島一彦監修［2022］『臨床心理学中辞典』遠見書房）.

4）ナラティブセラピー：ナラティブセラピーとは，ナラティブ（物語・語り）の治療的な働きを活かした対人援助・心理療法である．専門家は，既知の理論を保留し「無知の姿勢」をとり，クライエントと会話を共同的に構成する伴走者となる．クライエントがとらわれている失敗や症状などのドミナント・ストーリーを緩め，オルタナティブ（代替の）・ストーリーを生み出していく（野島一彦監修［2022］『臨床心理学中辞典』遠見書房）.

参 考 文 献

Annerstedt, M. & Währborg, P. [2011] "Nature-assisted therapy: Systematic review of controlled and observational studies," *Scandinavian Journal of Public Health*, 39(4), 371-388.

Becker, S. P. [2010] "Wilderness therapy: Ethical considerations for mental health professionals," *Child and Youth Care Forum*, 39(1), 47-61.

Becker, S. P. & Russell, K. C. [2016] "Wilderness therapy," in R. J. R. Levesque (Eds.), *Encyclopedia of adolescence* (2nd ed.), Cham, Switzerland: Springer International, pp. 1-10.

Beightol, J., Jevertson, J., Carter, S., Gray, S., & Gass, M. [2012] "Adventure education and resilience enhancement," *Journal of Experiential Education*, 35, 307-325.

Bell, E. [2015] "Young persons in research: A call for engagement of youth in mental health research," *The American Journal of Ethics in Research*, 15, 28-30.

Bettmann, J. E., Russell, K. C., & Parry, K. J. [2013] "How substance abuse recovery skills, readiness to change and symptom reduction impact change processes in wilderness therapy participants," *Journal of Child and Family Studies*, 22(8), 1039-1050.

Bettmann, J. E., Gillis, H. L., Speelman, E. A., Parry, K. J., & Case, J. M. [2016] "A meta-analysis of wilderness therapy outcomes for private pay clients," *Journal of Child and*

Family Studies, 25, 2659-2673.

Bowen, D. J. & Neill, J. T. [2013] "A meta-analysis of adventure therapy outcomes and moderators," *The Open Psychology Journal,* 6, 28-53.

Burke, N. J., Hellman, J. L., Scott, B. G., Weems, C. F., & Carrion, V. G. [2011] "The impact of adverse childhood experiences on an urban pediatric population," *Child Abuse & Neglect,* 35, 408-413.

Caldwell, B. E. [2015] *Saving psychotherapy: How therapists can bring the talking cure back from the brink,* Los Angeles, CA: Ben Caldwell Labs.

Carter, S. L., Straits, J. E., & Hall, M. [2007] *Project venture: Evaluation of a positive, culture-based approach to substance abuse prevention with American Indian youth,* Technical Report. Gallup, NM: The National Indian Youth Leadership Project.

Chow, D. L., Miller, S. D., Seidel, J. A., Kane, R. T., Thornton, J. A., & Andrews, W. P. [2015] "The role of deliberate practice in the development of highly effective psychotherapists," *Psychotherapy,* 52, 337-345.

Dobud, W. [2017] "Towards an evidence-informed adventure therapy: Implementing feedback-informed treatment in the field," *Journal of Evidence-Informed Social Work,* 14, 172-182.

Dobud, W. & Harper, N. J. [2018] "Of dodo birds and common factors: A scoping review of direct comparison trials in adventure therapy," *Complementary Therapies in Clinical Practice,* 31, 16-24.

Dobud, W. W. [2020] *Narratives of the co-adventurers: The collaborative explorations of adolescent experiences in adventure therapy* (Unpublished doctoral dissertation), Charles Sturt University, Wagga Wagga, Australia.

Dobud, W. W., Cavanaugh, D. L., & Harper, N. J. [2020] "Adventure therapy and routine outcome monitoring of treatment: The time is now," *Journal of Experiential Education,* Advance online publication. doi: 10.1177/1053825920911958

Dube, S. R., Anda, R. F., Felitti, V. J., Edwards, V. J., & Croft, J. B. [2002] "Adverse childhood experiences and personal alcohol abuse as an adult," *Addictive Behaviors,* 27, 713-725.

Goldberg, S. B., Rousmaniere, T., Miller, S. D., Whipple, J., Nielsen, S. L., Hoyt, W. T., & Wampold, B. E. [2016] "Do psychotherapists improve with time and experience? A longitudinal analysis of outcomes in a clinical setting," *Journal of Counseling Psychology,* 63, 1-11.

Gass, M. A., Gillis, H. L., & Russell, K. C. [2012] *Adventure therapy: Theory, Research, and Practice,* Abingdon, England: Routledge.

Gillis, H. L., Speelman, E., Linville, N., Bailey, E., Kalle, A., Oglesbee, N., ..., & Jensen, J. [2016] "Meta-analysis of treatment outcomes measured by the Y-OQ and Y-OQ-SR comparing wilderness and non-wilderness treatment programs," *Child & Youth Care Forum*, 45(6), 851-863.

Hannan, C., Lambert, M. J., Harmon, C., Nielsen, S. L., Smart, D. W., Shimokawa, K., & Sutton, S. W. [2005] "A lab test and algorithms for identifying clients at risk for treatment failure," *Journal of Clinical Psychology*, 61(2), 155-163.

Harper, N. J. [2017] "Wilderness therapy, therapeutic camping and adventure education in child and youth care literature: A scoping review," *Children and Youth Services Review*, 83, 68-79.

Harper, N. J., Mott, A. J., & Obee, P. [2019] "Client perspectives on wilderness therapy as a component of adolescent residential treatment for problematic substance use and mental health issues," *Children and Youth Services Review*, 105, 104450.

Harper, N. J., Rose, K., & Segal, D. [2019] *Nature-based therapy: A practitioner's guide to working outdoors with children, youth, and families*, Gabriola Island, Canada: New Society Publishers.

Hawton, K., Saunders, K. E., & O'Connor, R. C. [2012] "Self-harm and suicide in adolescents," *The Lancet*, 379, 2373-2382.

Hooley, I. [2016] "Ethical considerations for psychotherapy in natural settings," *Ecopsychology*, 8(4), 215-221.

Howard, K. I., Moras, K., Brill, P. L., Martinovich, Z., & Lutz, W. [1996] "Evaluation of psychotherapy: Efficacy, effectiveness, and patient progress," *American Psychologist*, 51 (10), 1059-1063.

International Surf Therapy Organization. [2019] International surf therapy organization: Go far together, Retrieved June 10, 2019 from https://intlsurftherapy.org

Knowles, B. [2013] "Journeys in the bush," *International Journal of Narrative Therapy & Community Work*, 3, 39-48.

Kutcher, S., Bagnell, A., & Wei, Y. [2015] "Mental health literacy in secondary schools: A Canadian approach," *Child and Adolescent Psychiatric Clinics of North America*, 24, 233 -244.

Lambert, M. J., Whipple, J. L., Smart, D. W., Vermeersch, D. A., Nielsen, S. L., & Hawkins, E. J. [2001] "The effects of providing therapists with feedback on patient progress during psychotherapy: Are outcomes enhanced?," *Psychotherapy Research*, 11, 49-259.

Lan, P., Sveen, R., & Davidson, J. [2004] "A Project Hahn empirical replication study," *Journal of Outdoor and Environmental Education*, 8, 37-43.

Masten, A. S. [2014] *Ordinary magic: Resilience in development*, New York, NY: Guilford Press.

Meichenbaum, D. & Lilienfeld, S. O. [2018] "How to spot hype in the field of psychotherapy: A 19-item checklist," *Professional Psychology: Research and Practice*, 49, 22-30.

Merikangas, K. R. & McClair, V. L. [2012] "Epidemiology of substance use disorders," *Human Genetics*, 131, 779-789.

Michalewicz-Kragh, B. [2019] *Evaluation of outcomes following surf therapy*, Retrieved 19 June, 2019 from https://clinicaltrials.gov/ct2/show/NCT02857751

Miller, S. D., Hubble, M. A., Chow, D. L., & Seidel, J. A. [2013] "The outcome of psychotherapy: Yesterday, today, and tomorrow," *Psychotherapy*, 50(1), 88-97.

Miller, S. D., Hubble, M. A., Chow, D., & Seidel, J. [2015] "Beyond measures and monitoring: Realizing the potential of feedback-informed treatment," *Psychotherapy*, 52(4), 449-457.

Miller, S. D. & Schuckard, E. [2014] "Psychometrics of the ORS and SRS: Results from the RCT's and meta-analyses of routine outcome monitoring & feedback, The available evidence [Slides], Retrieved June 12, 2020 from http://www.slideshare.net/scottdmiller/measures-and-feedback-miller-schuckard-2014

Modecki, K. L., Minchin, J., Harbaugh, A. G., Guerra, N. G., & Runions, K. C. [2014] "Bullying prevalence across contexts: A meta-analysis measuring cyber and traditional bullying," *Journal of Adolescent Health*, 55, 602-611.

Monnat, S. M. & Chandler, R. F. [2015] "Long-term physical health consequences of adverse childhood experiences," *The Sociological Quarterly*, 56, 723-752.

National Association of Social Workers. [2017] Code of ethics. Retrieved 10 August, 2019 from https://www.socialworkers.org/About/Ethics/Code-of-Ethics/Code-of-Ethics-English

Natynczuk, S. [2016] "Solution-focused practice as a useful addition to the concept of adventure therapy," *InterAction*, 6(1), 23-36.

Psychotherapy and Counselling Federation of Australia (PACFA). [2013] *Evidence-informed practice statement*, Retrieved August 14, 2019 from https://www.pacfa.org.au/research/evidence-based-practice-statement/

Riebschleger, J. L., Costello, S., Cavanaugh, D. L., & Grové, C. [2019] "Mental health literacy of youth that have a family member with a mental illness: Outcomes from a new program and scale," *Frontiers of Psychiatry*, 10, 1-10.

Riebschleger, J. L., Grové, S., Costello, S., & Cavanaugh, D. L. [2018] "Mental health literacy for children with a parent with a mental illness," *Journal of Parent and Family Mental Health*, 3, 1-3.

Ritchie, S. D., Wabano, M. J., Russell, K., Enosse, L., & Young, N. L. [2014] "Promoting resilience and wellbeing through an outdoor intervention designed for Aboriginal adolescents," *Rural Remote Health*, 14, 2523.

Schilling, E. A., Aseltine, R. H., & Gore, S. [2007] "Adverse childhood experiences and mental health in young adults: A longitudinal survey," *BMC Public Health*, 7, 30.

Scull, J. [2008] "Ecopsychology: Where does it fit in psychology in 2009?," *The Trumpeter*,

24, 68-85.

Selhub, E. M. & Logan, A. C. [2012] *Your brain on nature: The science of nature's influence on your health, happiness and vitality,* Hoboken, NJ: John Wiley & Sons.

Smith, M. L. & Glass, G. V. [1977] "Meta-analysis of psychotherapy outcome studies," *American Psychologist,* 32, 752-760.

Steel, Z., Marnane, C., Iranpour, C., Chey, T., Jackson, J. W., Patel, V., & Silove, D. [2014] "The global prevalence of common mental disorders: A systematic review and meta-analysis 1980-2013," *International Journal of Epidemiology,* 43, 476-493.

Wampold, B. E. & Imel, Z. E. [2015] *The great psychotherapy debate: The evidence for what makes psychotherapy work* (2nd ed.), New York, NY: Routledge.

Williams, F. [2017] *The nature fix: Why nature makes us happier, healthier, and more creative,* New York: W. W. Norton & Company.

監訳者あとがき

　2024年の春，翻訳作業の最終的な打ち合わせをするためにカナダ，ブリティッシュ・コロンビア州の州都ビクトリアからハイウェイで40分ほど走り，編著者の一人である Nevin J. Harper 氏の自宅兼オフィスに向かった．そこは海岸に程近い人里離れたダグラスファーの森で，私が到着すると，芝生にとても心地よさそうな裸足と人懐っこい笑顔で氏が迎えてくれた．型にはまった挨拶もそこそこに，ゆっくりと歩きながら，森に溶け込むように佇む自宅のガーデンを案内してくれた．植物の温室や太陽光給湯システム，鶏舎や物置小屋など，そのほとんどが自作であった．それらの簡単な説明などの会話を交わしつつ，今度はパートナーと耕作しているエリアで旬のアスパラガスをふるまってくれた．もちろん畑からのもぎたて，生で．そして，そのままの流れでデッキのテーブルを囲み，滞りなく，あっという間に翻訳出版に関する確認は終了し，無事に刊行の運びとなったのである．

　氏が語った印象に残るいくつかのエピソードがある．なかでも，クライエントがアウトドアセラピーをあまり「治療」とは感じていないことがある，との話があった．特に子どもは，外で楽しく過ごしているとあっという間に時間が過ぎていくという感覚なのであろう．帰りの車中で，そのようなやりとりに思いを巡らせていると，ふと，今日の出来事が，まさに自然と人間のつながりを媒介する氏の実践そのものであったように感じられてきた．到着直後から，自然に囲まれた庭をゆっくりと共に歩き対話を重ねる．私は，まさに野外（庭）で心地よく過ごしていただけである．してやられた，というわけではないが……なるほど．

　本書の第1章は「散歩への誘い」で締めくくられている．この本を手に取り，私には合わない，負担が大きすぎる，現実的にはハードルが高いなどと感じた方がいるかもしれない．そのような場合には，著者らのお誘いに少し耳を傾け，まずはドアを開いて「歩いて」みるのはいかがであろうか．場合によっては誰かと一緒に．心地よく歩き，心地よく過ごす．そして時に対話を重ねる．すると，何かがつながり，何かが変わり，何かが動き出すかもしれない．私がダグラスファーの森でそう感じたように．

　人間の源泉としての自然のチカラは意外なほど身近にある．そして，それは野外と身体の体験的なつながりにより，思ったより簡単に実感できるものなのではないだろうか．

　2024年8月

監訳者　土 方　　圭

人 名 索 引

事 項 索 引

《訳者紹介》（五十音順）

黍 原　　豊 （きびはら　ゆたか）［9章，10章］
　　2001年　岩手大学農学部農林生産学科森林生産学専修修了
　　現　在　一般社団法人三陸駒舎　共同創設者，理事
　　主要業績
　　岩手県釜石市の山村集落にて，馬3頭と共に暮らす築100年を越える古民家を拠点に，障がい児
　　（未就学児，小中高生）や様々な困難を抱える子どもを対象としたホースセラピーや自然体験
　　を提供
　　釜石市子ども子育て会議委員（2018年〜）
　　JAPAN OUTDOOR LEADERS AWARD（JOLA）2024大賞受賞

佐 藤 冬 果 （さとう　ふゆか）［13章］
　　2021年　筑波大学大学院人間総合科学研究科大学体育スポーツ高度化共同専攻修了（博士・体育ス
　　　　　　ポーツ学）
　　現　在　東京家政学院大学現代生活学部　助教
　　主要業績
　　「Self-authorship の育成に向けた野外運動を教材とした大学体育に関する研究」［2021］筑波大学大
　　　　学院博士論文.
　　「子ども時代の組織キャンプ経験に関する自伝的記憶 ―― 記憶特性質問紙を用いた検討 ――」
　　　　［2018］『野外教育研究』，21(2)，15-26.
　　東京家政学院大学児童学科が主催する「森のようちえん」の取り組みをコーディネート．この実践
　　　　について，サービスラーニングの観点からみた大学生の学びについて検討

竹 内 靖 子 （たけうち　やすこ）［12章，14章］
　　1997年　佛教大学大学院社会学研究科社会福祉学専攻修士課程修了（修士・社会学）
　　2008年　ネブラスカ大学大学院健康体育レクリエーション研究科修了（修士・レクリエーショナル
　　　　　　セラピー）
　　現　在　桃山学院大学社会学部　准教授
　　主要業績
　　『社会福祉方法論の新展開』［1998］共著，中央法規出版.
　　『障がい児・者キャンプ支援者養成テキスト』［2010］編著，エルピス社.
　　『自閉症と豊かな暮らし ―― キャンプ・ロイヤルから学ぶ ――』［2014］共著，晃洋書房.

中 丸 信 吾 （なかまる　しんご）［6章，7章］
　　2017年　順天堂大学大学院スポーツ健康科学研究科博士後期課程修了（博士・スポーツ健康科学）
　　現　在　日本女子体育大学体育学部　准教授
　　主要業績
　　「特別支援学校における自然体験活動の実態調査 ―― 2019年度の実施状況 ――」［2023］『キャンプ
　　　　研究』，26，25-33.
　　「教師からみた知的障害のある生徒における自然体験活動を取り入れた生活単元学習の学びのプロ
　　　　セス」［2022］『野外教育研究』，25，99-110.
　　大学と特別支援学校の連携によりカリキュラムに位置づけた自然体験活動の実践を進めている
　　　　（2016年〜現在）

野口和行（のぐち　かずゆき）［2章，4章］
　1992年　東京学芸大学教育学部教育学研究科修了（修士・教育学）
　現　在　慶應義塾大学体育研究所　教授
　主要業績
　『自閉症と豊かな暮らし──キャンプ・ロイヤルから学ぶ──』［2014］共著，晃洋書房.
　「アメリカにおける障がい者のための野外教育」［2012］『障がいのある子どもの野外教育』分担執
　　　筆，杏林書院.
　発達障害のある青少年を対象とした野外教育プログラムの実践：プチ冒険倶楽部 https://www.
　　　petit-adventure.jp/

花田道子（はなだ　みちこ）［11章］
　2020年　久留米大学大学院比較文化研究科修了（修士・学術）
　現　在　九州共立大学スポーツ学部こどもスポーツ教育学科　講師
　主要業績
　「発達障がい児の運動能力に関する研究──運動能力測定・評価の可能性について──」［2021］共
　　　著（筆頭），『久留米大学比較文化研究所紀要』，57，1-10.
　「発達障がい児の運動能力や生活能力に対する運動介入の影響」［2022］共著（筆頭），『九州共立大
　　　学研究紀要』，13(2)，13-23.
　発達障害児を対象とした支援活動に取り組んでいるクラブ「アダプテッド・スポーツ研究部」顧問
　令和4年度「障害者の生涯学習支援活動」に係る文部科学大臣表彰受章

《監訳者紹介》

吉松　梓（よしまつ　あずさ）［3章, 8章, 15章］

2012年　大正大学人間科学研究科臨床心理学専攻修了（修士・臨床心理学）
2022年　筑波大学大学院人間総合科学研究科コーチング学専攻修了（博士・コーチング学）
現　在　明治大学経営学部　准教授

主要業績

不登校や発達障がい，ひとり親家庭の子どもの自然体験活動に15年以上携わる．専門は野外教育で臨床心理士・公認心理師．
「癒し：野外療法──理論と実践の往還に向けて 2 ──」[2024]『野外教育学の探究──実践の礎となる理論をめぐる14章──』分担執筆，杏林書院．
「身体性に課題を抱える青年期前期の事例における長期冒険キャンプの意味──市川浩の身体論に着目して──」[2023] 共著（筆頭），『野外教育研究』，26, 69-87.

土方　圭（ひじかた　けい）［1章, 5章］

2002年　筑波大学大学院体育研究科コーチング学専攻修了（修士・コーチング学）
2014年　日本大学文学研究科教育学専攻（博士・教育学）
現　在　明治大学法学部　准教授

主要業績

『野外教育学の探究──実践の礎となる理論をめぐる14章──』[2024] 編著，杏林書院．
「メルロ゠ポンティの身体論を手掛かりとした野外教育における『体験』」[2023] 共著（筆頭），『野外教育研究』，26, 21-44.
「野外教育における「野外」概念の再解釈──風土概念を手がかりとして──」[2016]『野外教育研究』，19(1), 14-26.

アウトドアセラピーズ
──実践入門　その可能性とまなざし──

2025年3月20日　初版第1刷発行　　＊定価はカバーに表示してあります

編著者　　ネヴィン・J. ハーパー
　　　　　ウィル・W. ドブド

監訳者　　吉　松　　　梓
　　　　　土　方　　　圭

発行者　　萩　原　淳　平

発行所　株式会社　晃　洋　書　房
〒615-0026　京都市右京区西院北矢掛町7番地
電話　075 (312) 0788番代
振替口座　01040-6-32280

装丁　谷本豊洋　　　　印刷・製本　共同印刷工業㈱

ISBN978-4-7710-3907-0